扬州历史文化名城丛书

《扬州学研究》编委会 编著

刘　泓 主编

扬州学研究

2024

广陵书社

图书在版编目（CIP）数据

扬州学研究. 2024 /《扬州学研究》编委会编著；
刘泓主编. -- 扬州：广陵书社，2024. 12. -- 1SBN
978-7-5554-2496-3

Ⅰ. K295.33

中国国家版本馆CIP数据核字第202476XC31号

书　　名　扬州学研究（2024）

编　　著　《扬州学研究》编委会

主　　编　刘　泓

责任编辑　王浩宇

出版发行　广陵书社
　　　　　扬州市四望亭路 2-4 号　　　邮编 225001
　　　　　（0514）85228081（总编办）　　85228088（发行部）
　　　　　http://www.yzglpub.com　　　E-mail:yzglss@163.com

印　　刷　扬州皓宇图文印刷有限公司

开　　本　787 毫米 × 1092 毫米　1/16

印　　张　17.5

字　　数　310 千字

版　　次　2024 年 12 月第 1 版

印　　次　2024 年 12 月第 1 次印刷

标准书号　ISBN 978-7-5554-2496-3

定　　价　80.00 元

目　录

文化遗产

文献研究

新见清代扬州唱和集二十二种叙录*

尚　鹏

摘　要：清代扬州唱和诗词集数量丰富，《扬州文库》《泰州文献》已影印 31 种。笔者就新见的 22 种清代扬州唱和集，叙其版本，言其内容，评其特征，述其馆藏，以见清代扬州唱和集题材之丰富、体例之严谨与影响之深远。

关键词：清代扬州；唱和集；叙录

扬州作为清代东南一大都会，文人雅集与唱和频繁，形成了大量的唱和集。2015 年出版的《扬州文库》《泰州文献》影印出版了《蜀冈禅智寺唱和诗》等三十一种[1]清代扬州唱和集。大型影印丛书的出版，诚乃嘉惠学林之举。笔者从事清代扬州唱和的研究，特举二十二种新见清代扬州唱和集，期待将来《扬州文库续编》编目的采纳。

1.《忆洞庭诗》

《忆洞庭诗》，王士禛、李敬等撰。每半页八行，行十八字，四周单边。是集收录李敬的原唱一首与王士禛、孙枝蔚、陈允衡、刘梁嵩、宗观、黄云、王士祜、盛符升、崔华、王仲儒、王熹儒、桑豸、蒋超、叶方蔼、叶奕苞、邓汉仪、邹祗谟、丘象随、张养重、朱克生的和诗二十首。顺治十八年（1661）李敬路过扬州，王士禛与其舟中论诗，和作应作于此时。王士禛《渔洋诗话》："李退庵侍郎

---

*　本文为安徽省教育厅高校科研计划项目"清代锁院唱和集研究"（项目批准号：23 AH 050123）、国家社科基金重大项目"明清唱和诗词集整理与研究"（项目批准号：17 ZDA 258）的阶段性成果。
〔1〕清代扬州包括现在的扬州与泰州的大部分地区，三十一种唱和集分别为《扬州文库》收录《蜀冈禅智寺唱和诗》《红桥倡和词》《红桥倡和第一集》《广陵秋兴》《广陵倡和词》《山心室倡和甲乙集》《城南联句诗》《邗江雅集》《林屋唱酬录》《焦山纪游集》《广陵倡和录》《邗上题襟集》《邗上题襟续集》《榕园唱和集》《题襟馆倡和集》《虹桥秋禊图题词》《四白斋唱和集》《平山堂唱和集》《春雨唱和集》《重阳唱和诗》《竹西九老吟》《真州倡和诗》《柳堂春泛图诗钞》《云庄唱和录》《甓湖联吟集》《白田倡和集》二十七种，《泰州文献》收录《玉兰堂倡和诗》《春柳唱和诗抄》《清味斋生日倡和诗》《海上联吟稿》四种。

有《读水经注忆洞庭》一篇,极佳,余和之,云(略)。一时和者甚众。"〔1〕检视诸家别集,王仲儒《同阮亭使君和李侍郎读水经注忆洞庭》、孙枝蔚《同王贻上奉和李侍郎读水经注忆洞庭之作》、王士祜《同舍弟贻上和李侍郎读水经注忆洞庭之作》均为和王士禛之作。是集书名页署篆书"忆洞庭诗",卷首大端署"倡和集",先列王士禛《奉和李侍郎读水经注忆洞庭之作》,后附李敬原唱,再附诸家遥和。《归庄集》卷三有《王阮亭忆洞庭诗序》,未收入此集中,其言"忆洞庭诗者,扬州法曹王贻上先生和李迟庵侍郎及诸名士之作也"〔2〕。《忆洞庭诗》,见于《新城王氏杂文诗词十一种》,清康熙间刻本,上海图书馆、国家图书馆藏。其中国家图书馆本缺损,仅收录至叶奕苞诗。

2.《城南宴集诗》

《城南宴集诗》一卷,吴泰瞻等撰。是集收录康熙五十一年(1712)左右汪玉枢等人的南园宴集唱和诗作五十首。每半页十一行,行二十一字,白口,无鱼尾,四周单边。卷首有廖腾奎康熙五十一年序,卷端大题署"立夏前一日集城南古渡桥汪氏园亭各赋七言古体"。收录诗人四十七人,分别为吴泰瞻、梁嘉稷、汪洋度、张师孔、费锡琮、王棠、张潜、颜敏、费锡璜、萧暘、闵奕佐、刘珊、闵奕佑、程元愈、汪荃、程庭、陈于堂、程启、王朝巘、汪涵仙、汪艾、卞恒久、张曰伦、程钟、汪文菁、汪玉树、施铨、汪玉枢、费轩、费继起、汪兼、王文枢、王文奎、唐继祖、汪汉倬、刘可禄、程士熺、刘濬、王煐、殷誉庆、汪琪、张绍基、黄衮、程鉴、汪璧、汪衡、王元衡。同人的唱和之作多是叙述此次集会的盛况、描绘南园的春日丽景,表现出及时行乐的闲适心绪,如张潜诗"春风春草尚如此,我辈岂可负胜游"。是集是今存最早的清代扬州士商群体唱和集,反映盐业恢复兴盛后盐商邀请文人诗酒唱酬的社会风气。《城南宴集诗》,今存高邮阁丛书本,国家图书馆藏。

3.《平山堂唱和诗》

《平山堂唱和诗》一卷,张达辑。是集除卷首有胡期恒的序,主要包括"题张蕉衫平山堂唱和诗"与"平山堂唱和诗"两部分。每半页八行,行十七字,白口,单黑鱼尾,左右双边。"题张蕉衫平山堂唱和诗"收录唐建中、卢见曾等

---

〔1〕 王士禛:《渔洋诗话》卷中,《王士禛全集》杂著之十六,齐鲁书社2007年版,第4789页。
〔2〕 归庄:《归庄集》,上海古籍出版社2010年版,第193页。

人题诗三十八首;"平山堂唱和诗"收录张达等人唱和诗五十五首。此次唱和活动时间未见著录,据胡期恒序"康熙丁卯、戊辰间,先外舅比部蛟门汪公始重葺之时,与诸名士宴集其中,有《朝中措》一阕""勒石壁上,余戊辰侨寓广陵时,躬逢其盛,今五十余年矣",大致推测应在乾隆初年。张达在原唱的注脚中言"时云谷光禄浚得古井",指的应是汪应庚乾隆三年(1738)疏浚新塘得第五泉之事。故张达的平山堂唱和应是在乾隆三年。"平山堂唱和诗"均是次张达原唱的韵脚,带有明显的凭吊怀古之意。张达原诗:"旬日湖山两度游,风光好过昔年秋。野田凿破出宫井,荒渚筑平开酒楼。月照二分天独厚,箫听廿四客何愁。欧阳遗韵登临见,选胜征歌足逗留。"诗作重点突出平山堂的兴衰之感与对宋贤欧阳修的敬仰追念。特别是"野田凿破出宫井,荒渚筑平开酒楼"被赞为名句,如唐建中称"酒楼宫井语清新,和者刚闻数十人"。其他诗人诗作亦是延着张达原唱的基调,表现出古今盛衰之叹与追慕先贤之思,如刘敞(芳洲):"千年遗迹古今游,逐代风光数过秋。见说田间开故井,依然树里起高楼。二分明月何曾易,一句新诗挽旧愁。壁上龙蛇吟不尽,前贤应作后人留。"参与张达平山堂唱和的文人,声名多不显于世,其中马曰琯、厉鹗等人的和作均不见于本人别集。《平山堂唱和诗》,仅见清刻本,安徽省图书馆藏。

4.《邗江录别诗》

《邗江录别诗》一卷,谢启昆等撰。是集主要收录谢启昆、宋维藩、金兆燕、范来宗等人的送别唱和诗作。卷首有谢启昆的序,卷末有金兆燕跋。谢启昆言"宋瑞屏别余北行,汇年来唱和诸诗,录成长卷见贻,因题其后",点明此集的来源。谢启昆乾隆三十九年(1774)作《邗江录别小引》,称"同人车笠之盟,他日无忘息壤,禅智倡酬之刻,庶几上续渔洋云尔",指出此集送别之意,并与王士禛《禅智唱和诗》相联系,具有历史的承接感。是集所收大多是友人间离别之作,抒发的是友人间真挚的感情。其中主要分为以下七场唱和:一为宋维藩赴试京城,谢启昆、金兆燕送别,遂有唱和。二为范来宗假满归京,谢启昆、金兆燕送别,遂有唱和。三为谢学仕归乡秋试,谢启昆、金兆燕、宋维藩、范来宗四人送之,遂有唱和。四为谢启昆官署有移海棠之事,同人雅集,谢启昆、金兆燕、宋维藩因作唱和。五为谢启昆邀请同人观赏官署牡丹,谢启昆、范来宗、金兆燕、宋维藩遂有唱和。六为谢启昆官署雅集,谢启昆、金兆燕、宋维藩三人有唱和之举。七为题咏金花,谢启昆、金兆燕、宋维藩遂有唱酬。金兆燕跋称"读太守谢公之作,乃知黄楼羽衣、龙门赏雪之雅,非大君子不能",并言同人若"与鸾凤和鸣,更唱迭和"。《邗江录别诗》,清乾隆四十二年(1777)刻本,中国科学院图书馆藏。其中诗作,金兆燕、谢启昆别集多未收录。刘启瑞《邗江录别诗提要》混淆曾燠、谢启昆为官扬州的先后顺序,称"宾谷主醵两淮,招致多士,为题襟之会,嗣其后者当推蕴山,而此集之梓,亦犹《邗上题襟》之刻"[1]。

5.《焦山唱和诗》

《焦山唱和诗》不分卷,王文治辑。是集收录乾隆六十年(1795)以曾燠为首的扬州文人至镇江与当地文人王文治、郭麐等十四人游览焦山的唱和诗作七十八首。其中曾燠、张铭、王文治、谢振定、王嵩高、胡翔云、陈燮、詹肇堂、黄道开、程元吉、胡森、借庵十二人各六首,均为次曾燠《人日游焦山》诗韵,而郭麐四首、骆绮兰两首没有和韵。曾燠《人日游焦山诗六首并引》称:"乙卯正月六日,有渡江之役,黄子立之从焉。晤丹徒地友王梦楼、郭厚庵,忽动游兴。明日,邀从象山横流而渡,舟中望见自然庵梅花,春意已可喜,入庵小憩。亟求瘗鹤铭碑、古鼎二者摩挲久之。遂披萝径,遍历诸峰。转至石壁庵,观张樗寮《金刚经》石刻及壁间题咏。晚钟忽报,返照入江矣。王、郭二公劝留宿,以事牵挽不果。新月初上,打桨遂还。是日惠风和畅,澄江如练,有游山之乐而无涉波之恐。随意所得诗成六章,于兹山之佳曾不足摹状万一,而和者踵至,皆江南北一时才人,不可谓不盛也。因汇而勒诸石。"交代此次唱和的时间、缘起及其游览焦山的路径。卷末有王文治的跋,言"名山之与名人常相待者也",赞誉曾燠与焦山人地相得,并交代此次唱和"作诗者凡十四家,诗七十八首,已刻《邗上题襟集》中,复属余书而勒诸石,殆将与兹山共相磨灭焉"。是集收入《邗上题襟集》中,参看《邗上题襟集》,《焦山唱和诗》比之多收骆绮兰诗作二首。《焦山唱和诗》作为曾燠邗上题襟唱和的一部分,记录了扬州文士对周围山水的题咏,表现出以扬州为中心的东南地区文学交流,并见证了"焦山"作为文学景观的书写。《焦山唱和诗》,今有石刻拓本与水墨纸本两种,石刻拓本收藏于私人手中;水墨纸本,前有潘思牧绘《焦山胜迹》一幅,王芑孙题赞"人日登高",并有蒋知让跋"嘉庆二年丁巳(1797)十月,南城吴照重游

---

[1] 中国科学院图书馆整理:《续修四库全书总目提要稿本》第28册,齐鲁书社1996年版,第485页。

邗上,与铅山蒋之让同观",吴嵩梁跋"嘉庆三年,岁在戊午孟春谷日,东乡吴嵩梁观。是日同宾谷先生作《京口三山联句》诗,将复乞梦楼先生书镌石,附记于此",今见于中国嘉德 2006 秋季拍卖会。

6.《题襟馆联句诗》

《题襟馆联句诗》一卷,又称《题襟销寒联句诗》,曾燠等撰。是集乃嘉庆二年(1797)曾燠幕府主宾销寒会联句唱和的产物。每半页十行,行二十一字,黑口,单黑鱼尾,左右双边。卷首有牌记"两淮官署藏板",吴锡麒题序,卷尾有吴蔚所撰《题襟馆销寒联句诗后序》。是集共收录十七首联句诗,分别为《浮山禹庙》《梁天监铜造像》《射策》《食全羊》《京口三山》《火浣布》《东坡先生生日用芙蓉城韵》《戏灯》《地雷》《鞬子》《铜鼓一百韵》《题高少卿为汪钝翁画离亭寒色图汪时以葬亲乞假出都今兰雪将归为尊甫治葬因用卷中王敬哉尚书韵》《射鸹子一百韵》《访法云寺谢太傅手植桧》《竹炉》《秦汉瓦当文字一百韵》《十月初八日夜集题襟馆》,多为古体长篇。据吴锡麒序中"嘉庆丁巳冬"与《邗上题襟集续集》所收人物诗作,可知《题襟馆联句诗》的联句唱和活动应发生在嘉庆二年冬,参与的人物主要为曾燠与其幕府的幕僚,唱和的内容主要是咏物,带有明显的娱乐销寒色彩。《题襟馆联句诗》鲜明地彰显出宋诗"以文字为诗,以才学为诗,以议论为诗"[1]的特征,这与联句比拼才力的创作动机有着密切的联系,如《铜鼓一百韵》通过铺陈排比的方式对铜鼓进行细致的描摹,"或如镜启奁(国鉴),或如辐在车。或如老榆荚(蔚),或如新荷蕖。或如图负龟(燠),或如篆吐蜗。或如玉有瓚(肇堂),或如戟交叉。或如芝九秀(知让),或如参五椏。或如斩阴木(燮),或如吐阳葩。或如箽细织(森),或如螭纷拿。或如凫在泾(嵩梁),或如凤在筱",可与韩愈《南山诗》连用五十一个"或"字媲美。正如吴蔚在后序中的评价:"远慕谢尚书、张使君之会,近仿朱检讨、查编修之体,为联句诗若干首。雕镂山水,画绘虫鱼。论诗论史之识,知古知今之才。听断之暇并用五官,荟萃之奇如出一手。"对于联句来说,"如出一手"说明参与联句的诗人才力相当、学识相近,能够实现个体的多与整体的一之间的和谐。吴锡麒序亦言"余读《题襟馆联句诗》而叹其有风人之古欢,极艺苑之奇致",强调曾燠题襟馆联句唱和的独特价值。《题襟馆联句诗》展

---

〔1〕 严羽著,郭绍虞校释:《沧浪诗话校释》,人民文学出版社 1983 年版,第 26 页。

现出以曾燠为中心的诗人群体的创作实景，揭示出联句这种唱和形式的独特魅力，与《邗上题襟集》共同展现出当时东南诗坛的文学面貌。《题襟馆联句诗》，清嘉庆间刻本，国家图书馆藏。《题襟馆联句诗》与《乐游联唱集》合刻，题为《联句诗》，清刻本，上海图书馆藏。《稀见清代四部补编》第256册《乐游联唱集》后亦附《题襟馆联句诗》。

7.《邗上题襟集选》

《邗上题襟集选》二卷，孙星衍辑。是集是《邗上题襟集》《续集》《后续集》的选本，共收录唱和诗作二百一十三首。每半页九行，行二十一字，黑口，单黑鱼尾，左右双边。卷首有孙星衍嘉庆六年（1801）序，其言"宾谷前辈都转驻节两淮，开翘材之馆，既收罗尤异者置之幕府，又于四方挟册之士，别白其高才敦行者接纳之，投赠篇什不下千首，授简之余自为提唱，刊《邗上题襟集》，已而又择其最雅驯者重录成编"，他本着"雅驯"的选诗标准，对《邗上题襟集》《续集》《后续集》进行一定删选。其中较为明显的如《邗上题襟续集》中收录的"秋湖舫菱诗"，原有袁慰祖等十九人诗作，选集仅收郭堃一人诗作。此外，《邗上题襟集选》还收录有少量《邗上题襟集》《续集》《后续集》未收录的诗作，如曾燠、詹肇堂、何锦、刘嗣绾、胡森、郭琦、张彭年、陈銮八人的《分体效江醴陵杂体诗》等。全集由孙星衍"评定"，以圈点与眉批的方式对部分诗作进行评点，主要包括风格的赏析与结构的布局，为读者的阅读提供了有效的帮助。《邗上题襟集选》，清嘉庆六年两淮运署刻本，国家图书馆、南京图书馆、扬州图书馆藏。《明清唱和诗词集丛刊》第25—26册收录。

8.《东壁联吟》

《东壁联吟》二卷，孙源潮辑。是集收录嘉庆九年（1804）孙源潮等十三人的唱和诗作七十六首。每半页十行，行十九字，白口，单鱼尾，左右双边。卷前有嘉庆九年冬十月夏味堂序，孙源潮题堂额"聚星堂"、题跋与堂联，《聚星堂图》与王传敬跋语，顾宗泰记及宋茂初跋。嘉庆八年，孙源潮出任高邮知州，与高邮本地文人夏味堂、主讲珠湖书院的顾宗泰时有唱和，此集主要围绕嘉庆九年聚星堂的落成展开。孙源潮即言："诗以言志，亦以纪事。人日之作筹于事先，经其始也；今日之作纪于事后，嘉其成也。余既幸构斯堂，而酬余志矣。其后先倡和之诗，是役之始终备焉。"聚星堂为高邮奎楼的附属建筑，本其下北向的三间房屋。嘉庆九年孙源潮重修，取"五星聚奎"意，故得此名。此集名"东壁",据孙源潮诗下小注"《星经》曰：东壁，天子图书之秘府"，东壁取于星宿名，与文章之事相关，暗合奎楼、聚星堂之名。此集唱和活动共有四次，分别为：正月七日夏味堂招孙源潮、顾宗泰、宋茂初登高邮奎楼，其间作登高唱和；五月五日奎楼附属的聚星堂落成，孙源潮等人作庆贺唱和；七月七日孙源潮招顾宗泰等宴于聚星堂，有雅集唱和；九月八日顾宗泰、夏味堂招孙源潮饮于聚星堂，同人有诗唱和。唱和之作多是颂扬孙源潮为官之贤，如顾宗泰诗"使君宣化翊文明，即此翘才盛英彦。题堂照耀传千秋，上方仰作文章院"，夏味堂诗"伫待聚星新境开，接踵苏秦添藻绚。我侯雅韵足千古，佳话流传后来彦"等。其中亦有民间疾苦之叹，是年洪湖水涨，百姓心悸，孙源潮"且偕知己倾怀抱，懒去登临怕惹愁"，顾宗泰"登高节近上层楼，泽国风烟极望收"，夏味堂"万井仓箱归保障，两河民社盼全谋"，流露出悲悯的心绪。值得注意的是，除孙源潮、顾宗泰两人，其他十一人均为高邮本地文人，在身份上呈现出鲜明的地域属性。除宋茂初《嘉庆甲子夏五重建奎楼聚星堂落成孙尹圃刺史纪长律二十韵即和》，此集诗作不见于诸家别集。《东壁联吟》，清嘉庆九年（1804）刻本，南京图书馆藏。

9.《曲江亭闺秀唱和诗》

《曲江亭闺秀唱和诗》一卷，又名《曲江亭唱和集》，王琼辑。是集收录嘉庆十一年（1806）左右孔璐华、王琼等十三位闺秀唱和诗作五十五首。每半页七行，行十八字，白口，单黑鱼尾，左右双边。卷前有嘉庆十三年（1808）王凝香序与王琼自序。王琼谓："丙寅春，大中丞阮芸台先生来访，家兄柳村子爱种竹轩，林木幽邃，建曲江亭于轩西，为迤夏著书之地。夫人孔经楼贤而才，不鄙弃琼，遂携张净因、刘书之、唐古霞、家凝香诸子与琼互相赓和以为乐，而江瑶峰、鲍苣香二子亦先后寄诗订交，暨侄女辈共得十有一人，洵为一时闺阁盛事。"此处十一人之说，与是集收录张因、孔璐华、刘文如、唐庆云、王琼、王迺德、王迺容、季芳、江秀琼、鲍之惠、王燕生、张少蕴、朱兰十三位稍有出入。是集乃阮氏家族与王氏家族女性诗人唱和的产物。唱和诗作大多是描写往日场景、怀念远方友人，体现出女性特有的细腻情感，如张因、孔璐华、刘文如、唐庆云四人作《怀翠屏洲诸女史即和原韵》诗，王琼、王迺德、王迺容、季芳四人作《怀张净因孔经楼刘书之三夫人唐古霞女史》诗。《曲江亭闺秀唱和诗》乃王琼"检唱和之什，付之梓民"，多是"寄""忆"之作，非"即时"唱和，属"异时"

投赠,它再现了嘉庆年间女性诗人吟咏唱和的文学生态,反映当时女性高雅的生活情趣与深厚的文学素养。《曲江亭闺秀唱和诗》,附于《名媛同音集》后,清嘉庆十三年(1808)刻本,中国社会科学院图书馆、国家图书馆藏。其中中国社会科学院图书馆本与国家图书馆本王琼、王凝香序言前后顺序不同,所收诗人、诗作均同。《明清唱和诗词集丛刊》第32册收录。

10.《是程堂倡和投赠集》(卷十一至十七)

《是程堂倡和投赠集》二十五卷,屠倬辑。是集收录屠倬自嘉庆六年(1801)至道光五年(1825)间诗友唱和题赠之作。其中卷十一至十七,是屠倬嘉庆十五年至嘉庆二十年出任仪征知县时的唱和结集,其中大抵一集一卷,分别为卷十一《从政未信集》、卷十二《弦韦赠处集》、卷十三与十四《湘灵馆杂编》、卷十五《銮江怀古集》、卷十六《江上咏花集》、卷十七《真州官舍十二咏》。每半页十一行,行二十三字,白口,单黑鱼尾,左右双边。每一集前均有小序,但大多是道光年间所作,带有回顾性质,总结每一卷的内容。这七卷大抵如《湘灵馆杂编序》所言"往来大都四方名士,文酒相款,弗谈势利,篇章投赠未尝非风谣所关,此倡彼和,积而遂多"。其中的唱和活动,少则两三人,投赠往来,如王豫《呈琴坞先生》、阮亨《赠琴坞明府次柳村韵》与屠倬《次韵奉答柳村并柬梅叔》;多至十余人,如题咏张永祥铁枪,舒位、陈用光、钱仪吉、陈文述、陈裴之、夏宝晋均有和作,或如嘉庆十五年修葺真州官舍,同人分赋十二景,吴锡麒、汪端光、贵征、乐钧、姚椿、钮树玉、沈钦韩、孙延玉、施应心、王振纲、范崇阶、殳春源、张深均有所作。是集反映屠倬嘉庆十五年至二十年在任仪征知县期间的交游圈,表现出他喜交文士、提倡风雅,展现出当时仪征诗酒唱酬的文化氛围。特别需要提及的是卷十三、十四《湘灵馆杂编》,能够较为完整地还原郭麐的《江行倡和诗》,展现出郭麐、查揆与屠倬三人的唱和往还。《是程堂倡和投赠集》今仅见清道光五年(1825)刻本,扬州图书馆、天津图书馆藏。《明清唱和诗词集丛刊》第29—30册收录。

11.《小诗龛同人唱和偶存集》

《小诗龛同人唱和偶存集》二卷,汪之选辑。是集收录嘉庆二十年(1815)至嘉庆二十四年间汪之选在扬州与亲友的唱和诗词,共计二百七十一首。每半页十行,行十九字,黑口,无鱼尾,左右双边。书名页有篆书"小诗龛唱和偶存集",卷前有嘉庆二十四年钱杕、汪端光的序及李琪的跋。正如李琪所言"月樵明府善属诗，花晨月夕，辄召集同辈，咏水觞山，寄情草木，故有是集"，收录的是嘉庆二十年至嘉庆二十四年间以汪之选为中心的同人唱和投赠诗作，因"非一时之聚、一人之作"，故稍显零散。是集多题画观花、消寒迎春的雅集，其中有如吴锡麒、吴蒿、汪端光、金学莲等前辈耆旧，亦有张镠、程元聪等声名不显之辈，他们大多身属寒士，但热心相交，诗酒酬唱，体现出文人声气相应的诗坛风尚。《小诗龛同人唱和偶存集》，清嘉庆二十四年刻本，上海图书馆、扬州图书馆藏。《明清唱和诗词集丛刊》第37册收录。

12.《小诗龛同人唱和偶存二集》附《小诗龛四十寿言》

《小诗龛同人唱和偶存二集》二卷附《小诗龛四十寿言》一卷，汪之选辑。是集收录嘉庆二十四年（1819）至道光元年（1821）间汪之选在扬州与亲友的唱和诗词，共计一百八十九首。每半页十行，行十九字，黑口，无鱼尾，左右双边。书名页有篆书"小诗龛同人唱和偶存二集"。卷首有道光元年张云璈《续刻小诗龛倡和诗序》、陈文述的序及张镠的题词，值得注意的还有汪之选所拟的五条凡例。《小诗龛同人唱和偶存二集》，承接《小诗龛同人唱和偶存集》，收录的是"己卯夏续编至辛巳夏"，两者联系紧密，特别是"同人姓氏里居，其初集中已见者，只书别号；始见者方为详著"。《小诗龛四十寿言》一卷，收录道光元年汪之选四十寿辰同人唱和诗词九十首，是集诗作较为统一，除顾广圻、吴鲁、孙继镗、孙熙元、宋翔凤，其他诸人均和汪端光《诗祝月樵明府四十寿辰》二首韵。《小诗龛同人唱和偶存集》《小诗龛同人唱和偶存二集》以分题、分韵为主，呈现出嘉庆二十年至道光元年扬州诗坛的唱和风貌，陈文述序称"乾嘉之际，曾宾谷中丞《题襟》一集，风行海内。月樵七品官耳，力不足以赡寒畯，位不足以抗贵游，而《玉山雅集》《松陵倡酬》若羽萃林、若鳞赴壑，仰希前轨，无间前尘，何其盛欤"，点出汪之选虽位卑权小，但继前哲之至，弘扬风雅，并且指出"世之论坛坫者，祭酒、中丞之间当为月樵置一座焉"，汪之选事实上已经成为当时扬州坛坫的主持者。纵观两集，唱和活动的规模与影响虽不能与王士禛、卢见曾、曾燠等前人相抗衡，但是承上启下，延续了扬州诗酒唱酬的风气。《小诗龛同人唱和偶存二集》，清道光元年刻本，上海图书馆藏。《明清唱和集诗词丛刊》第37册收录。

13.《怡园纪事唱和诗存》

《怡园纪事唱和诗存》一卷，汤兆福等撰。每半页九行，行二十字，白口，单黑鱼尾,左右双边。卷前有道光十三年(1833)杜衡与汤兆福序。怡园坐落于甘泉县公茂庄,距离府城二十五里,是甘泉汤氏家族的私家园林。有感于怡园花草禽鸟之异,汤兆福作《怡园纪事诗》四首,分别为《雏鸟反哺》《秋燕留巢》《萱开寒砌》《笋报冬生》。诚如杜衡所言,其诗"非以纪异,乃述祖德",旨在表彰"王母之清节,大父之孝思"。是集收录汤兆福原唱四首与文汝梅等二十五人和作一百首,除文汝梅、陈兆生、王士元三人,其他诸人均为次韵或和韵。原唱与和诗通过对怡园异事的描述,表现出对甘泉汤氏家族"一门节孝"的推崇,如汤兆福《雏鸟反哺》"危巢双翼护秋风,反哺殷勤夕照中。顾复待酬惊物异,晨昏能养与人同。忍闻枵腹啼声切,即此纯心至性通。众鸟一般皆有母,莫因长大便忘功",杜衡《笋报冬生》"汤氏高风不可攀,笋于冬山岂无关。须知慈孝从心感,莫与荆榛信手删。破藓未闻雷隐隐,穿泥时见玉斑斑。怡园四异垂千古,祖德长留天地间"。此集虽是面向吟坛广泛征和,但受汤兆福有限的社会声望影响,参与唱和的二十五人中有十八人为甘泉本地文人,并未形成大江南北呼应的一时盛事。《怡园纪事唱和诗存》,清道光年间刻本,复旦大学图书馆、扬州图书馆藏。

14.《春草唱和诗稿》

《春草唱和诗稿》一卷,汪本辑。是集收录道光十六年(1836)严廷中《春草》及四十八人和作,共计一百九十六首。每半页九行,行十七字,无鱼尾,四周双边。卷首有"春草唱和诗稿 道光丙申夏程仪题"、陈寓泰骈体序(附"陈寓泰""鲁山"印迹)与汪本所拟四条凡例。陈寓泰序言"《春草唱和诗稿》,肇自秋槎严子""真州汪子本顾任劳薪之役,深资扫叶之功,既□雕镂,爰求记叙",其中"秋槎严子"即春草唱和中的原唱严廷中,"真州汪子"即唱和集的编纂者汪本。严廷中《药栏诗话》(乙集):"予春草诗一出,大江南北诸名士酬和者二百余人,至有绘春草于扇头索书原作者,亦一时佳话也。"[1]道光十六年严廷中自莱阳离任后,寓居扬州,作《春草》四首,受到士林的广泛响应,一时和作投赠如云。是集即汪本收集、编纂唱和诗作的产物,他在凡例中交待四点,一是编纂的顺序以和章先后为序,并无甲乙之分;二是有未明姓名籍贯的和章,待后期补足信息再行补刊;三是解释《春草唱和诗稿》的命名,因有"已

---

〔1〕 严廷中:《药栏诗话》,《清诗话三编》第 8 册,上海古籍出版社 2014 年版,第 5663 页。

刊不愿付梓者"的和章删去,尚在随时增损的编订过程中,并未形成定本;四是如有和章陆续增补,即可再行续刻之举。严廷中《春草》四首,借春草萌发、万物复苏之景色,表现出漂泊他乡的羁旅之愁。它具有普世性,能够引发群体的共鸣,这也是文人纷纷投递和作的原因。严廷中颇为得意的是"女史中如何芷香佩珠、金仙裳云封、张饮香醴兰皆有和章"[1],特别指出女性诗人的参与,其实男性的羁旅之愁就可看做女性的相思之苦,"落絮飞英同梗泛,更无人处伴秋千",她们独守空闺,寂寞无语,悄看庭前屋后春草萌发,春草成为深闺女性与天涯游子的情感纽带。此外,如释本立"眼底蒙茸侵远道,天涯惆怅滞劳人",方外之人的和作也不能免俗,都有种似有若无的惆怅感。《春草唱和诗稿》,清道光十六年(1836)刻本,上海图书馆藏。严廷中《药栏诗话》载"《春草唱和集》"未见,不知是否与《春草唱和诗稿》为同一种。

15.《秋灯倡和吟》

《秋灯倡和吟》一卷,金楷辑。是集收录道光十六年(1836)金楷《秋灯》及二百一十四人和作,共计七律二百二十七首(其中桂麟、经济、李象枢、秦松堂、韦云、吴克让、吴中密、严廷中、张蕙、朱铭各作两首,汪钰伯作三首,其他诸人均为一首)。每半页九行,行二十一字,黑口,单黑鱼尾,左右双边。卷首有道光十六年阮亨序与金楷自拟凡例四条。金楷依据和诗投赠先后顺序,"随到随录""并无甲乙",并效仿《唐诗品类》例,"首羽士,次衲子,次女冠,次闺秀"。阮亨序称"(金楷)近年开邗上懒云草堂,招名流宴集,歌咏升平,首倡《秋灯》一诗,和者不下数百章,俱录付梓氏,以省传写之烦"。金楷寓居扬州,修筑懒云草堂,与许之翰、严廷中、朱鉉、周镇等人诗酒唱和,延续乾嘉以来扬州的风雅文化,故阮亨称"今之论竹西风雅者,首推君一座焉"。虽然此集和诗均次金楷原唱韵,形成"一唱百和"的壮观现象,但和诗作者多为扬州及其属邑文人,未能产生跨越区域的重大影响。金楷《秋灯》原唱"辉辉一穗吐寒芒,岑寂蕉窗待漏长。隔纸心情如助月,结花时候那知霜。扑来斐几蛾俱绝,写上银屏菊不黄。我已十年惭废读,输他凿壁惯偷光",借秋夜读书之景,抒人生蹉跎之感。此情此景引发文人的普遍共鸣,遂一时和作如云,如阮亨和诗

---

[1] 严廷中:《药栏诗话》乙集,《清诗话全编·道光卷》第12册,上海古籍出版社2023年版,第5679页。

"谁人此际知书味,莫负深宵凿壁光",陈逢泰和诗"贫家伴读宜风雨,老眼频惊雾掩光"。其中亦有跳脱原唱藩篱者,如王寿"热中何事吐寒芒,惹得深闺怨夜长。蛩泣窗前疑听雨,莲开火里岂惊霜。可堪几席生虚白,莫问伊谁拓硬黄。怪底读书人不倦,隔屏风影溜钗光",代写闺中之怨。后阮充次金楷《秋灯》诗韵,再次引发一场唱和活动,编为《秋灯唱和诗》。此集上海图书馆著录为道光十六年(1836)刻本,应误。陈逢泰《读骚楼诗》二集卷四《和金篯守楷秋灯原韵》,为丁酉年(1837)所作。《秋灯倡和吟》,清道光年间懒云草堂刻本,上海图书馆、浙江图书馆藏。上海图书馆本破损,已无法借阅。

16.《同岑唱和录》

《同岑唱和录》一卷,王敬之、周叙、夏昆林撰。是集收录王敬之、周叙与夏昆林三人的唱和诗作一百四十七首、词作三十二首。每半页十行,行二十一字,白口,无鱼尾,左右双边。封面题签"同岑倡和录",钤印"菜畦"。卷前有道光十九年(1839)宋茂初的骈体序,卷末有道光十九年金鸣鸾的跋语。宋茂初序称"观乎三人并行,我师必有,三人为友,其益无方。缘声气之相同,遂金兰之莫逆,此宽甫、雨窗、瘦生三君《同岑唱和》所由传也",王敬之、周叙与夏昆林均为江苏高邮人,因同乡之谊、同学之情,唱酬遂多。夏昆林《增贡生貤封中宪大夫王君宽甫传》言王敬之"与余及周子雨窗交近三十年,倡酬之密,道义之坚,疾痛忧患之矜恤,冷而诚,澹而永,尝合绘《同岑图》,锲《同岑唱和录》,宜若可侔金石",《同岑唱和录》与《同岑图》是三人友谊的见证,"亦冷朋雪泥之迹"。据夏昆林《槿花村诗集》、周叙《雨窗吟存》及王敬之《小言集》,此集唱和时间约为道光十四年至十九年,且诗词非以时间先后排序。此集收录诗作以同题之作为主,涉及游览、凭吊、题词、集会等内容,形式上较为自由,次韵、和韵之作较少,三人的唱和"翕然如鸾雀之齐鸣,锵然如笙璈之互应。固不徒版镌淮海,续水部之风流;谦纪文游,补新城之好事矣",他们挖掘本地文学遗产,积极地推动本地文学的发展。《同岑唱和录》,清道光十九年刻本,国家图书馆藏。《明清唱和诗词集丛刊》第47册收录。

17.《栖云山馆唱和诗词》

《栖云山馆唱和诗词》不分卷,汪鋆辑录。是集收录咸丰四年(1854)前后黄锡禧与同人唱和诗词。因是集乃稿本,多有圈涂改动痕迹,封面有"栖云山馆倡和诗词",又题"栖云山馆同人集"。卷首有咸丰四年(1854)汪鋆《栖云山馆唱和诗词序》，此序为骈体，先回顾唱和对于文人士子的重要意义，"夫独寐之歌，只成孤诣；而友声之什，比洽同心。是以柏梁飞咏，君臣迭赓其辞；城南联吟，韩孟始沿其体。滥觞斯在，渊源毕呈"；接着点出栖云山馆的主人，"吾友黄子鸿司马，青衫揾湿，心折琵琶；白纻骋辞，调谐金石"，以华藻美化其形象；然后点出创作的背景："盈盈瓜渚，秦焰犹张；峨峨蒜峰，楚氛甚恶"，在咸同之际的战乱里，扬州文士饱经沧桑，吐露心声，言"杜陵身世，半属兵戈；王粲飘零，每伤禾黍。书成孤愤，嗟咄韩非；哀到江南，流离庾信。若仆也，频年泛梗，谬许刘依，厕身滥竽，亦叨庐后。虫吟细响草间，敢和黄钟；蛙声竞鸣坐上，深惭紫色"，以谦虚的口吻对待与友人的唱和活动。是集收录范凌霄七首诗（《子鸿研山同日举子诗以志贺》《九日晤金陵故人》《赠李冰叔》《泛舟》《九日》《桃花》《瓜渚》），吴熙载四首词（《摸鱼子·和汪砚山咏芙蓉原韵》《摸鱼子·癸丑七夕》《金缕曲·秋柳》《扬州慢》），佚名五首（因缺页佚名，《送董浦归东海》等），王荬五首诗词（《摸鱼子·咏芙蓉和汪砚山序》《湘春夜月·和郭尧卿》《孔宥函太守招饮舟中即席见呈》《寄许剑渔》《蔡伯喈环众读书图》），以及汪鋆四十余首诗词（《老鹳行》《广陵曲》《扬州慢·平山堂》《湘春夜月·用黄雪舟韵栖云山馆看梅同郭尧卿黄子鸿赋》等）与文四篇（《封龙山碑八分书》《双清阁主答李冰叔书》等）。全集较为散漫，无法完整勾勒咸丰年间栖云山馆唱和的实景，但切实反映出下层文人对于时事的感受，如吴熙载《扬州慢》"认荒园独树，几点余青。自歌吹繁华日久，干戈儿戏，民不知兵。念苍生谁问，空教重做芜城""叹飘零身世，何堪仍卜他生"。《栖云山馆倡和诗词》，仅见清咸丰年间稿本，扬州大学图书馆藏，《扬州大学图书馆藏古籍珍本丛刊》第 84 册收录。

18.《寂感吟唱和诗钞》

《寂感吟唱和诗钞》，徐承采辑。是集收录徐承采游崇川归家后所作《寂感吟》与陈日新等亲友门生五十九人和作，合计二百五十二首。每半页十二行，行二十四字，黑口，单黑鱼尾，四周单边。卷前有"伴云轩闲生书首""寂感吟倡和诗钞"，牌记载"同治壬申冬十月刻"，赵瑜同治十一年（1872）序以及戴埴所绘徐承采像。是集以徐承采原作列于卷首，后有"同人和韵诗汇录"，据徐承采自识"佳章以年齿为次第，自门生以下仍仿编诗定式"，可见其有着清晰的编纂意识，不同于大多数唱和集依和诗先后顺序，自门生以下，仿照传统编选诗集的惯例,列有方外之人的和作。据赵瑜序"己巳春徐先生右卿游崇川,登紫琅山云海而回,月余得诗四章,曰《寂感吟》。因示同社诸友,见者必和,和者必次韵,先后近四年,得诗如干首,先生读而题之,谓一时兴趣,而寄不可不存,乃裒辑付手民",同治八年(1869)徐承埰游崇川,登紫琅,观云海而归,感触亲友凋零、人生苦寂,遂有《寂感吟》四首之作。徐承埰"赋《寂感吟》四章,邑中名士和者甚众"。徐承埰的诗作揭示了人生的一种共同遭遇,随着时间的流逝,亲友往往会先"我"而去,这种寂寞的感觉萦绕在心头,诗歌成为他排遣的重要手段。赵瑜和诗言"相看豪气消磨尽,排遣穷愁只有诗"。亲友门生的和诗,"凡惠我者,其揄扬处,愧不敢当;指点处,感之无尽",唱和交流的慰藉使无处安放的心得到归宿,遂有"差信人生随境遇,沉碑空在万山潭"的豁然顿悟。《寂感吟倡和诗钞》是徐承埰人到晚年时面对人生境况的真实情感表达,得到同人亲友门生的集体共鸣,唱和具有友朋之间相互慰藉的温暖,表现出面对人生遭遇真实的情感交流。《寂感吟倡和诗钞》,今仅见清同治十一年刻本,泰州图书馆、上海图书馆藏。

19.《重宴鹿鸣诗征》

《重宴鹿鸣诗征》二卷,王广业辑。是集收录光绪五年(1879)王广业重宴鹿鸣与亲友等四十二人的唱和诗作一百六十九首。每半页九行,行二十一字,黑口,双黑鱼尾,左右双边。卷前有楷书"重宴鹿鸣诗征",牌记载"光绪六年仲春开雕",旁有红色小字"随到随刊不拘词序",卷首有光绪四年内阁草拟的上谕与浙江巡抚梅启照的奏折。清代科举,乡试中举后六十年,与新科举人同赴鹿鸣宴,称重宴鹿鸣,具有表彰耆宿之意。王广业,道光元年(1821)辛巳恩科中试,至光绪五年已五十九年,作《重宴鹿鸣诗》四首向同人亲友征诗。王广业的原唱追念往昔、感触当下,"掀髯自认斜阳影,六十年前老秀才""重睹三秋门琐棘,敢夸一发枝穿杨""南北驱驰成底事,输他老马识前途",既对自身的科举功名带有欣喜的愉悦,又带着岁月沉淀后的人事沧桑感。和诗大抵是颂念圣恩、表达艳羡之作,如刘汝贤"遥谢国恩恭拜手,再赓家庆笑昂头",吴潮"山中莫怪松常茂,雨露深恩耐雪霜",徐穆"嫦娥亦认重来客,前度广寒宫里游"。尽管清代重游泮水、重宴鹿鸣与重宴琼林唱和缺乏深沉的情感,但它们作为特殊的文化现象,是清代科举礼仪与唱和文学交融的产物,具有别样的价值。《重宴鹿鸣诗征》,今存清光绪六年刻本,泰州图书馆藏。

20.《延秋社诗》

《延秋社诗》不分卷,方濬颐等撰。是集收录光绪十年(1884)方濬颐与刘湘年等人结延秋社所作唱和诗作四十首(包括联句诗十七首)。每半页八行,行二十二字,白口,单黑鱼尾,四周双边。光绪五年方濬颐自四川按察使罢官后,往返于扬州、合肥两地,与当地文人诗酒唱和。此集见于台湾联经出版社出版的《明清未刊稿汇编·方忍斋所著书》,未见序跋,从徐衡《甲申六月之望树君榕园两丈偕研山子鸿维之三君招陪忍斋师游长春岭即席口占》至《一粟园延秋第二集仿元人斋中杂咏联句》,有唱和活动五次,参与人员主要为方濬颐、刘湘年、吴丙湘、徐衡等人,其时间大概持续到光绪十四年,见徐兆英《梧竹轩诗钞》卷八《和方子箴方伯七夕延秋社第一集首倡七律》。唱和大多是围绕宴集展开,叙及友朋之间的交谊,如《屦守山庄延秋第一集用韩孟纳凉联句韵》,所联诗句相互提点,如方濬师言王葵"王君今白石",刘剑白言吴丙湘"延陵威凤姿",徐衡言方濬颐"巍巍大蜀公",吴丙湘言方濬师"联吟招子由",刘樾仲言刘湘年"五言推金城",等等,或言才学,或指身份,有互相阿谀之嫌。其中《一粟园延秋第二集仿元人斋中杂咏联句》,众人以元人杂咏八首《焦桐》《蠹简》《残画》《旧剑》《破砚》《废檠》《尘镜》《断碑》联句两遍,似有"守残抱缺不求全"之意,其实这一题材在清代唱和中经常被文人提及,如黄承增《淮上题襟集》中亦有此题。《延秋社诗》,清光绪年间抄本,台湾图书馆藏,屈万里编《明清未刊稿汇编·方忍斋所著书》收录。

21.《寿芝轩九老会唱和诗》

《寿芝轩九老会唱和诗》一卷,阮充等撰。每半页九行,行二十一字,白口,单黑鱼尾,左右双边。是集书名页署"寿芝轩九老会唱和诗",共收录阮充、陈兆麟、阮先等二十三人唱和诗作六十六首。光绪十三年(1887)正月九日,阮先招常在宽、陈兆麟、孙宜卿、黄宾仲、常泰、阮恩浩、阮步周、阮充集寿芝轩作九老会,其间有唱和之举,主要次阮先与阮恩霖两人诗韵。值得注意的是,阮氏家族诗人取代集会的九老,成为此次唱和活动的主要参与者。是集收录有阮氏家族诗人十一位,其中阮先、阮充为同辈,阮袯、阮荫祖为子侄辈,阮恩霖、阮恩浩、阮恩潆、阮恩需、阮恩藻为孙辈,阮燮尧、阮燮堃为曾孙辈,呈现出阮氏四世同堂、联翩吟咏的风雅佳话。诗作多如阮恩霖"辉煌凤诏锡遐龄,吉语分颁福寿庭",徐穆"自惭马齿徒加长,南极星高照眼明",阮恩藻"天教占尽诗人福,管领湖山入画图",均为对文人福寿的颂扬之语。是集延续中国古代九老会雅集唱和的传统,具有敬老尊老的文化价值。《寿芝轩九老会唱和诗》,今仅见清光绪刻本,扬州图书馆藏。

22.《广陵酬唱集》

《广陵酬唱集》一卷,郭庆藩辑。每半页九行,行十九字,白口,单黑鱼尾,左右双边。是集卷首有"光绪甲午嘉平月刊于维扬"的牌记、"古吴昌郭庆藩署首"与光绪二十年(1894)郭庆藩的序,共收录郑文焯、张祥龄、江人镜、郭庆藩、欧阳述(伯元)与欧阳述(笠侪)等人唱和诗作四十七首。郭庆藩序:"甲午秋九月文小坡部郎、张子苾庶常自苏台来游,适予方以于杂役荄防,挈家寓邗上。故人相遇,重拾坠欢,觞政盛行,雅游斯畅。一时江容方都转丈、欧阳润生观察笠侪孝廉父子、欧阳伯元太守皆与宴饮为乐,殆无虚日。小坡、子苾故豪于诗,容老则吟咏间作,润生方读礼不合与韵事,予与伯元、笠侪从文、张两君后旗鼓高张,情往兴来,几忘佳节异乡之感也。旬日小聚,得句遂多,朋好传抄,颇烦楮墨,因汇为一册,付之手民,题为《广陵酬唱集》。"细致地交代光绪二十年唱和的缘起、参与人员。全集的四十七首唱和诗作按押韵情况大致可以分为五场唱和活动,一是次郑文焯自拟九日蜀冈登高唱和;二是次欧阳修《和刘原甫平山堂见寄》韵唱和;三是次杜牧《九日齐安登高》韵唱和;四是次杜甫《登高》韵唱和;五是郭庆藩自拟五十初度韵唱和。唱和活动发生的时间恰遇甲午中日战争,这些诗作在传统的重阳登高思亲意蕴上多了几分感时忧愤的色彩,如郑文焯"闻说余艎惊失水,空令原庙感歌风",欧阳述(笠侪)"辽海干戈催浩劫,严城砧杵急秋风",郭庆藩"万里强邻横日本,几人雄略列芸台",张祥龄"塞草秋深结阵云,甘泉烽火报纷纷",表现出文人对于国事的忧虑。尽管序言称"昔曾宾谷先生督醝两淮,开题襟馆,召集名流提倡风雅,期时才隽踵接,遝迤景附,觞咏之乐,至今艳称。容老礼贤重士,美意殷勤,方之曾公,又何多让? 小坡、子苾辈固当与谷人、频伽诸贤颉颃上下,无惭清逸之目,则今日之贤嘉契合、诗酒留连者,安知不与题襟雅集辉映后先耶",但相对曾燠时期的唱和活动而言,在参与人数与作品质量上难以比肩。《广陵酬唱集》,清光绪二十年刻本,湖南省图书馆藏。

作者单位:安徽师范大学文学院

清史《儒林传》传主地域分布
与收录扬州学人的意义

伍野春

摘　要：清嘉庆十四年(1809)至1928年,清国史馆五次、民国清史馆三次组织纂修清史《儒林传》。清史《儒林传》一次稿至五次稿是国史,六次稿至八次稿为正史,具有权威性、标志性。清史《儒林传》纂修期间,史馆馆臣、民间士人为乡邦、代家族争入《儒林》、请为正传络绎不绝。清史《儒林传》对传主籍贯皆有交代,其中四次稿至八次稿收录各府州人数,扬州均为全国第一。以八次稿即《清史稿·儒林传》为例,其正传105人、附传189人,分布于16省62府州,其中扬州正传11人,占正传总人数10.48%,附传20人、占附传总人数10.58%,都是全国第一。这是国家层面对扬州学人的认可与接受,展示了扬州学界厚度,提升了扬州学人地位,扩大了扬州学术影响。在清代学术史上,扬州为国之重镇;在扬州学术史上,清代高居巅峰。

关键词：清史《儒林传》;阮元;缪荃孙;扬州学人;清代学术史

清嘉庆十四年(1809)至1928年,先由清国史馆组织纂修,成清史《儒林传》一次稿即阮元(1764—1849)《儒林传稿》,此后清国史馆四次,民国清史馆三次对其前稿增删修改,成清史《儒林传》二次稿至八次稿,二次稿至七次稿深藏史馆[1],八次稿即《清史稿·儒林传》。清史《儒林传》一次稿至五次稿是国史,六次稿至八次稿为正史,具有权威性、标志性。本文首先揭示清史《儒林传》纂修期间,史馆内外争入《儒林》、请为正传的史实,然后基于台北故宫

---

〔1〕　二次稿即曹振镛《儒林传》底本,现藏台北故宫博物院。由于是以三次稿即蔡宗茂、方俊《儒林传》副本的形式呈现,尚未引起学界重视。蔡宗茂、方俊《儒林传》副本由两组编号相连的传稿组成,其统一编号为故传005440–005466、008183–008190,每个编号为一篇传稿,每篇传稿的封底都有红色的"蔡阅""方阅"钤印。蔡宗茂、方俊《儒林传》副本的正文就是曹振镛《儒林传》的底本,其中修改文字及签条是蔡宗茂、方俊等所作。在前次传稿底本上修改,成为本次传稿的副本,是清国史馆、民国清史馆覆辑《儒林传》的成例。

博物院藏清国史馆、民国清史馆档案等，梳理清史《儒林传》纂修经过及收录各省府州学人的演变，最后阐述清史《儒林传》收录扬州学人的意义，供治清代学术史者参考，并请指正。

清史《儒林传》纂修期间，史馆馆臣、民间士人为乡邦、代家族争入《儒林》、请为正传络绎不绝。

陶澍（1779—1839）为湖南争《儒林传》人选。嘉庆十四年，陶澍入职国史馆后，情绪高昂，信心满满，表示要"六星奕奕斗载筐，椽笔直接韩欧阳"。[1]嘉庆末年，他在复黄本骐书中写道：当时"馆中正在辑纂儒林、文苑列传，湖湘自王夫之先生而外，得入者寥寥。弟虽极言之，而亦未能多收"。[2]所谓"极言"，形象地展现了陶澍的态度。

董桂敷（1772—1829）争将汪绂作正传不成，不任纂辑事宜。为纂辑《汪绂传》，翰林院编修婺源董桂敷"寄函属（董）振文丈钞录先生（汪绂）诸经《诠义》等书，并朱笥河（筠）学士所作（汪绂）墓表寄京，送呈史馆"。[3]"以先儒双池汪先生独得朱子真传，请作专传。总裁但许附江慎斋（永）先生传后，争之不得，遂不任作《传》事。"[4]董桂敷"不任作《传》事"，证明其态度比陶澍更加强烈。

臧庸（1767—1811）上书阮元，为其先高祖臧琳当入《儒林传》辩解。其书云："先高祖当入国史《儒林传》，此陈编修（寿祺）充纂修官时自言之，有手书可据。《尚书集解》亦编修由舍间索取，郎君为邮寄。意欲采其精者入列传，不幸《传》未成，而编修遭大故。"[5]

据温馨考证，阮元主持纂辑《儒林传》之际，姚鼐（1732—1815）、姚莹（1785—1853，鼐族孙）与姚元之（1776—1852，鼐族孙、莹族兄）、汪廷珍、张聪咸等交流《儒林传》纂修事宜并为刘大櫆、姚范（1702—1771，姚鼐伯父）等

〔1〕　陶澍：《陶文毅公全集》卷五五《初入国史馆》，《续修四库全书》第1504册，上海古籍出版社2002年版，第10页。

〔2〕　陶澍：《陶文毅公全集》卷四〇《复黄花耘孝廉书》，第448页。

〔3〕　余龙光：《双池先生年谱》，《汪双池先生丛书》第48册，广陵书社2016年版，第259—260页。

〔4〕　吴鹗修，汪正元等纂：《〔光绪〕婺源县志·儒林传》，《中国方志丛书》第680册，（台北）成文出版社2007年影印清光绪本，第1391页。

〔5〕　臧庸：《拜经堂文集》卷三《上阮芸台侍郎书》，《续修四库全书》第1491册，第578页。

入传施加影响。[1]

汪喜孙(1786—1847)于道光二十四年(1844)致函王念孙,哀求王念孙寄书阮元,请阮元说服国史馆,将乃父汪中由《文苑传》调至《儒林传》。其函云:"冬至前由朱咏斋(士彦)詹士寄呈寸缄,以史馆纂录《文苑传》,先君行事与袁江宁(枚)、蒋苕生(士铨)太史同列。……哀求老伯大人寄书漕督阮公辨正之。……阮公及史馆从事诸公,莫不信从执事,倘蒙致书,阮公属其改入《儒林》,庶几先君身后之名,自执事一言论定,可以信今,可以传后。"[2]

上述案例证明,为了入《儒林》,民间士人通过多种渠道对史馆施加影响,而史馆馆臣入《儒林》、作正传态度更为强烈。他们的诉求对主持者无疑有影响,使其在确定人选时会考虑地域的因素。在此背景下,清史《儒林传》收录各省府州多少学人,以下分别考述。

嘉庆十四年至十七年八月二十日,清史《儒林传》第一次纂修,主持者先是陈寿祺(1771—1834),后为阮元,成4卷本《儒林传稿》。陈寿祺,字恭甫,号左海,福建侯官(今福州)人。嘉庆四年进士,阮元门生。嘉庆十四年"充国史馆总纂,专创儒林、文苑两传"。[3]次年秋,丁父忧,离职守制。阮元,字伯元,号芸台,江苏扬州人。乾隆五十四年(1789)进士。嘉庆十四年九月初五日,因刘凤诰乡试舞弊案,被革浙江巡抚职,二十三日抵京,次日奉嘉庆旨:"姑念其于刘凤诰款迹本未得有实据,只系失于软弱,伊两任浙江巡抚,官声尚好,且学问素优,亦着加恩赏给编修,在文颖馆行走。"[4]任《全唐文》编修处总阅官。十五年四月补授翰林院侍讲,九月充署日讲起居注官。得知陈寿祺离职,阮元"惟恐朝廷所派继任者未必深于汉学"[5],呈请接替陈寿祺,主持纂修儒林、文苑、循吏传。十月阮元兼国史馆总纂官后,致函焦循,征询《儒林传》入传人选。[6]焦循推荐的学人有:黄宗羲、毛奇龄、全祖望、王锡阐、梅文鼎、陈厚

〔1〕　温馨:《陈用光与清国史馆〈文苑传〉中桐城谱系考》,《安徽史学》2022年第1期,第134—141页。

〔2〕　汪喜孙著,杨晋龙主编:《汪喜孙著作集》,(台北)"中研院"中国文哲研究所2003年版,第184页。

〔3〕　陈寿祺:《左海文集》卷五《与方彦闻令君书》,《续修四库全书》第1496册,第227页。

〔4〕　张鉴等撰,黄爱平点校:《阮元年谱》卷三,中华书局1995年版,第92页。

〔5〕　陈鸿森:《江藩〈汉学师承记〉纂著史实索隐》,《文史》2019年第3辑,第159页。

〔6〕　焦循致汪喜孙书云:"去年,史馆中下问儒林、文苑两传当入何人。"见汪喜孙著,杨晋龙主编《汪喜孙著作集》下册《汪氏学行记》卷三,第920页。

耀、顾炎武、惠栋、万斯大、顾栋高、胡渭、阎若璩、张尔岐、吴廷华、凌廷堪、邵
晋涵、贾田祖、王懋竑、万斯同、江永、戴震、钱塘、任大椿、李惇、刘台拱、顾九
苞、卢文弨、钱大昕、马骕、沈彤、陈祖范、应㧑谦、孔广森、朱筠、金榜、武亿、王
鸣盛、江声、张惠言、汪中等。[1]阮元《儒林传稿》收录清初至嘉庆十六年[2]，
12省31府州，正传44人、附传78人，各省府州正附传人数（前正传，后附传，
下同）如下：江苏16：33：苏州4：13，常州4：8，扬州3：4，太仓3：3，淮安1：
4，镇江1：0，江宁0：1；浙江8：18：绍兴4：6，宁波2：4，湖州1：3，杭州1：2，
嘉兴0：3；山东5：14：兖州2：10，济南2：2，青州1：1，莱州0：1；安徽5：3：
徽州2：2，安庆1：1，宁国1：0，太平1：0；直隶3：2：保定2：2，顺天1：0；陕西：
西安1：2；湖北：黄州1：2；山西1：1：平阳1：0，汾州0：1；河南：河南1：1；
江西1：1：建昌1：0，赣州0：1；福建：泉州1：1；湖南：衡州1：0。[3]其中扬
州正传3人：陈厚耀、王懋竑、任大椿，附传4人：朱泽沄、李惇、刘台拱、汪中。
嘉庆十七年八月十六日，阮元奉上谕，补授漕运总督，"二十日，将纂办粗毕之
《儒林传》稿交付国史馆"。[4]阮元《儒林传稿》系开创之作，意义重大、影响
深远。

　　嘉庆十九年（1814）六月至二十三年[5]，清史《儒林传》第二次纂修，主持
者曹振镛[6]（1755—1835），提调官朱鸿（1766—？）、黄安涛（1777—1848）[7]，

---

[1] 焦循著，刘建臻点校：《雕菰集》卷一二《国史儒林文苑传议》，《焦循全集》第12册，广陵
    书社2016年版，第5856—5857页。
[2] 阮元《儒林传稿》正附传传主卒年最晚的臧庸卒于嘉庆十六年（1811）。
[3] 阮元著，伍野春点校：《儒林传稿》，广陵书社2021年版。
[4] 张鉴等撰，黄爱平点校：《阮元年谱》卷四，第102页。
[5] 黄圣修：《清两卷本〈国史儒林传〉考述》，（台北）《故宫学术季刊》第29卷第4期（2012
    年夏季号），第234—235页。
[6] 曹振镛主持覆辑《儒林传》的证据有二：其一，据戚学民考证，曹振镛曾就《儒林传目》听
    取其师翁方纲意见，翁氏阐述了《儒林传》的学术原则及入传人选（戚学民《阮元〈儒林传
    稿〉研究》，生活·读书·新知三联书店2011年版，第267—268页）；其二，台北故宫博物
    院藏清国史馆传稿中，有阮元辑纂的《孔广森传》《张惠言传》覆辑稿，审批签字的总裁都
    是托津、曹振镛、卢荫溥［《儒林孔广森传》《儒林张惠言传》，嘉庆二十三年（1818），台北
    故宫博物院藏，清国史馆档案，统一编号为故传008191、008192］。这证明，曹振镛自始至
    终主持清史《儒林传》二次稿的覆辑。
[7] 《张惠言传》一签条作"《臧琳附传》，奉总裁谕，改附《江永传》，业已进呈。嘉庆廿二年五
    月。提调朱鸿、黄安涛记。"（台北故宫博物院藏，清国史馆档案，统一编号为故传008192，第
    9页）。

成不分卷 36 本《儒林传》。曹振镛,字怿嘉,号俪笙,安徽歙县人。户部尚书曹文埴之子。乾隆四十六年进士。朱鸿,字仪可,号小梁,浙江秀水人。嘉庆七年进士,改翰林院庶吉士,散官授编修,著有《声音谱》《考工记车制参解》等。黄安涛,字凝与,号霁青,浙江嘉善人。嘉庆十四年二甲一名进士,改翰林院庶吉士,散馆授编修,著有《真有益文编》《慰托集》等。嘉庆十九年五月二十七日,因《和珅列传》记载和坤劣迹不明,嘉庆将国史馆正总裁董诰等交部议处,简派曹振镛、托津、潘世恩三人充国史馆正总裁,卢荫溥充国史馆副总裁。[1]六月二十五日曹振镛奏云:"史馆功课,向例以大臣、忠义等列传编纂进呈。现在《忠义传》已将次纂毕,应请即以从前奏定之儒林、文苑、循吏等传接续纂办,作为功课,俾无旷误。"[2]二十三年十一月,托津奏云:"自上届嘉庆十八年奏请议叙后,至今又届五年,……统计此五年内进呈过……《儒林传》共三十六本。"[3]黄圣修据上述二奏推测:"当阮元缴交传稿之后,国史馆并未将阮元之稿视为纂办完成的传稿,或是总裁等对于阮元所纂之传稿并不满意,因此才会于嘉庆十九年上奏持续纂办《儒林传》。而新纂成的《儒林传》当完成并进呈于嘉庆二十三年十一月以前,故总裁托津才会将其视为已完成之功课,并奏请议叙。"[4]曹振镛《儒林传》收录清初至嘉庆十四年[5],12 省 30 府州,正传 35 人、附传 53 人,各省府州正附传人数如下:江苏 12:20:苏州 4:9,太仓 3:1,常州 2:6,扬州 2:0,镇江 1:0,淮安 0:4;浙江 6:13:绍兴 2:4,宁波 2:2,杭州 1:3,湖州 1:2,嘉兴 0:2;安徽 4:3:徽州 2:3,宁国 1:0,太平 1:0;直隶 3:2:保定 2:2,顺天 1:0;山东 2:5:济南 2:2,青州 0:2,莱州 0:1;山西 2:1:太原 1:0,平阳 1:0,汾州 0:1;陕西:西安 1:2;湖北:黄州 1:2;江西 1:2:建昌 1:0,赣州 0:1,吉安 0:1;福建:泉州 1:2;河南:河南 1:1;湖南:衡州 1:

〔1〕 庄吉发:《清代国史馆的传记资料及列传的编纂》,《清史论集》第 14 册,(台北)文史哲出版社 2004 年版,第 220 页。

〔2〕 《清国史馆奏稿》,全国图书馆文献缩微复制中心 2004 年版,第 1070 页。

〔3〕 《清国史馆奏稿》,第 1083 页。

〔4〕 黄圣修:《清两卷本〈国史儒林传〉考述》,第 234—235 页。

〔5〕 曹振镛《儒林传》正附传传主卒年最晚的凌廷堪卒于嘉庆十四年(1809)。

0。[1]其中扬州正传2人：王懋竑、陈厚耀，朱泽沄有27字的简介[2]。曹振镛《儒林传》是八次稿中唯一进呈御览的。

道光二十四年（1844），清史《儒林传》第三次纂修，由蔡宗茂（1798—？）、方俊（1814—1877）主持，成8卷本《儒林传》。蔡宗茂，字禧伯，号小石，江苏上元（今南京）人。道光十三年进士，纂辑、覆辑清国史传稿有：大臣阮元列传，文苑汪琬等传，循吏陈庆门等传，忠义马致荣等传。方俊，字伯雄，号枕善巢老人，江苏上元人。道光十六年进士，纂辑、覆辑清国史传稿有：宗室积拉堪等传，文苑毛奇龄等传，循吏张沫等传，忠义黄泰等传。蔡宗茂、方俊《儒林传》收录清初至嘉庆十四年，12省30府州，卷1至卷4收录理学正传18人，附传27人，卷5至卷8收录汉学正传18人、附传25人，各省府州正附传人数如下：江苏12：17：苏州4：7，太仓3：1，常州2：6，扬州2：0，镇江1：0，淮安0：3；浙江7：14：绍兴3：4，宁波2：2，杭州1：4，湖州1：2，嘉兴0：2；安徽4：3：徽州2：3，宁国1：0，太平1：0；直隶3：2：保定2：2，顺天1：0；山东2：5：济南2：2，莱州0：2，青州0：1；山西2：1：太原1：0，平阳1：0，汾州0：1；陕西：西安1：2；河南1：2：河南1：1，归德0：1；湖北：黄州1：2；江西1：2：建昌1：0，赣州0：1，吉安0：1；福建：泉州1：2；湖南：衡州1：0。[3]其中扬州正传2人：王懋竑、陈厚耀，朱泽沄27字简介未变[4]。蔡宗茂、方俊《儒林传》是第一次按理学、汉学分卷的。

光绪七年（1881）至二十九年[5]，清史《儒林传》第四次纂修，主持者缪荃孙（1844—1919），提调官叶昌炽（1849—1917）、恽毓鼎（1863—1918）等，成34卷本《儒林传》。缪荃孙，字炎之，号筱珊、艺风，江苏江阴人。光绪二年进

---

〔1〕 曹振镛：《儒林传》，嘉庆二十三年（1818），台北故宫博物院藏，清国史馆档案，统一编号为故传005440—005466、008183—008190。

〔2〕 "朱泽沄，宝应人。尝讲道锡山，皆以东林为宗主。……泽沄有《朱子圣学考略》。"《儒林高愈传》，嘉庆二十三年（1818），台北故宫博物院藏，清国史馆档案，统一编号为故传005442，第2—3页。

〔3〕 蔡宗茂、方俊：《儒林传》，嘉庆二十四年（1819），台北故宫博物院藏，清国史馆档案，统一编号为故传004953—004960。

〔4〕 蔡宗茂、方俊：《儒林朱鹤龄传》，嘉庆二十四年（1819），台北故宫博物院藏，清国史馆档案，统一编号为故传004959，第16—17页。

〔5〕 黄圣修：《光绪朝的〈儒林传〉纂修》，（台北）《台湾师大历史学报》第67期（2022年6月），第8页。

士,十年升国史馆总纂官。据黄圣修考证:"本次纂修初以廖寿丰为提调,……但在光绪七年至九年之间,纂修工作并没有太大的进展。……光绪九年三月,缪荃孙与谭宗浚奉派合办《儒林》等四传。……光绪十一年,谭宗浚调任云南粮储道,自此《儒林传》的纂修,改由缪荃孙单独负责。……缪荃孙,因不同意将纪大奎收入《儒林传》,得罪了翰林院掌院学士、国史馆总裁徐桐,……愤而离京。至于史稿则交由叶昌炽与恽毓鼎等人继续整理校对,直到光绪二十九年后才重新誊抄完成。"[1]缪荃孙《儒林传》收录清初至光绪十年[2],16省59府州,卷1至卷10收录理学正传34人、附传72人,卷11至卷34收录汉学正传72人、附传101人,各省府州正附传人数如下:江苏40:73:扬州15:20,常州9:19,苏州7:15,太仓5:11,镇江2:1,淮安1:4,江宁1:2,海州0:1;浙江19:39:绍兴5:11,湖州5:6,嘉兴2:9,杭州2:8,宁波2:2,台州2:2,温州1:0,金华0:1;安徽10:7:徽州4:6,宁国3:0,太平2:0,安庆1:1;山东7:9:济南2:2,青州2:1,兖州2:0,登州1:1,莱州0:4,沂州0:1;直隶6:4:保定3:1,顺天2:2,大名1:0,河间0:1;江西4:9:建昌3:6,吉安1:1,南康0:1,赣州0:1;福建4:8:福州2:3,泉州1:2,汀州1:3;陕西3:7:西安1:3,同州1:2,华州1:0,乾州0:1,凤翔0:1;广东:广州3:3;山西2:4:太原1:0,平阳1:0,绛州0:3,汾州0:1;河南2:3:河南1:1,许州1:0,归德0:1,开封0:1;湖北2:3:黄州1:2,安陆1:0,汉阳0:1;湖南2:1:衡州1:1,长沙1:0;贵州:遵义1:0;广西:桂林1:1;云南:大理0:1。[3]其中扬州正传15人:王懋竑、朱泽沄、刘熙载、成孺、陈厚耀、刘台拱、王念孙、汪中、朱彬、焦循、江藩、凌曙、刘文淇、薛传均、刘宝楠,附传20人:乔溎、贾田祖、李惇、宋绵初、李钟泗、许珩、汪光爔、钟怀、徐复、江德量、汪喜孙、焦廷琥、顾九苞、顾凤毛、刘毓崧、刘寿曾、方申、薛寿、梅毓、刘恭冕。缪荃孙《儒林传》奠定了清史《儒林传》的基本格局,意义重大、影响深远。

　　光绪二十九年(1903)至三十一年六月十五日,清史《儒林传》第五次纂修,主持者陈伯陶(1855—1930),提调官恽毓鼎、余堃(1859—1923),成74

〔1〕　黄圣修:《光绪朝的〈儒林传〉纂修》,第6—21页。
〔2〕　缪荃孙《儒林传》正附传传主卒年最晚的成孺、桂文灿皆卒于光绪十年(1884)。
〔3〕　缪荃孙:《儒林传》,光绪二十九年(1903),台北故宫博物院藏,清国史馆档案,统一编号为故传004496—004488、004473、004487—004481、004462—004472。

卷本《儒林传》。陈伯陶，字象华，号子砺，广东东莞人。光绪十八年进士，殿试一甲第三名，三十年十一月补国史馆纂修，次月补国史馆总纂，主持纂修儒林、文苑二传，三十一年六月十五日内阁奉上谕："翰林院编修陈伯陶、袁励准均着在南书房行走。"[1]恽毓鼎，字薇孙，号澄斋，江苏阳湖（今常州）人。光绪十五年殿试二甲二十九名，朝考一等五十七名，改翰林院庶吉士，散馆授编修，二十九年十月国史馆提调官。余堃，字子厚，四川巴州人。光绪十六年二甲第十七名进士。改翰林院庶吉士，散馆授编修。陈伯陶《儒林传》按生卒年月或科甲先后排序[2]，收录清初至光绪二十七年[3]，17省94府州，目录1卷，卷1至卷32收录理学正传86人、附传150人，卷33至卷73收录汉学正传119人、附传164人，各省府州正附传人数如下：江苏56：101：扬州17：23，苏州13：25，常州11：22，太仓7：14，江宁3：6，镇江3：3，淮安1：5，松江1：2，海州0：1；浙江41：67：杭州10：16，绍兴8：14，嘉兴8：14，湖州8：10，台州3：6，宁波2：6，金华1：1，温州1：0；安徽23：31：徽州10：15，安庆7：7，宁国4：6，太平2：1，六安0：1，池州0：1；江西12：14：建昌5：3，南昌2：1，吉安2：1，抚州2：1，袁州1：1，赣州0：3，南康0：2，饶州0：1，新城0：1；直隶12：12：保定5：2，顺天3：5，天津1：1，定州1：0，赵州1：0，大名1：0，河间0：2，永平0：1，磁州0：1；福建9：18：福州4：5，泉州2：6，汀州1：4，漳州1：1，龙岩1：1，兴化0：1；山东9：14：青州3：0，济南2：4，兖州2：1，莱州1：4，登州1：2，武定0：2，沂州0：1；河南8：12：开封3：2，河南2：2，归德1：6，许州1：1，卫辉1：0，怀庆0：1；陕西8：12：西安5：6，华州2：0，同州1：5，凤翔0：1；湖南7：5：长沙5：1，宝庆1：2，衡州1：1，沅州0：1；广东6：10：广州5：8，罗定1：0，嘉应0：1，高州0：1；山西3：7：保德1：2，太原1：0，平阳1：0，绛州0：2，汾州0：1，泽州0：1，吉州0：1；贵州3：1：都匀1：1，安顺1：0，遵义1：0；四川3：0：成都1：0，叙州1：0，保宁1：0；湖北2：6：黄州1：3，安陆1：0，汉阳0：2，德安0：1；广西2：2：桂林2：1，郁林0：1；云南1：2：永昌1：0，曲靖0：1，大理0：

---

[1] 中国第一历史档案馆编：《光绪宣统两朝上谕档》第31册，广西师范大学出版社1996年版，第91页。

[2] 陈伯陶：《瓜庐文剩》卷一《拟增儒林文苑条例》，转引自李绪柏《陈伯陶评传》，广东人民出版社2014年版，第125页。

[3] 陈伯陶《儒林传》正附传传主卒年最晚的刘庠卒于光绪二十七年（1901）。

1。[1]其中扬州正传 17 人：王懋竑、朱泽沄、刘熙载、成孺、陈厚耀、任大椿、刘台拱、王念孙、汪中、朱彬、焦循、江藩、凌曙、薛传均、刘文淇、罗士琳、刘宝楠，附传 23 人：雷士俊、乔潆、刘玉麟、李惇、宋绵初、汪喜孙、江德量、徐复、许珩、汪光爔、朱士端、焦廷琥、顾凤毛、钟怀、李钟泗、陈逢衡、黄承吉、黄奭、薛寿、刘毓崧、刘寿曾、方申、刘恭冕。陈伯陶《儒林传》是八次稿中收录学人人数最多的。

1914 年 12 月至 1915 年 5 月 28 日[2]，清史《儒林传》第六次纂修，缪荃孙主持，成 5 卷本《儒学传》。1914 年 1 月，"袁世凯授意时任国务院总理的熊希龄设立清史馆，并于 2 月 3 日由国务院呈文总统批示。同年 3 月 9 日，民国政府颁布大总统令，正式设立清史馆。"[3]夏孙桐称："清史馆开，两传仍归艺风经手，即所自撰旧稿增删，改名《儒学》《文学》。"[4]缪荃孙《儒学传》收录清初至 1918 年[5]，16 省 61 府州，卷 1 收录理学正传 34 人、附传 75 人，卷 2 收录汉学正传 36 人、附传 56 人，卷 3 收录汉学正传 32 人、附传 48 人，卷 4 收录清衍圣公正传 1 人、附传 5 人，卷五目录。各省府州正附传人数如下：江苏 37：62：扬州 11：20，常州 9：10，苏州 8：13，太仓 4：10，镇江 2：1，淮安 1：3，江宁 1：2，松江 1：1，海州 0：1；浙江 22：46：绍兴 6：11，湖州 5：6，杭州 4：8，嘉兴 2：10，宁波 2：5，台州 2：5，温州 1：0，金华 0：1；安徽 8：14：徽州 5：11，宁国 2：1，安庆 1：2；山东 7：16：兖州 3：5，青州 2：1，济南 1：3，登州 1：1，莱州 0：5，沂州 0：1；直隶 6：5：保定 4：1，顺天 1：2，永平 1：0，大名 0：1，沧州 0：1；福建 5：9：福州 2：3，泉州 1：3 汀州 1：3，漳州 1：0；广东：广州 4：7；江西 3：8：建昌 3：5，南康 0：1，吉安 0：1，赣州 0：1；湖南 3：3：长沙 2：1，衡州 1：1，宝庆 0：1；河南 2：3：河南 1：1，许州 1：0，开封 0：1，归德 0：1；山西 2：6：太原 1：0，平阳 1：0，绛州 0：2，华州 0：1，同州 0：1，乾州 0：1，汾州 0：1；陕西 1：

〔1〕 陈伯陶：《儒林传》，光绪三十一年(1905)，台北故宫博物院藏，清国史馆档案，统一编号为故传 003959—003941、004474、003930—003940、004475、003928—003930、003925—003920、004508、004480、003919—003906、004425、003895—003905、003894—003891。
〔2〕 马延炜：《清国史馆〈儒林传〉纂修活动考述》，(台北)《故宫学术季刊》第 25 卷第 3 期(2008 年春季号)，第 61 页。
〔3〕 朱曦林：《清史馆与清学史研究之风的形成》，(台北)《汉学研究》第 37 卷第 1 期(2019 年)，第 197 页。
〔4〕 朱师辙：《清史述闻》卷三，上海书店出版社 2009 年版，第 40 页。
〔5〕 缪荃孙《儒学传》正附传传主卒年最晚的王先谦卒于 1918 年。

4：西安 1：3,凤翔 0：1；湖北 1：1：黄州 1：0,汉阳 0：1；贵州：遵义 1：0；广西：桂林 1：0；云南：大理 0：1。[1]其中扬州正传 11 人：王懋竑、刘熙载、成孺、陈厚耀、刘台拱、王念孙、汪中、焦循、凌曙、刘文淇、刘宝楠,附传 20 人：朱泽沄、乔潨、朱彬、王引之、李惇、贾田祖、宋绵初、江德量、徐复、汪光爔、焦廷琥、顾凤毛、钟怀、李钟泗、薛传均、刘毓崧、孙寿曾、方申、梅毓、刘恭冕。缪荃孙《儒学传》后来成为《清史稿·儒林传》的底本。

1916 年至 1925 年,清史《儒林传》第七次纂修,马其昶（1855—1930）主持,成 4 卷本《儒林传》。马其昶,字通伯,晚号抱润翁,安徽桐城人。著有《桐城耆旧传》等。据戚学民、阎昱昊考证,马其昶《儒林传》卷 1 由余嘉锡辑纂,"余嘉锡本承袭了缪荃孙《儒林传》第六次稿文字,但进行了相当程度删定：记载方面侧重躬修,调整了部分传目,删除、合并某些正传,增加了少量附传"。[2]马其昶《儒林传》收录清初至光绪三十四年（1908）[3],16 省 59 府州,卷 1 理学正传 30 人、附传 77 人,卷 2 汉学正传 33 人、附传 54 人,卷 3 汉学正传 27 人、附传 41 人,卷 4 为目录。各省府州正附传人数如下：江苏 32：57：扬州 10：19,常州 9：10,苏州 6：11,太仓 3：10,镇江 2：1,淮安 1：3,江宁 1：2,海州 0：1,松江 0：1；浙江 18：46：绍兴 6：11,湖州 3：5,台州 3：4,杭州 2：9,宁波 2：5,嘉兴 1：11,温州 1：0,金华 0：1；安徽 8：15：徽州 5：11,宁国 2：1,安庆 1：3；山东 6：11：青州 2：1,兖州 2：0,济南 1：3,登州 1：1,莱州 0：5,沂州 0：1；直隶 5：5：保定 4：1,大名 1：0,顺天 0：3,沧州 0：1；福建 4：10：福州 1：4,泉州 1：3,汀州 1：3,漳州 1：0；广东：广州 4：5；山西 3：3：太原 1：0,平阳 1：0,华州 1：0,绛州 0：2,汾州 0：1；江西 2：9：建昌 2：6,南康 0：1,赣州 0：1,吉安 0：1；河南 2：3：河南 1：1,许州 1：0,开封 0：1,归德 0：1；湖南 2：0：衡州 1：0,长沙 1：0；陕西 1：6：西安 1：3,凤翔 0：1,同州 0：1,乾州 0：1；湖北 1：1：黄州 1：0,汉阳 0：1；广西：桂林 1：0；贵州：遵义 1：0；云南：大理 0：1。[4]其中扬州正传 10 人：王懋竑、刘熙载、陈厚耀、刘台拱、王念孙、汪中、焦循、凌曙、刘

---

[1] 缪荃孙：《儒学传》,1915 年 5 月,台北故宫博物院藏,民国清史馆档案,统一编号为故传 007847—007850。

[2] 戚学民、阎昱昊：《余嘉锡覆辑清史〈儒林传〉》,《历史研究》2017 年第 2 期,第 184 页。

[3] 马其昶《儒林传》正附传传主卒年最晚的孙诒让卒于光绪三十四年（1908）。

[4] 马其昶：《儒林传》,1925 年,台北故宫博物院藏,民国清史馆档案,统一编号为故传 006845—006843。

文淇、刘宝楠,附传 19 人:朱泽沄、乔潗、成孺、朱彬、王引之、李惇、贾田祖、宋绵初、江德量、徐复、汪光爔、焦廷琥、顾凤毛、钟怀、李钟泗、薛传均、刘毓崧、刘寿曾、刘恭冕。马其昶《儒林传》文字相当简洁。

　　1926 年 9 月[1]至 1928 年 7 月,清史《儒林传》第八次纂修,由柯劭忞(1848—1933)覆辑,成《清史稿·儒林传》4 卷。柯劭忞,字凤苏,号蓼园,山东胶州人。光绪十二年进士,改翰林院庶吉士,散官授编修。著有《春秋穀梁传注》《新元史》等。夏孙桐称:"马(其昶)稿又经柯凤孙(劭忞)覆阅,仅改作序文,其中无甚变动,而其稿失去《儒林》一册,至付印时仓猝又取缪稿,但改用阮文达原序[2],传中亦稍更动。"[3]于 1928 年 7 月刊成《清史稿·儒林传》4 卷。《清史稿·儒林传》收录清初至 1918 年[4],16 省 62 府州,《儒林一》收录理学正传 38 人、附传 75 人,《儒林二》收录汉学正传 35 人、附传 56 人,《儒林三》收录汉学正传 31 人、附传 48 人,《儒林四》收录清衍圣公正传 1 人、附传 10 人。各省府州正附传人数如下:江苏 35∶60∶扬州 11∶20,常州 9∶10,苏州 7∶13,太仓 4∶9,镇江 2∶1,淮安 1∶3,江宁 1∶2,松江 0∶1,海州 0∶1;浙江 22∶45∶绍兴 6∶11,湖州 6∶6,杭州 4∶9,嘉兴 2∶11,宁波 2∶5,台州 1∶3,温州 1∶0,金华 0∶1;安徽 9∶13∶徽州 6∶10,宁国 2∶1,安庆 1∶2;山东 7∶23∶兖州 3∶10,青州 2∶1,济南 1∶3,登州 1∶1,莱州 0∶7,沂州 0∶1;直隶 6∶7∶保定 4∶3,顺天 1∶2,永平 1∶0,大名 0∶1,沧州 0∶1;福建 5∶9∶福州 2∶3,泉州 1∶3,汀州 1∶3,漳州 1∶0;广东 4∶7∶广州 4∶6,连州 0∶1 人;湖南 4∶2∶长沙 3∶0,衡州 1∶1,宝庆 0∶1;江西 3∶8∶建昌 3∶5,南康 0∶1,赣州 0∶1,吉安 0∶1;陕西 2∶7∶西安 1∶3,同州 1∶2,凤翔 0∶1,乾州 0∶1;山西 2∶3∶太原 1∶0,平阳

---

〔1〕 戚学民、阎昱昊:《余嘉锡覆辑清史〈儒林传〉》,第 174 页。

〔2〕 民国清史馆对阮元《儒林传稿序》改 5 句,删 35 字,加 23 字。改"我朝列圣,道德纯备,包涵前古"为"清兴";删"圣学所指,海内向风"8 字;改"近时"为"后如";"张惠言之于孟、虞《易》说"后加"凌廷堪、胡培翚之于《仪礼》,孙诒让之于《周礼》,陈奂之于《毛诗》"23 字;改"亦"为"皆";删"我朝……呜呼……我皇上继列圣而昌明之……乎……正衣尊视,恶难从易,……精校博考"27 字;改"臣等备员史职,综辑《儒传》"为"今为《儒林传》";改"自顺治至嘉庆之初,得百数十人,仿《明史》载孔氏于《儒林》之例,别为《孔氏传》,以存《史记·孔子世家》之意。至若熊赐履、汤斌、陆陇其等,已入大臣传,兹不载焉"为"已列于正传者,兹不复载焉"。

〔3〕 朱师辙:《清史述闻》卷三,第 40 页。

〔4〕 《清史稿·儒林传》正附传传主卒年最晚的王先谦卒于 1918 年。

1:0,绛州0:2,汾州0:1；河南2:3：河南1:1,许州1:0,开封0:1,归德0:1；湖北2:1：安陆1:0,黄州1:0,汉阳0:1；贵州：遵义1:0；广西：桂林1:0；云南：大理0:1。[1]其中扬州正传11人：王懋竑、刘熙载、成瓘、陈厚耀、刘台拱、王念孙、汪中、焦循、凌曙、刘文淇、刘宝楠，附传20人：朱泽沄、乔潨、朱彬、王引之、李惇、贾田祖、宋绵初、江德量、徐复、汪光爔、焦廷琥、顾凤毛、钟怀、李钟泗、薛传均、刘毓崧、刘寿曾、方申、梅毓、刘恭冕。《清史稿·儒林传》是国家层面的官方记述。

　　清史《儒林传》经过八次纂修，历时119年，入选是传主学术成就的体现。清史《儒林传》四次稿至八次稿收录各府州学人，扬州皆为全国第一。以《清史稿·儒林传》为例，其正传105人、附传189人，分布于16省62府州，其中扬州正传11人、占总人数10.48%，附传20人、占总人数10.58%，都是全国第一。这是国家层面对扬州学人的认可与接受，展示了扬州学界厚度，提升了扬州学人地位，扩大了扬州学术影响。从《史记》至《明史》，近1800年间，正史《儒林传》收录扬州学人正传2人：唐代江都曹宪、王绍宗，附传4人：明代泰州周蕙、王爵、王艮、林春[2]，而《清史稿·儒林传》收录扬州学人正传11人、附传20人，是历史上的五倍强。在清代学术史上，扬州为国之重镇；在扬州学术史上，清代高居巅峰。

作者单位：扬州文化研究会

---

〔1〕《清史稿》卷四八〇至四八三，中华书局1977年版，第13097—13311页。

〔2〕《旧唐书》卷一八九上《儒学上·曹宪传》、卷一八九下《儒学下·王绍宗传》，《新唐书》卷一九八《儒学上·曹宪传》、卷一九九《儒林中·王绍宗传》，《明史》卷二八二《儒林一·周蕙、王爵附传》、卷二八三《儒林二·王艮、林春附传》。

《阮元研究文献目录》书后

陈东辉

摘　要：在简要回顾作者长期致力于阮元研究的历程之后，阐述了《阮元研究文献目录》的编著缘由、过程、凡例、特色以及作者的若干切身体会等，力求为进一步促进阮元以及相关领域的研究提供助益。

关键词：《阮元研究文献目录》；阮元；扬州学派；清代学术；论著目录

阮元研究一直是我的主要研究方向之一，最初对其产生兴趣可以溯源到三十多年前的学生时代。我在老杭大中文系古典文献专业上大二时，仔细拜读了著名古文献学家张舜徽先生的《清代扬州学记》，并对其中的第六章《阮元》特别感兴趣，从而对阮元这位清代学术大师产生了敬仰之情。阮元曾历任浙江学政、浙江巡抚，先后在浙江为官将近十二年，与我的家乡杭州有着千丝万缕的联系，令我倍感亲切。另外，我当时觉得虽然阮元学识博洽、著述宏富、成就卓越，但后人对他的研究还太少，评价也不够高，很为他抱不平。于是，我试着撰写了《阮元的学术地位与成就》一文，于1991年3月刊登在公开刊物上，这是我正式发表的关于阮元研究的首篇论文。此后，我的博士学位论文题目确定为《论阮元与小学》，我的首部专著《阮元与小学》就是在该博士学位论文基础上修订而成，于1999年出版。该书较为全面、系统而详尽地论述了阮元在小学方面的成就，受到学术界的关注和好评，在此后的阮元研究论著中经常被提及和引用。目前已是阮元研究专家的宋巧燕教授，当时还专门撰写了关于该书之书评，刊登在中华书局主办的《书品》2002年第2期。

阮元研究始终是我从事清代学术史研究的重点和中心，我迄今已发表相关论文30余篇，并为此阅读、搜集了大量文献资料。我曾在蒋秋华教授的《大陆学者对清乾嘉扬州学派的研究》（台湾《汉学研究通讯》第19卷第4期，2000年11月）、宋巧燕教授的《20世纪的阮元研究》（《中州学刊》2003年第4期）、孙广海教授的《阮元研究综述》（台湾《汉学研究通讯》第25卷第3期，

2006 年 8 月）等研究综述类文章中被列为阮元研究的核心作者之一。这是学术界对我的鼓励和鞭策。

因为长期从事阮元研究,所以我平时十分注意搜集与阮元相关的研究论著,编著成《阮元研究文献目录》,并且一直在增补新近刊布以及此前遗漏的论著,篇幅不断增加。

在编著本目录的过程中,笔者发现进入新世纪以来,关于阮元研究的成果大幅度增长,涉及其生平、政绩、经学、史学、哲学、校勘、训诂、文字、金石、书画、文学、历算、舆地等诸多方面,既有大部头的学术专著,也有言简意赅的论文,同时还有大量普及性文章。根据统计,本目录所收录的专门关于阮元(含阮元所撰或主编之书,如《揅经室集》《十三经注疏校勘记》《经籍籑诂》《皇清经解》等)的硕博士学位论文多达 126 篇,另有博士后研究工作报告 1 篇,其中大部分是 2000 年以来通过答辩的,既有中国内地、香港和台湾的,也有日本、韩国、美国和法国的,涉及阮元研究的方方面面。篇数之多,连一些长期从事清代学术史研究的著名学者都颇感惊讶! 不过遗憾的是,从这些硕博士学位论文中的文献综述、参考文献、脚注以及相关论述可以看出,几乎没有一篇论文的资料搜集是齐全的,许多论文(尤其是中国内地的硕士学位论文)所提及的前人研究成果,只是相关研究成果的一小部分,在很大程度上影响了论文的质量。这也从一个角度凸显了笔者编著本目录的重要意义。

近年来,有不少研究综述类文章在统计相关论著时,采用文献计量学的方法,这自然很好,但其前提是相关研究文献目录应该齐全、准确,否则得出来的结论会有偏差。笔者认为,相关学者及研究生在从事某项研究工作的起始阶段,编著一份详尽的研究文献目录,是十分有意义,也是十分有必要的。在编著过程中,既可以全面而系统地了解前人相关研究成果,能够对相关文献资料尽量做到竭泽而渔,又可以在这一过程中静下心来认真思考,仔细分析已有论著的成绩与不足,从而为自己的研究找到新的突破点。这是我近年来的切身体会。

虽然我不敢保证本目录完全没有遗漏,但应该说此乃迄今为止收录最为齐全的关于阮元研究的文献目录,其中的作者、篇名或书名、期刊或出版社名称、发表或出版时间等信息都是准确的。

我在编著本目录的过程中,是抱着"竭泽而渔"的愿望,尽最大努力来做的,有时为了核实相关论著的信息,想方设法了解作者的联系方式,以便专门向远在外地的作者本人咨询。如我以前从友人处获悉,彭卫国先生于1990年从华东师范大学图书馆学情报学系研究生毕业,其硕士学位论文题目是关于阮元研究的,但一直不清楚具体题目如何,相关书刊及网络资源中没有任何与该文相关的信息,我为此还专程去了位于上海的华东师范大学图书馆学情报学系资料室,不过也未能如愿查到该文。后来想到我与彭先生曾在"2009年中国辞书高层论坛——《辞书研究》创刊三十周年学术研讨会"上有过一面之缘,于是找出多年前的会议通讯录,抱着试试看的心态,通过手机给彭先生发了短信,想不到当时已经担任上海世纪出版集团副总裁、工作非常繁忙的他立即回复,告知我他的学位论文题目是《阮元文献学研究》,并且特别提醒,他当时虽然在华东师大图书馆学情报学系读研究生,但所学专业并非图书馆学,而是中国古典文献学(这样我就可以准确著录了)。同时,他还说自己对阮元念念不忘,业余仍然关注相关研究成果,此前他与王原华先生合作点校了阮元等撰的《畴人传汇编》,已由广陵书社于2009年出版。他很希望今后跟我保持联系、交流阮元研究心得,并热情邀我今后赴沪时到他位于福州路的办公室小叙,令我十分感动!诸如此类的例子还有不少,在此不一一细述了。

另外,我在拙著《清代学术与文化新论》(台湾经学文化事业有限公司2014年版)后记中特别提到,2013年12月初,笔者在翻阅新购买的赵智昌先生主编的《扬州文化研究论丛(第11辑)》(广陵书社2013年版)时,读到了伍野春、阮荣夫妇辑的《阮元研究论著索引(1799—2012)》。该索引在体例上与笔者编著的《阮元研究文献目录》有很大不同,各有千秋。笔者经过仔细比对,发现该索引著录的绝大多数论著,当时已经收入笔者编著的目录。本目录初稿《阮元(1764—1849)研究论著目录》,曾经收入笔者主编的《清代学者研究论著目录初编》,该书版权页虽然注明该书是台湾经学文化事业有限公司于2012年12月出版的,但实际上该书是从2013年3月之后才对外发行的。因为该书系台版书并且定价较高,所以在大陆不易见到,况且那时该索引应该业已完稿。因此,二者应该是各自独立编纂的,并无相互参考关系。当然,本目录中的个别条目,是根据《阮元研究论著索引(1799—2012)》提供的线索,一一复核原书原文后增补的,在此对伍野春、阮荣夫妇深表感谢!

我始终对阮元后裔和扬州不少从事阮元研究的学者充满了敬意,尤其是阮元第六世孙阮锡安先生给我留下了深刻印象。阮锡安先生长期致力于弘扬阮元文化，为此付出了诸多艰辛努力。他曾经专门创办了"阮元文化网"，目前专门建立了"阮元文化研究"微信公众号（扬州其他学者还建有"阮元文化北湖闲话"微信公众号），其中有大量与阮元相关的资料、文章和信息等。近十年来，阮锡安先生主编了《阮元研究论文选》（广陵书社 2014 年版）和《阮元诗书画印选》（广陵书社 2014 年版），编注了《阮元家规家训选注》，促成了扬州市社会科学院阮元文化研究所、扬州阮元文化研究中心、阮元文化工作室等机构的建立，编辑了《阮元文化研究专辑》（已经刊行 6 册）和《阮元文化研究通讯》（已经刊行 13 期），举办"阮元家风"讲座近百场，并多次组织阮元学术研讨会和相关大型宣传活动等，对于进一步促进阮元以及相关领域的研究贡献甚大。承蒙阮锡安先生和诸位领导、专家的厚爱，我受聘为阮元文化研究所、阮元文化研究中心的研究员，深感荣幸！

我还应邀于 2019 年 4 月 27 日下午，登上在学界和社会均颇有影响的"扬州讲坛"，面向近千名各界人士作了题为《留芳西湖，泽溉海东——三朝元老、一代宗师阮元的功绩与影响》的演讲，演讲之后接受了扬州多家媒体的专题采访。此外，2016 年 11 月、2017 年 8 月，扬州电视台为拍摄关于阮元的专题片，在阮锡安先生的陪同下，先后两次专程来杭州，到我在紫金文苑的寓所"芸雅居"（阮元号芸台，以此表示对阮元的崇敬和纪念），对我作了专题采访。我还与摄制组一同前往孤山附近拍摄跟阮元相关的遗迹，并面对摄像机谈了我对诂经精舍的若干研究心得。2019 年 8 月 25—26 日，扬州方面专门组成了一个包括相关部门领导、专家学者、阮元后人等十余人在内的考察团，专程来杭州寻访阮元遗迹。我全程陪同考察团细细走访了"诂经精舍旧址"纪念碑、阮公祠、阮公墩及阮元陈列室。为了充分表达自己三十多年来的阮元情结，也为了特别表示对阮锡安先生以及扬州各位师友的诚挚感谢和崇高敬意，我特地选用了 2017 年早春由阮锡安先生陪同参观位于扬州毓贤街的阮元家庙及宅第时所摄之照，作为本目录封底所配相片。

2021 年 11 月中旬，台湾古籍保护学会名誉会长林登昱博士等来杭州访问，当他获悉我一直在编著《阮元研究文献目录》时，立即表示愿意由他负责的台湾经学文化事业有限公司尽快出版。经过整整一个月全力以赴的增补和修改，2021 年 12 月 18 日终于交稿。在此，我要特别感谢林登昱会长长期以来对我的热情帮助和大力支持！同时，本目录收录了大量台湾地区刊布的论著，由此想到台湾著名学者林庆彰先生以及他的学生黄智信先生多次寄赠给我海峡彼岸出版的珍贵书籍，在此亦衷心感谢他们历年来对我的诸多帮助！另外，本目录在增补时，承蒙上文提及的近年来致力于阮元研究和阮元著作整理点校（以《儒林传稿》为重点）的伍野春先生、担任多部与阮元相关图书责任编辑的广陵书社胡珍女士提供相关信息，在此亦一并致谢！

因为诸事繁多，前些年我很少有精力顾及阮元研究，不过内心深处始终惦记着阮元，总想为阮元研究多尽一份力。现在本目录作为笔者主编的"清代学术大师专人研究文献目录丛刊"首部出版作品，已由台湾经学文化事业有限公司于 2022 年 1 月刊行。同时，我欠了五年的约稿《精舍书藏共湖山——阮元与杭州》终于在 2021 年 11 月初交稿，将作为"杭州文史小丛书"第七辑之一种，计划由杭州出版社刊行。这在很大程度上再次勾起了我对于阮元研究的酷爱情结！同时也算部分了却自己多年来一直珍藏在心底的美好愿望……

《阮元研究文献目录》收录中国以及日本、韩国、新加坡、美国、加拿大、法国、德国、荷兰、比利时、澳大利亚等国的相关研究文献 3000 多篇（种、条），时间下限为 2021 年 9 月（个别论著系 2021 年 10 月之后刊布）。本目录中涉及的香港、澳门、台湾地区的出版单位和报刊名称中如无香港、澳门、台湾之名，则在出版单位和报刊名称之前分别加上香港、澳门、台湾。国外的出版单位和报刊名称中如无国名，则在出版单位和报刊名称之前分别加上国名（如日本、韩国、美国等）。

本目录内容全面而系统，包括著作、硕博士学位论文（含博士后研究工作报告）、著作和硕博士学位论文中的相关部分、报刊和文集文章四大部分。各部分分别按论著刊布时间先后为序排列，其中同一年份论著之排序不再严格依照时间先后，而是酌情而定。对于报刊和文集文章，除了专门关于阮元之文章均予收录，如该文章中有较多内容涉及阮元，也酌情予以收录。会议论文仅收录未在报刊和文集上正式发表者。对于相关著作，如有不同版本，则依时间顺序分别列出（如个别著作版本过多，则仅列出主要版本）。硕博士学位论文日益增多，已成为学术研究论著的重要组成部分，不容忽视。著作和硕博士学位论文中的相关部分，给本目录的编著增加了不少工作量，并且增加了难度，但这是本目录的重要特色，可以给读者提供尽可能多的信息。

本目录对于研究文献的界定较为宽泛，一些学术性并不很强的著作和文章（含内部出版物）亦予收录，目的是给读者提供更多的信息和线索。同时，考虑到对于某一位学者学术成就之研究往往不是孤立的，而需要对其生平经历有全方位的了解，因此本目录所收录的关于阮元（含阮元所撰或主编之书）的研究文献，并不仅限于关于阮元在学术领域之成就的研究文献，而是涉及阮元所有方面的研究文献。

虽然笔者为编著本目录尽了最大努力，但研究文献目录的编著是艰苦而烦琐的，有时也是枯燥而乏味的，要真正编好很不容易，要做到一篇（种、条）不漏则几乎不可能。就《阮元研究文献目录》而言，笔者在2021年12月提交最终文档时，觉得自己长期从事阮元研究，一直非常留意跟阮元相关的所有研究信息，因此对这份目录的齐全性充满了信心。不过，当笔者接下来对《俞樾研究文献目录》（其中的部分条目与《阮元研究文献目录》有关联，已由台湾经学文化事业有限公司于2022年5月出版）进行最后的复核和修订时，新发现了朱姝的《〈淮海英灵集〉研究》、赵茂鑫的《〈浙江诗课〉的保护修复——局部清洗和脱酸工艺的探索》这两篇跟阮元相关的学位论文。这两篇学位论文当初之所以遗漏，是因为中国知网、万方、维普、读秀、浙江网络图书馆等数据库均未收录，那次是在复旦大学学位论文管理系统中检索到的。且不说许多高校的相关网站和检索系统校外人员无法登录，就算可以查询，似乎也难以在数百所高校的各种检索系统中一一寻找。

另外，2022年1月《阮元研究文献目录》进入出版程序之后，我在台湾"新书信息网"查询书号申请资料时，注意到樊宁博士的专著《阮元〈周易注疏校勘记〉成书新探》将作为《古典文献研究辑刊》三十四编之一种，确定由台湾花木兰文化出版社于2022年3月刊布。我跟目前已在华中师范大学历史文献学研究所任教的樊宁博士联系之后获悉，该专著是在其博士学位论文《从清人经书批校本到阮元〈十三经注疏校勘记〉——以〈周易〉〈左传〉为考查中心》（武汉大学中国古典文献学专业，2020年）前半部分的基础上修订而成。该学位论文在中国知网、万方、维普、读秀、浙江网络图书馆等数据库以及武汉大学的相关检索系统中都无任何信息，因此《阮元研究文献目录》也没有收录。

　　事实证明,对相关论著进行穷尽性的地毯式搜索是极其困难的。就收录范围较广并且篇幅较多的研究文献目录而言,要真正做到完全没有遗漏,或许永远都仅仅是美好的愿望,再怎么努力,也只能无限接近于一篇(种、条)不漏。

作者单位:浙江大学汉语史研究中心

近百年海内外任中敏研究论著索引*

程　希

摘　要：著名学者、教育家任中敏先生一生身份数变，成就多方。在学术界于词曲学、敦煌学、戏剧学、声诗学等领域贡献卓著，影响深远；在教育界广育英才，桃李满园；在文艺界诗文兼善、书印双绝，广受推崇。本索引对任中敏先生生平学行、学术思想、教育思想、文艺创作等方面的近百年海内外研究论著予以爬梳剔抉、分类编排，共辑得 309 条，以期对任中敏全面综合之研究有所助益。

关键词：任中敏；研究论著；索引

任中敏（1897—1991），名讷（曾名乃讷），字中敏，号二北，晚号半塘，江苏扬州人，为近代以来杰出的学者、教育家、诗人、书法家和爱国者。先生得享 95 龄高寿，毕生从事教育和学术事业，在词学、曲学、敦煌学和唐艺学等方面作出了卓越贡献，是享有国际盛誉的一代国学大师。任先生兴趣广泛、著作等身，其学术著述由王小盾及陈文和先生纂辑为《任中敏文集》，由凤凰出版社 2014 年出版，共计 19 册，煌煌数百万言。其部分诗词、日记、信札等文字亦经整理，于《任中敏先生诗词集》（香港浩德出版社 2006 年版）、《任中敏与汉民中学》（漓江出版社 1995 年版）等书得窥大略。作为半塘后学，笔者近年有志于任中敏先生研究，对任中敏研究资料多所留心，爬梳剔抉，追源溯流，特编制本研究索引，以期为任中敏研究奠定坚实的资料基础，亦可助他日任中敏年谱、评传之撰著。

本索引收录 1929—2024 近百年间海内外任中敏研究资料，举凡专著、工具书、论文、随笔等中以任中敏先生及其著述为研究主题者皆在搜罗范围。本索引分生平学行（82 条）、学术思想（170 条）、教育思想（35 条）、文艺创作（22 条）4 大类，计 309 条。其中"学术思想"下又分词曲学研究（47 条）、戏剧学

* 本文系国家社科基金一般项目"任中敏遗著整理与研究"（项目编号：24BZW093）的阶段性研究成果。

研究(53 条)、敦煌学研究(47 条)、声诗学研究(23 条)4 小类。每类下按发表或出版时间先后排序,每条注明作者、篇目(书名)、发表或出版机构、发表时间、卷期或版次、页数等。囿于闻见及学识,本索引或有疏漏之处,敬请方家补正。

一、生平学行研究

卢前:《摹天小记之三:任中敏先生》,《十日杂志》1936 年第 20 期,第 145—146 页。

北京语言学院《中国文学家辞典》编委会:《任中敏》,《中国文学家辞典》现代第二分册,四川人民出版社 1982 年 3 月版,第 267 页。

隶:《两辞书"任中敏"条释文有误》,《扬州师院学报(社会科学版)》1983 年第 1 期,第 47 页。

李廷先:《任中敏先生的主要经历和学术著作》,中国唐代文学学会主办:《唐代文学研究年鉴(1984)》,陕西人民出版社 1985 年 6 月版,第 460—470 页;《古代文史丛论》,(台北)乐学书局 2006 年版,第 449—459 页。

张锡厚:《任二北传略》,《晋阳学刊》1986 年第 2 期,第 52—60 页。

秋椋:《任中敏教授生平和著述简介》,《扬州师院学报(社会科学版)》1986 年第 3 期,第 2、159 页。

张锡厚:《任二北先生二三事》,《人民日报(海外版)》1987 年 3 月 27 日副刊。

《江苏省高等学校教授录》编委会编:《任中敏》,《江苏省高等学校教授录》,南京大学出版社 1989 年 8 月版,第 41 页。

张锡厚:《任二北先生学术传略》,《文献》1990 年第 2 期,第 121—137 页。

佚名:《任中敏教授逝世》,《人民日报》1991 年 12 月 26 日第 4 版。

小草:《纪念任中敏先生逝世一周年 任中敏学术奖励基金会成立》,《扬州师院学报(社会科学版)》1992 年第 4 期,第 31 页。

陈玉堂:《任讷》,《中国近现代人物名号大辞典》,浙江古籍出版社 1993 年 5 月版,第 168 页。

钱听涛:《记瞿秋白的中学同学任乃讷、吴炳文、李子宽、钱听涛》,瞿秋白纪念馆编：《瞿秋白研究》第 7 辑，学林出版社 1995 年 5 月版，第 271—280 页。

佛雏：《任半塘书札一束并跋》，《扬州师院学报（社会科学版）》1995 年第 3 期，第 131—135 页。

佚名：《纪念任中敏先生诞辰一百周年》，《扬州大学学报（人文社会科学版）》1997 年第 1 期，第 17 页。

张宏梁：《一代宗师任中敏——纪念任中敏先生百年诞辰》，《艺术百家》1997 年第 4 期，第 1—7 页。

齐森华等主编：《任中敏》，《中国曲学大辞典》，浙江教育出版社 1997 年12 月版，第 909 页。

张宏梁：《学界奇人任中敏》，《百年风流——扬州近现代人物传》，扬州市政协文史资料委员会编，1998 年 1 月版，第 193—209 页。

黄俶成：《任中敏：二十世纪的学术巨人》，《扬州文学》1998 年第 1 期，第 7—8 页。

黄俶成：《一代宗师任中敏敲锣卖糖》，《中华读书报》1998 年 9 月 2 日第8 版。

王永宽：《任二北》，《中国文学通典：戏剧通典》，解放军文艺出版社1999 年 1 月版，第 604—605 页。

陈文和、邓杰：《从二北到半塘——文史学家任中敏》，南京大学出版社2000 年版。

王澄主编：《任中敏》，《扬州历史人物辞典》，江苏古籍出版社 2001 年 1月版，第 251—252 页。

解玉峰：《任半塘、沈从文、胡忌论学书札二通》，《学术交流》2004 年第 4期，第 145—146 页。

曾宪通：《选堂访古随行纪实》，饶宗颐主编：《华学》第 7 辑，中山大学出版社 2004 年 12 月版，第 29 页。

张岂之主编，陈先初卷主编：《任中敏学案》，《民国学案》第 4 卷，湖南教育出版社 2005 年 8 月版，第 369—386 页。

戴世勇、张孔生：《任中敏铜像昨在扬大落成》，《扬州日报》2007 年 6 月7 日第 A2 版。

黄媛媛：《任中敏铜像昨落成》，《扬州晚报》2007 年 6 月 7 日 A7 版。

瞿妍:《任中敏铜像在瘦西湖畔落成》,《扬州时报》2007年6月8日A6版。

黄俶成:《百年任中敏》,《扬州日报》2007年6月21日、6月27日、7月5日C2版。

顾敏主编:《任中敏》,《维扬年鉴》,吉林人民出版社2007年9月版,第324页。

乔晓军编著:《任中敏》,《中国美术家人名辞典补遗一编》,三秦出版社2007年7月版,第91页。

朱恒夫:《任二北》,郑雪来主编:《20世纪中国学术大典·艺术学》,福建教育出版社2009年9月版,第668—670页。

陶敏:《任中敏、朱自清同被北大录取》,《扬州晚报》2011年1月19日A16版。

叶志敏、单小芳:《任中敏》,《档案与建设》2011年第5期,第36—37页。

任中敏撰、赵昌智整理:《与周笃文书》,《扬州文化研究论丛》2011年第1期,第160—175页。

邓杰:《词曲宗师任中敏》,《扬州晚报》2011年7月2日B4版。

范泓:《任中敏与卢冀野》,《文汇报》2013年1月16日第12版。

邓杰:《半亩荷风淡淡香——献给任中敏先生》,《光明日报》2014年9月19日第16版;《天地不言》,文化艺术出版社2016年5月版,第296—300页。

扬州大学人文社科处、文学院:《〈任中敏文集〉首发式暨学术研讨会在文学院举行》,《扬州大学报》2014年10月29日。

王克胜主编:《任半塘故居、洪为法故居》,《扬州地名掌故》,南京师范大学出版社2014年12月版,第409—410页。

赵景深:《曲友》,《文人剪影·文人印象》,三晋出版社2015年1月版,第240—245页。

孙洵:《唐圭璋与任中敏》,顾国华编:《文坛杂忆·全编三》,上海书店2015年5月版,第245—246页。

孙洵:《任中敏教授二三事》,顾国华编:《文坛杂忆·全编五》,上海书店2015年5月版,第73—74页。

马祖熙:《任中敏先生二三事》,顾国华编:《文坛杂忆·全编五》,上海书店 2015 年 5 月版，第 175—177 页。

龚鹏程：《五四游半塘》，《四海游思录·上》，东方出版社 2015 年 7 月版，第 122—123 页。

季国平：《佛雏先生追忆任半塘翁》，《寒窗集》，中国戏剧出版社 2016 年 3 月版，第 62—80 页。

邓杰：《我被任老先生骂过》，《天地不言》，文化艺术出版社 2016 年 5 月版，第 159—162 页。

郑伯麒：《任二北先生接受学生献花成为一大罪状》，李镜主编：《记忆文丛·那年那月》，北岳文艺出版社 2016 年 9 月版，第 409—411 页。

张翔飞：《将人生的萧条期变为学术的黄金时期——追念任二北先生》，曹顺庆等主编：《濯锦录：名宿与旧事中的百年川大》第 2 卷，四川大学出版社 2016 年 9 月版，第 17—25 页。

邓杰：《先生风范山高水长——纪念任中敏先生诞辰 120 周年书函文献展》，《扬州晚报》2017 年 4 月 8 日 B3 版。

扬州大学文学院：《"文学艺术高端对话：纪念任中敏先生诞辰 120 周年学术论坛"在扬举行》，《扬州大学报》2017 年 4 月 11 日。

王小盾：《任半塘先生的学术业绩》，《扬州文化研究论丛》2017 年第 1 期，第 2—6 页。

曹明升：《"文学艺术高端对话：纪念任中敏先生诞辰 120 周年学术论坛"综述》，《扬州大学学报（人文社会科学版）》2017 年第 4 期，第 125—128 页。

张明观：《关于卢藏柳批任题〈夏节愍全集〉》，《柳亚子史料札记三集》，上海人民出版社 2017 年 5 月版，第 261—265 页。

陈美雪：《任中敏著作目录》，《民国时期曲学文献整理研究》，（台北）万卷楼图书股份有限公司 2017 年 11 月版，第 161—166 页。

武维春：《晚年任中敏》，《扬州广播电视报·壹周刊》2018 年 4 月 6 日第 10、11 版。

邓杰：《又见槐花雨》，《扬州广播电视报·壹周刊》2018 年 4 月 27 日第 11 版。

谢国康：《忆任中敏》，《曲牌全书》，中山大学出版社 2018 年 5 月版，第 158—160 页。

谭一青：《谭佛雏与任半塘的笔墨之交》，《扬州广播电视报·壹周刊》2018年6月15日第10、11版。

许晓光：《任中敏先生片忆》，《古典文学知识》2018年第6期，第3—13页。

中国唐代文学学会、广州大学人文学院、广西师范大学出版社编：《文学艺术高端对话：纪念任中敏先生120周年诞辰学术论坛在扬州召开》，《唐代文学研究年鉴（2018）》，广西师范大学出版社2018年7月版，第1页。

陈益：《一封乞要稿酬的信》，《北京青年报》2018年7月20日第B3版。

周川主编：《任中敏》，《中国近现代高等教育人物辞典》，福建教育出版社2018年10月版，第134页。

戴健：《手泽犹存，遗风远乎》，《扬州广播电视报·壹周刊》2018年12月14日之揭秘版。

黄俶成：《我陪徐老向任老拜年》，《扬州广播电视报·壹周刊》2019年2月2日第7版。

陈益：《任中敏的脾气》，《中华读书报》2019年3月6日第7版。

陈子善：《傅雷推荐任二北》，《文汇报》2019年8月31日第7版。

宋林飞主编：《任中敏》，《江苏历代名人词典》，江苏人民出版社2019年10月版，第369页。

戴伟华：《学术"斗士"任中敏先生》，《南方周末》2019年12月12日。

王鑫：《字里行间、名士风范：今年是任中敏先生逝世30周年，扬大博士新发现任中敏写给唐圭璋的6封书信》，《扬州晚报》2021年2月19日A1、A4版。

王鑫：《扬大博士新发现六封书信再现任中敏先生风采》，《扬州日报》2021年2月19日A6民生版。

樊昕：《〈任中敏文集〉出版回顾》，《中国出版史研究》2021年第1期，第172—179页。

吴周文：《任中敏大师》，《扬州晚报》2021年11月5日A12版。

吴锡平：《任中敏先生的剪报堆》，《扬州晚报》2021年12月15日A15版。

扬州大学文学院：《文学院举行任中敏先生逝世三十周年追思会》，《扬州大学报》2021年12月16日。

柏红秀：《高直如劲松——缅怀任中敏先生》，《扬州晚报》2021 年 12 月
23 日 A 15 版。

邓杰：《你是一个传奇：怀念任中敏先生》，邓杰主编"天地不言"公众号
2022 年 2 月 6 日。

武维春：《任老的剪报本》，《扬州日报》2023 年 6 月 15 日 A 8 版。

谭苦盦：《任中敏讨债》，《江海晚报》2023 年 8 月 23 日 A 14 版。

金沙人：《听曹公谈任中敏的待客之道》，《扬州日报》2023 年 12 月 6 日
A 7 版。

求之：《关于任半塘先生的耳食之谈》，《扬州日报》2024 年 1 月 17 日第
7 版。

二、学术思想研究

（一）词曲学研究

祥：《新书介绍：杨升庵夫妇散曲》，《国立北平图书馆月刊》1929 年第 3
卷第 6 期，第 847 页。

顾君谊：《读书提要：散曲丛刊》，《人文月刊》1931 年第 1 卷第 6 期，第 1—
5 页。

赵景深：《散曲辑丛七种》，《戏曲月辑》1942 年第 1 卷第 1 期，第 49—
51 页。

叶德均：《关于〈新曲苑〉》，《风雨谈》1944 年第 14 期，第 116—125 页。

赵景深：《任讷的新曲苑》，《前锋》1947 年第 5—6 期，第 16—17 页。

俞平伯：《再谈〈清平调〉答任罗两先生》，《光明日报》1957 年 6 月 2 日《文
学遗产》副刊第 159 期。

唐圭璋：《读词三记·记任中敏〈唐艺发微〉》，《词学论丛》，上海古籍出
版社 1986 年 6 月版，第 697—698 页。

吴新雷：《〈抛红豆〉诸曲的红学公案》，《红楼梦学刊》1993 年第 1 期，第
231—235 页。

中外名人研究中心、中国文化资源开发中心编：《新曲苑》，《中国名著大
辞典》，黄山出版社 1994 年 4 月版，第 781 页。

佛雏:《〈天净沙〉〈凤归云〉〈谪仙怨〉——读任半塘、王静安两家诗说随札》,《扬州师院学报(社会科学版)》1995 年第 3 期,第 15—19 页。

王小盾:《任中敏先生的〈全宋词〉批注》,《扬州大学学报(人文社会科学版)》1997 年第 1 期,第 18—24 页。

何宝民:《散曲丛刊》,《中国诗词曲赋辞典》,大象出版社 1997 年 3 月版,第 362 页。

杨栋:《论开山创派的任氏散曲学》,《扬州大学学报(人文社会科学版)》1997 年第 3 期,第 22—28 页。

杨栋:《近代散曲学的开山者任讷》,《中国散曲学史研究(续篇)》,山东大学出版社 1998 年 6 月版,第 162—174 页。

杨栋、张孝进:《附录二·20 世纪元散曲研究学人简介·任讷》,赵义山:《20 世纪元散曲研究综论》,上海古籍出版社 2002 年 7 月版,第 270—271 页。

王菊艳:《开山创派 功绩卓著——任中敏先生的元散曲研究》,《黑龙江农垦师专学报》2002 年第 4 期,第 49—50 页。

戴汝才:《第一部较全面系统地专门论述散曲的著作[1]》,《中国文学之最》,大众文艺出版社 2008 年 1 月版,第 186—187 页。

曹明升:《〈散曲丛刊〉的文献学价值》,《扬州文化研究论丛》2008 年第 2 期,第 160—167 页。

曾大兴:《任中敏》,《词学的星空——20 世纪词学名家传》,河北人民出版社 2009 年 1 月版,第 365—371 页。

王友胜:《任中敏〈散曲概论〉导读》,《民国间古代文学研究名著导读》,岳麓书社 2010 年 1 月版,第 314—310 页。

王菊艳:《〈元曲三百首〉导读》,凌瑞良、张浩逊编:《大学生名著导读》,苏州大学出版社 2011 年 12 月版,第 68—70 页。

陈文和:《读任中敏〈散曲丛刊〉札记一则》,《扬州文化研究论丛》2011 年第 1 期,第 178 页。

魏新河编著:《任中敏》,《词学图录》第 8 册,黄山书社 2011 年 8 月版,第 2612—2615 页。

---

[1] 指任中敏《散曲概论》一书。

林鑫：《曲学家任中敏和徐沁君》，《烟花三月——扬州昆曲人物评传》，上海古籍出版社 2012 年 1 月版，第 206—207 页。

曹明升：《任中敏〈散曲丛刊〉的文献学价值》，《古典文学知识》2012 年第 2 期，第 101—109 页。

苗怀明：《案上新书近百卷　观堂惭愧感红多——任半塘和他的曲学研究》，《扬州大学学报（人文社会科学版）》2012 年第 2 期，第 70—78 页。

岳珍：《隋唐燕乐小曲考论——关于词体发生方式的研究》，《华中国学》第三卷，华中科技大学出版社 2014 年 10 月版，第 335—344 页。

王昊：《"敦煌曲"名义和"唐词"论争及其现代学术意义》，《文学与文化》2014 年第 4 期，第 75—83 页；《北京大学学报（哲学社会科学版）》2014 年第 6 期，第 79—87 页。

李占鹏：《任中敏：毕生整理、编校曲籍的曲学巨擘》，《海南师范大学学报（社会科学版）》2014 年第 12 期，第 70—75 页。

夏承焘：《致任讷》，杨传庆编著：《词学书札萃编》，南开大学出版社 2015 年 9 月版，第 471—472 页。

陈鹏、闫丽红：《元曲三百首鉴赏辞典》，崇文书局，2016 年 1 月版。

陈地阔：《元代"带过曲"不同辨析论》，《兰州工业学院学报》2016 年第 3 期，第 111—114 页。

陈水云：《任中敏与现代词学研究方法论》，《扬州大学学报（人文社会科学版）》2016 年第 4 期，第 116—122 页。

上海图书馆编：《任讷致张元济函（1928 年 3 月 24 日）》，《上海图书馆藏张元济文献及研究》，上海古籍出版社 2017 年 10 月版，第 52 页。

陈美雪：《任中敏整理散曲文献的成就》，《民国时期曲学文献整理研究》，（台北）万卷楼图书股份有限公司 2017 年 11 月版，第 49—68 页。

车锡伦：《任中敏对〈词曲通义〉的批注、校订》，《中国社会科学报》2017 年 6 月 26 日第 8 版；上海戏剧学院戏剧学研究中心编：《戏剧学》第 5 辑，文化艺术出版社 2017 年 12 月版，第 343—350 页。

程希：《任中敏致唐圭璋遗札十通考释》，《词学》第四十一辑，华东师范大学出版社 2019 年 6 月版，第 443—461 页。

高莹：《任中敏与【抛红豆】之始末》，《红楼梦学刊》2019 年第 6 期，第

107—120 页。

姚鹏举:《任中敏词学研究的理念及意义》,《南阳师范学院学报》2020 年第 2 期,第 42—48 页。

刘天宇:《任中敏致夏承焘长函考释》,《词学》第四十三辑,华东师范大学出版社 2020 年 6 月版,第 332—337 页。

程希:《新见任中敏致唐圭璋信札六通考释》,《词学》第四十四辑,华东师范大学出版社 2020 年 12 月版,第 370—385 页。

浦海涅:《任氏散曲学的发轫之作——记中原书局本〈元人散曲三种〉》,苗怀明主编"古代小说网"公众号 2021 年 12 月 19 日。

董诗琪:《任中敏抄本〈词林摘艳〉考》,《新世纪图书馆》2022 年第 6 期,第 91—97 页。

程希:《任中敏致唐圭璋词学书札十通考释》,《词学》第四十七辑,华东师范大学出版社 2022 年 6 月版,第 405—422 页。

程希:《新见任中敏致唐圭璋词学书札五通考释》,《词学》第四十九辑,华东师范大学出版社 2023 年 6 月版,第 393—409 页。

程希:《新见任中敏友朋往来信札十通考释》,《古代文学理论研究》第 56 辑,华东师范大学出版社 2023 年 6 月版,第 609—623 页。

王文君:《〈青楼韵语广集〉:任中敏与卢前一段被尘封的书缘》,《文学研究》第 9 卷第 2 期,南京大学出版社 2023 年 10 月版,第 131—137 页。

(二)戏剧学研究

侯宝林:《〈优语集〉序》,《读书》1979 年第 9 期,第 79—81 页。

吴晓铃:《〈优语集·序〉及其他》,《读书》1980 年第 5 期,第 153—154 页。

詹慕陶:《优语集》,《中国戏剧年鉴》编辑部编:《中国戏剧年鉴(1982)》,中国戏剧出版社 1983 年 6 月版,第 452 页。

扬州师范学院:《我院中文系任中敏教授荣获第一届全国戏剧理论著作奖荣誉奖》,《扬州师院学报(社会科学版)》1984 年第 4 期,第 56 页。

沙啸:《还唐戏的历史真貌——新版〈唐戏弄〉读后》,《读书》1985 年第 7 期,第 80—84 页。

辛夷:《别出机杼 自成一家——评介新版〈唐戏弄〉》,《文学遗产》1985 年第 3 期,第 134—139 页。

曹明纲:《论〈唐戏弄〉对戏剧史研究的重大贡献》,《扬州师院学报(社会科学版)》1986 年第 1 期,第 9—12 页。

赵景深:《谈任中敏的〈优语集〉》,《中国戏曲丛谈》,齐鲁书社 1986 年 5 月版,第 69 页。

蒋星煜:《唐代戏剧形式之探索——敬质〈唐戏弄〉作者任半塘先生》,《上海师范大学学报》1986 年第 3 期,第 34—40 页。

姜云生:《秦二世的幽默感》,《读书》1987 年第 3 期,第 30 页。

王文宝等编:《优语集》,《中国俗文学辞典》,吉林教育出版社 1990 年 6 月版,第 279 页。

王国安主编:《唐戏弄》,《世界汉语教学百科辞典》,汉语大词典出版社 1990 年 12 月版,第 696 页。

白马:《“优语”一组》,《读书》1992 年第 1 期,第 56—59 页。

中外名人研究中心、中国文化资源开发中心编:《唐戏弄》,《中国名著大辞典》,黄山书社 1994 年 4 月版,第 652 页。

《中国戏曲志》编辑委员会、《中国戏曲志·江苏卷》编辑委员会编:《教坊记笺订》,《中国戏曲志·江苏卷》,文化艺术出版社 1996 年 12 月版,第 838 页。

沙敦如:《唐、五代戏曲在中国宫廷的发展——任半塘有关论断之续探》,《艺术百家》1997 年第 1 期,第 19—23 页。

胡忌:《〈唐戏弄〉在戏曲史研究上的地位》,《扬州大学学报(人文社会科学版)》1997 年第 3 期,第 17—21 页。

佚名:《〈唐戏弄〉最后定稿阶段任中敏给胡忌的信》,《扬州大学学报(人文社会科学版)》1997 年第 3 期,第 64 页。

齐森华、陈多、叶长海主编:《唐戏弄》,《中国曲学大辞典》,浙江教育出版社 1997 年 12 月版,第 936 页。

迟乃鹏:《唐代串演戏剧与梨园无涉说质疑》,《中华戏曲》1998 年第 1 期,第 364—375 页。

张炯等主编:《唐戏弄》,《中国文学通典:戏剧通典》,解放军文艺出版社 1999 年 1 月版,第 657 页。

解玉峰:《论两种戏剧观念——再读〈宋元戏曲史〉和〈唐戏弄〉》,《文艺理论研究》1999 年第 1 期,第 91—97 页。

顾农:《优语集》,《博览群书》1999 年第 3 期,第 10 页。

吾三省:《读任二北〈优语集〉》,《文史丛话》,文汇出版社 2000 年 1 月版,第 336—338 页。

中国戏曲志编辑委员会:《唐戏弄》,《中国戏曲志·江苏卷》,文化艺术出版社 2000 年 7 月版,第 836 页。

王小盾、王福利:《从任半塘先生看中国戏剧研究的意义和趋向》,《扬州大学学报(人文社会科学版)》2001 年第 4 期,第 14—21 页。

佚名:《优语集》,黄钧、徐希博主编:《京剧文化词典》,汉语大词典出版社 2001 年 12 月版,第 748 页。

俞为民:《新曲苑》,吴新雷主编:《中国昆剧大辞典》,南京大学出版社 2002 年 5 月版,第 883 页。

东甫:《〈教坊记笺订·曲名流变表〉补订》,《阅读与写作》2002 年第 3 期,第 23—24 页。

陈艳军:《王国维〈优语录〉与任二北〈优语集〉之比勘》,《古籍整理研究学刊》2006 年第 2 期,第 43—51 页。

赵传仁、鲍延毅、葛增福主编:《唐戏弄》,《中国书名释义大辞典》,山东友谊出版社 2007 年 7 月版,第 919 页。

陈友康:《关于叶德钧之死及他批评吴梅的一桩公案》,《楚雄师范学院学报》2010 年第 1 期,第 13—20 页。

柏红秀:《任中敏"唐艺学"六十年之发展及学术价值重估》,《盐城师范学院学报(人文社会科学版)》2010 年第 3 期,第 1—5 页。

丁明拥、周靖波:《一段公案 两种史观——任半塘、周贻白戏曲史学思想之争》,《云南艺术学院学报》2010 年第 4 期,第 21—28 页。

智永、王福利:《〈优语集·北宋卷〉校勘商兑》,《新国学》第八卷,巴蜀书社 2010 年 12 月版,第 314—320 页。

陈浩波:《〈唐戏弄〉研究》,上海戏剧学院 2011 年硕士学位论文。

刘秀科:《唐代优语研究》,江苏师范大学 2012 年硕士学位论文。

陈洁:《北宋优语研究》,江苏师范大学 2012 年硕士学位论文。

苏晓君:《任讷抄本[1]》,《苏斋选目》,中国经济出版社 2013 年 6 月版,第 390—391 页。

吴海肖:《从〈唐戏弄〉看任半塘的戏剧观》,中国艺术研究院 2013 年硕士学位论文。

李占鹏:《〈唐戏弄〉:唐剧学的一枝独秀与戏曲史的别开生面》,《南大戏剧论丛》第九辑,南京大学出版社 2013 年 12 月版,第 206—211 页。

王俊:《"优谏"传统的根源》,《天水师范学院学报》2014 年第 1 期,第 104—108 页。

沈宗宇、孙书磊:《〈优语集〉辨正》,《南京师范大学文学院学报》2015 年第 3 期,第 130—136 页。

吴海肖:《从〈唐戏弄〉看任半塘"一脉相承"的戏剧发展观》,《中华戏曲》第五十一辑,文化艺术出版社 2015 年 12 月版,第 301—314 页。

李初红:《古代优谏研究》,江西师范大学 2016 年硕士学位论文。

丁明拥:《任半塘与〈唐戏弄〉》,《中国戏剧史学史稿》第八章,中国传媒大学出版社 2016 年 10 月版,第 189—211 页。

陈雅新:《论任半塘戏剧研究的意义与影响》,《韩山师范学院学报》2017 年第 1 期,第 31—37 页。

明光:《唐代,扬州戏剧发展第一高峰——从任中敏先生〈唐戏弄〉一书,解读扬州唐代戏剧活动》,《扬州日报》2017 年 6 月 5 日 B3 版。

刘硕:《论任中敏对"唐代音乐文艺学"趋向全面之贡献——以〈教坊记笺订〉为例》,《黄钟(武汉音乐学院学报)》2018 年第 1 期,第 113—122 页。

董国炎:《后记》,《评话小说通论》,山西教育出版社 2018 年 11 月版,第 474—484 页。

张长彬:《感红观堂联珠日　应是剧史合璧时——从任中敏和王国维看戏剧研究的未来思路》,《曲学》第六卷,上海古籍出版社 2018 年 12 月版,第 273—291 页。

黎国韬、周红霞:《〈唐戏弄〉摘误四则》,《戏剧(中央戏剧学院学报)》2023 年第 4 期,第 137—143 页。

---

〔1〕　含《曲目表》《元明杂剧六种》《王西楼先生乐府》3 种抄本。

黎国韬:《试答"唐戏百问"中的几个重要问题》,《戏曲艺术》2023年第4期,第1—7页。

(三)敦煌学研究

詹安泰:《简论〈敦煌曲〉中的"普通杂曲"》,《学术研究》1963年第2期,第111—123页。

佚名:《敦煌曲校录》,《五百种古典文学要籍介绍》,曲阜师范学院图书馆1980年2月版,第288—289页。

龙寿潜:《敦煌曲校补》,《学术研究》1981年第5期,第70页。

龙寿潜:《敦煌曲校补(二)》,《学术研究》1981年第5期,第85页。

波多野太郎撰、佟金铭译:《任半塘教授最近的科学研究工作——校勘〈行路难〉〈敦煌歌词集〉等》,《扬州师院学报(社会科学版)》1982年第Z1期,第146—150页。

黄立振:《敦煌曲校录》,《八百种古典文学著作介绍》,中州书画社1982年8月版,第395页。

卢善焕:《〈敦煌曲校录〉略校》,《敦煌学辑刊》1986年第2期,第89—99页。

曹明纲:《任中敏教授对敦煌学研究又出新成果》,《扬州师院学报(社会科学版)》1988年第1期,第90页。

科:《庆祝任中敏教授执教六十周年和〈敦煌歌辞总编〉出版暨省第二次哲学社会科学优秀成果奖我院获奖八项》,《扬州师院学报(社会科学版)》1988年第1期,第141页。

曹明纲:《规模空前 功绩卓著——喜读任半塘〈敦煌歌辞总编〉》,《敦煌研究》1989年第1期,第120—123页。

龙晦:《〈敦煌歌辞总编〉校音》,《敦煌研究》1989年第2期,第84—90页。

黄征:《〈敦煌歌辞总编〉校释商榷》,《敦煌研究》1990年第2期,第62—95页。

卢善焕:《〈敦煌曲校录〉校读记》,《西北师大学报(社会科学版)》1991年第5期,第58—63页。

张涌泉:《〈敦煌歌辞总编〉校议》,《语言研究》1992年第1期,第53—

60 页。

姜彬主编：《敦煌歌辞总编》，《中国民间文学大辞典》，上海文艺出版社1992 年 6 月版，第 1113 页。

蒋冀骋：《〈敦煌歌辞总编〉校读记》，《湖南师范大学社会科学学报》1994年第 1 期，第 108—112 页。

段观宋：《〈敦煌歌辞总编〉校议》，《湘潭大学学报（社会科学版）》1994年第 3 期，第 112—115 页。

项楚：《敦煌歌辞总编匡补》，（台北）新文丰出版公司 1995 年 1 月版；巴蜀书社 2000 年 6 月版；中华书局 2019 年 7 月版。

马兴荣等主编：《敦煌曲初探》，《中国词学大辞典》，浙江教育出版社1996 年 10 月版，第 444 页。

曾良：《敦煌歌辞校读记》，《古汉语研究》1998 年第 3 期，第 77—81 页。

曾良：《〈敦煌歌辞总编〉校读札记》，《文献》1998 年第 3 期，第 100—109 页。

刘尊明：《二十世纪敦煌曲子词整理研究的回顾与反思》，《文学评论》1999 年第 4 期，第 49—59 页。

陶贞安：《敦煌歌辞用韵研究》，广西师范大学 2004 年硕士学位论文。

李昌集：《〈敦煌歌辞总编〉与任中敏先生的治学精神》，胡相峰主编：《经典与智慧》，中央文献出版社 2004 年 7 月版，第 135—138 页。

傅璇琮：《敦煌曲初探》，《唐代文学研究论著集成》第 7—8 卷，三秦出版社 2004 年 10 月版，第 23—24 页。

樊昕：《击扬明其道 幽旨斯得开——记饶宗颐、任半塘二先生关于敦煌歌辞的论争》，《文史知识》2012 年第 4 期，第 102—110 页。

贺严：《敦煌歌辞总集》[1]，《中国古代文学史基础书目概述》，中国工人出版社 2012 年 2 月版，第 216—217 页。

张蓓蓓：《敦煌曲子词两则疑难词语考释》，《甘肃联合大学学报（社会科学版）》2013 年第 5 期，第 91—94 页。

韩波：《"敦煌曲子词"文学性质探析》，《文艺评论》2015 年第 4 期，第

---

[1] 程按：书名有误，当为《敦煌歌辞总编》。

80—84 页。

潘重规：《任二北〈敦煌曲校录〉补校》，郑炳林、郑阿财主编：《港台敦煌学文库·62》，甘肃人民出版社 2016 年 12 月版，第 140—177 页。

潘重规：《关于云谣集新书敬答任半塘》，郑炳林、郑阿财主编：《港台敦煌学文库·64》，甘肃人民出版社 2016 年 12 月版，第 51—64 页。

冯和一：《敦煌文献〈须大拏太子度男女背〉"父言"补校与释读》，《成都大学学报（社会科学版）》2016 年第 6 期，第 39—44 页。

王立增：《歌辞总体观念及其学术意义——兼论"歌辞学"的构建》，《扬州大学学报（人文社会科学版）》2017 年第 6 期，第 75—83 页。

刘硕：《敦煌音乐与歌辞初探》，《新疆艺术学院学报》2018 年第 1 期，第 64—70 页。

王洋河：《敦煌歌辞"况""泮波"等释义》，《学行堂语言文字论丛》第六辑，科学出版社 2018 年 5 月版，第 177—186 页。

王洋河：《〈敦煌歌辞总编〉补校札记》，《汉语史研究集刊》第二十四辑，四川大学出版社 2018 年 6 月版，第 250—260 页。

郑炜明、陈玉莹：《敦煌曲子词〈怨春闺〉研究：从伯 2748 号卷子上的一条裂痕重新出发》，《华侨华人文献学刊》第六辑，社会科学文献出版社 2018 年 7 月版，第 3—26 页。

王洋河、谭伟：《敦煌歌辞疑难词"掇头"等校释》，《宁夏大学学报（人文社会科学版）》2018 年第 6 期，第 15—20 页。

波多野太郎撰、樊昕译：《任、饶两大家围绕敦煌歌词的论争》，《词学》第四十一辑，华东师范大学出版社 2019 年 6 月版，第 462—471 页。

刘晓兴：《〈敦煌歌辞总编〉献疑》，《中国诗歌研究》第 18 辑，社会科学文献出版社 2019 年 6 月版，第 153—164 页。

程希：《任中敏致波多野太郎遗札三通辑释》，《敦煌研究》2020 年第 2 期，第 114—119 页。

刘晓兴：《〈敦煌歌辞总编〉校议》，《励耘语言学刊》第三十二辑，中华书局 2020 年 6 月版，第 117—127 页。

刘晓兴：《〈敦煌歌辞总编〉补疑八则》，《中国诗歌研究》第二十辑，社会科学文献出版社 2020 年 6 月版，第 174—183 页。

王洋河：《敦煌歌辞疑难词"一调""垂前"校释》，《汉语史研究集刊》第二十九辑，四川大学出版社 2020 年 12 月版，第 270—276 页。

王远：《〈敦煌歌辞总编〉校勘记》，《绵阳师范学院学报》2022 年第 6 期，第 139—145 页。

刘晓兴：《〈敦煌歌辞总编〉校读札记》，《文献语言学》第十五辑，中华书局，2023 年 1 月版，第 177—183、228 页。

程希：《新见任中敏致唐圭璋敦煌学论札九通考释》，《文学研究》第 9 卷第 1 期，南京大学出版社 2023 年 4 月版，第 90—104 页。

（四）声诗学研究

曹明纲：《唐声诗》简介》，《文学遗产》1983 年第 2 期，第 149—151 页。

明纲：《诗乐的研究和"声诗学"的草创》，《中国社会科学》1984 年第 1 期，第 64 页。

王小盾：《任半塘、王运熙先生的音乐文献工作》，《中国音乐学》1990 年第 1 期，第 121—125 页。

中外名人研究中心、中国文化资源开发中心编：《唐声诗》，《中国名著大辞典》，黄山书社 1994 年 4 月版，第 652 页。

张林：《古今节拍一律论的代表人——任半塘》，《黄钟（武汉音乐学院学报）》1998 年第 2 期，第 43—46 页。

张忠纲主编：《唐声诗》，《全唐诗大辞典》，语文出版社 2000 年 9 月版，第 1127 页。

冯淑华：《〈唐声诗〉研究》，首都师范大学 2003 年硕士学位论文。

王军明、任淑红：《"歌诗""声诗"辨——与赵敏俐等先生榷谈》，《徐州教育学院学报》2007 年第 3 期，第 81—83 页。

边家珍：《任中敏与〈唐声诗〉》，《光明日报》2007 年 11 月 22 日第 9 版。

张之为：《〈唐声诗〉研究》，华南师范大学 2009 年硕士学位论文。

王燕丽：《浅谈〈唐声诗〉的音乐学价值》，《太原大学教育学院学报》2011 年第 1 期，第 105—106 页。

李定广：《"声诗"概念与李清照〈词论〉"乐府声诗并著"之解读》，《文学遗产》2011 年第 1 期，第 73—78 页。

龙建国：《论唐声诗与词的关系及词体的形成》，《文学评论》2011 年第 2

期,第 117—121 页。

张之为、戴伟华:《音乐文学研究的方法和路径——读任半塘〈唐声诗〉》,《古典文学知识》2012 年第 6 期,第 20—26 页。

吕晓燕:《略论〈唐声诗〉与唐代音乐文学研究范式的建立》,《北方音乐》2015 年第 3 期,第 163—164 页。

李占鹏:《〈唐声诗〉:声诗理论的创建与曲学畛域的开拓》,《浙江艺术职业学院学报》2016 年第 2 期,第 22—26 页。

郝润华:《从〈凉州词〉创作看声诗的断代问题》,《新疆大学学报(哲学·人文社会科学版)》2017 年第 6 期,第 99—104 页。

刘硕:《文史学家任中敏的音乐情怀》,《扬州晚报》2018 年 5 月 14 日 B3 版。

刘硕:《唐代音乐与文艺研究》,《齐鲁艺苑》2019 年第 1 期,第 36—42 页。

马嘉悦:《唐代音乐文艺研究的奠基之作——读〈唐声诗〉的心得和体会》,《北方文学》2019 年第 36 期,第 141—142 页。

曾莹:《声与诗之间——20 世纪以来的"声诗"研究与声诗学》,《艺术学研究》2021 年第 6 期,第 66—75 页。

张之为:《融通与建构:〈唐声诗〉研究》,社会科学文献出版社 2022 年 6 月版。

程希:《任半塘致程千帆、钟敬文等音乐文学论札 17 通考释》,《乐府学》第二十五辑,社会科学文献出版社 2022 年 6 月版,第 3—20 页。

三、教育思想研究

镇江通讯:《苏镇中校长视事——省府委任任中敏》,《民国日报》1930 年 7 月 26 日第 3 版。

佚名:《教育珍闻·任中敏伟大抱负》,《正谊周刊》1943 年第 1 卷第 2 期,第 11 页。

卢前:《上吉山典乐记》,《丁乙间四记》,读者之友社 1946 年版,第 145—146 页。

王汝卫:《支持学生抗日救亡运动的任中敏校长》,中国人民政治协商会议江苏省镇江市委员会文史资料研究委员会编:《镇江文史资料》第9辑,1985年7月版,第41—44页。

龙光沛:《对国立汉民中学的片断回忆》,政协榕江县文史资料研究委员会:《榕江文史资料》第1辑,1985年12月版,第165—167页。

桂林一中校志编写组:《任中敏办学点滴》,《广西教育史志通讯》1987年第2期,第44—45页。

潘逸耕:《汉民中学纪实》,政协桂林市委员会文史资料研究委员:《桂林文史资料》第12辑,1987年12月版,第192—220页。

邓克道:《任中敏与汉民中学》,政协桂林市委员会文史资料研究委员:《桂林文史资料》第12辑,1987年12月版,第221—232页。

厉鼎禹:《任中敏的体育思想初探》,《江苏体育文史》1988年第3期,第54页。

厉鼎禹:《任中敏的体育思想》,《桂海春秋》1989年第2期,第41—44页。

何若熊:《绵绵山水情——扬州访任中敏老教授》,北京、上海校友会编:《汉中校友简讯(桂林版)》第79期,1991年4月10日。

邓杰:《灯火阑珊处 蓦然回首时——任中敏先生治学之道》,《江苏高教》1991年第5期,第69—71页。

刘劭:《任中敏办学二三事》,广西壮族自治区文史研究馆编:《桂海遗珠》,上海书店出版社1994年4月版,第120—121页。

魏华龄、严申榜:《任中敏与汉民中学》,漓江出版社,1995年12月版。

薛大元:《忆任中敏办校》,顾国华编:《文坛杂忆·续编》,上海书店出版社1999年9月版,第105页。

俸继明、何开粹:《"二敏"与汉民中学珍本图书》,《中共桂林市委党校学报》2001年第4期,第46—48页。

谢震威:《我印象中的桂林汉民中学校长任中敏》,《文史春秋》2004年第10期,第60—62页。

王昶:《老校长任中敏其人其事》,《桂林日报》2008年5月30日第7版;《夜耕录:一位编辑的自选论评集》,广西师范大学出版社2016年11月版,第320—323页。

项红专:《任中敏:一位民国时期的教育大家》,《中小学管理》2011年第

8 期,第 40—42 页。

项红专:《民国时期耕耘于中等教育界的任氏兄弟》,《教育研究与评论》2013 年第 2 期,第 108—112 页。

魏华龄:《任中敏办学的特点和启示》,《桂林抗战文化综论》,广西人民出版社 2014 年 12 月版,第 327—333 页。

王笑:《民国时期任中敏教育思想及实践研究》,扬州大学 2015 年硕士学位论文。

蒋大元:《忆任中敏办校》,顾国华编:《文坛杂忆·全编四》,上海书店 2015 年 5 月版,第 184—185 页。

胡邦彦:《记先师任中敏先生》,《胡邦彦文存》,岳麓书社 2007 年 5 月版,第 139 页;顾国华编:《文坛杂忆·全编四》,上海书店 2015 年 5 月版,第 216—218 页。

刘铁群:《校长任中敏开除儿子》,《桂林晚报》2016 年 9 月 4 日第 19 版。

季国平:《落叶归根"回甘"绵长——忆晚年任中敏先生》,《寒窗集》,中国戏剧出版社 2016 年 3 月版,第 51—61 页。

刘烨:《任中敏:百年难遇一严师》,《中国德育》2017 年第 23 期,第 44—47 页。

王小盾:《任半塘先生指导我读书(上)》,《古典文学知识》2017 年第 4 期,第 3—12 页。

王小盾:《任半塘先生指导我读书(下)》,《古典文学知识》2017 年第 5 期,第 3—10 页。

王小盾:《任半塘先生指导我读书》,《曲学》第五卷,上海古籍出版社 2017 年 12 月版,第 507—521 页;《扬州广播电视报·壹周刊》2019 年 1 月 18 日第 9、10 版。

邓杰:《汉民中学寻访记》,《扬州广播电视报·壹周刊》2018 年 2 月 14 日第 14、15 版。

季国平:《母校和母校的恩师成就了我——〈寒窗集〉自序》,《扬州广播电视报·壹周刊》2019 年 3 月 1 日第 10 版。

李昌集:《我读博的那几年》,李海滨主编"扬州鉴藏"公众号"透红亭旧影"之六十,2019 年 5 月 25 日。

夏明亮：《任中敏创办汉民中学》，《人民政协报》2021年4月1日第11版；《安徽日报（农村版）》2021年4月9日第14版。

金传胜：《任中敏演讲语文教育》，《人民政协报》2021年10月29日第11版。

四、文艺创作研究

杨清磬：《任中敏画印》，《美展》1929年4月27日。

顾名：《和卢子见赠北大石青杏子（任讷）》，《曲选》，大光书局1931年8月版，第142页。

佚名：《任讷曲》，《新文化》1934年第9—10期，第93页。

学鸥：《任中敏的〈不洗脸歌〉》，《辛报》1937年1月20日第2版。

华钟彦编：《任中敏一首》，《五四以来诗词选》，河南大学出版社1987年10月版，第181页。

任中敏撰，许建中、杨栋辑考：《感红室曲存》，《扬州师院学报（社会科学版）》1994年第3期，第136—142页。

李保华选注：《任中敏〈仙侣·解三酲·乡心〉》，《扬州诗咏》，苏州大学出版社2001年12月版，第254页。

严申榜、易元福主编：《任中敏先生诗词集》，浩德出版社，2006年版。

刘梦芙编著：《任讷（2首）》，《二十世纪中华词选》，黄山书社2008年12月版，第539—540页。

胡迎建选编、周笃文校补：《任中敏诗选（3首）》，《中国现代诗选》，线装书局2010年6月版，第217—218页。

何开粹：《任中敏〈糙米饭〉诗本事（外一则）》，《中华诗词》2010年第12期，第58—59页。

江家汉、侯晓凯主编：《任中敏诗词5首》，《桂林穿山神韵——诗词楹联选》，广西师范大学出版社2013年11月版，第149—150页。

李遇春编选：《任中敏五首》，《现代中国诗词经典·词卷》，华中师范大学出版社2014年5月版，第148—149页。

程希：《星斗其文，赤子其人——论任中敏诗词中的赤子心和家国情》，

《中国韵文学刊》2015 年第 3 期,第 110—113 页。

袁行霈主编:《任中敏诗词曲选》[1],《诗壮国魂——中国抗日战争诗钞·诗词·上》,中国青年出版社 2015 年 7 月版,第 368—369 页。

徐耿华主编:《任中敏作品选》,《当代散曲百家选》,三秦出版社 2015 年 10 月版,第 88—92 页。

李晓湖编著:《任中敏篆书·七言联》,《翰乐轩——李晓湖珍藏名人字画与扇面集·字画篇》,广东人民出版社 2015 年 10 月版,第 168 页。

邓杰:《心灵之旅——拜读〈任中敏先生诗词集〉》,《天地不言》,文化艺术出版社 2016 年 5 月版,第 159—162 页。

于水源主编:《任中敏(16 首)》,《临桂诗词系列丛书·民国卷》,线装书局 2016 年 12 月版,第 301 页。

姚鹏举:《任中敏〈白香词令〉辑存》,《古典文学知识》2018 年第 2 期,第 12—20 页。

程希:《词曲学大家任中敏集外诗词 62 篇考释》,《中国文化研究》2020 年第 1 期,第 111—117 页。

王白桥:《非佛非仙人出奇——任中敏书法简论》,《扬州晚报》2022 年 4 月 12 日 A 16 版。

作者单位:盐城师范学院文学院

---

[1] 题目为笔者所加,收录任中敏诗词曲 7 首。

论唐代的"广陵市"*

刘凤冉　王　旭

摘　要：唐代的扬州是全国首屈一指的大都市,并获得了"广陵市"的专称。"广陵市"的空间形态十分丰富,不仅指官市,还包括坊中之市、沿街之市、沿河之市,以及流动商铺、城下街区和数量众多的乡村草市,其市场空间呈现出由单一向多元转变的趋势,市场网络也出点及面。"广陵市"的市场百态表现在诸多方面,包括出现了毡帽、铜镜、漆器等全国闻名的商货,"邸店""质库"等商业机构能为商贾提供资金和借贷方面的支持,歌舞表演、杂技、木偶傀儡戏等市场活动丰富,形成繁荣的夜市,药市、鱼市等专业市场兴起,与长安、洛阳、成都等大都市之间经济交流频繁。不过由于市场人员流通量大、鱼龙混杂,也存在欺行霸市等影响正常贸易的不利因素。

关键词：唐代；扬州；广陵市；商业

唐代的扬州空前繁荣,有"扬一益二"之誉。这一时期扬州的商业情况,学界多有关注。如李廷先、许万里等学者较早对唐代扬州的商业活动、商品行业、各色商人、商业特征等进行论述。[1]后李文才对唐朝中后期扬州的盐、茶、药等诸色商品贸易行业进行了更为深入的论述,指出扬州特色商业的发展壮大进一步夯实了中唐以后扬州处于全国商业贸易中心的基础。这一时期,扬州的商业繁荣表现在诸多方面,如商业资金雄厚,市场组织形式的多样化,商业经营模式的新突破,商业经营店铺遍布城乡,等等。[2]唐代扬州商业的发展

*　本文系 2024 年江苏省社科基金重点项目"唐宋江运交汇区的发展进程及其区域地位研究"、扬州大学 2023 年"课程思政"教学示范课程建设项目"历史地理"的阶段性成果。

〔1〕　李廷先：《唐代扬州的商业》,《扬州师院学报(社会科学版)》1986 年第 4 期；许万里：《唐代扬州商业探析》,《北京商学院学报》1989 年第 3 期。
〔2〕　李文才：《略论中唐以后扬州特色商业的壮大及其地位》,《中华历史与传统文化论丛》第 7 辑,燕山大学出版社 2023 年版,第 103—121 页；《隋唐五代时期扬州商业高度繁荣的表现》,《陕西历史博物馆论丛》第 29 辑,三秦出版社 2022 年版,第 12—21 页。

情况,不仅在大量文献中有所记载,还有诸多考古学方面的证据。[1]已有研究虽然相当多[2],但仍有继续深入的空间。唐代文献中多次出现"广陵市"的专称,其含义值得探究。本文尝试从市场的空间形态及其演变、市场百态诸方面多维度地揭示"广陵市"之内涵,以期丰富对唐代扬州的认识。

一、问题的提出:唐代"广陵市"的专称

唐代扬州为水陆交通枢纽,其地"俗好商贾,不事农桑"[3],全国各地的商货在此集散,经商之风盛行。由于商品经济高度繁荣,扬州的市场甚至获得了"广陵市"的专称。如韦应物《感镜》云:"铸镜广陵市,菱花匣中发。宿昔尝许人,镜成人已没。"[4]唐代扬州铜镜的铸造技术相当先进:"扬州旧贡江心镜,五月五日扬子江中所铸也。或言无有百炼者,或至六七十炼则已,易破难成,往往有自鸣者。"[5]铜镜不仅畅销海内外,还作为贡品上供皇室。《朝野佥载》载:"唐中宗令扬州造方丈镜,铸铜为桂树,金花银叶。帝每常骑马自照,人马并在镜中。"[6]所述虽不免夸大,但据此仍可知"广陵市"铜镜之精美。诗文中的"广陵市"虽然指的是扬州市场,但其意涵不仅是商品交易场所,更是诗人有感于扬州商业繁华而创造的专有名词。

[1] 代表性成果,如周长源、束家平、马富坤:《铸镜广陵市,菱花匣中发——析扬州出土的唐代铜镜》,《艺术市场》2006年第1期;王博琼:《唐代扬州工商业发展的考古学观察》,吉林大学2007年硕士学位论文。

[2] 其他关涉性的研究,如史少卿:《"腰缠十万贯,骑鹤下扬州"——文人笔下的唐代扬州城市生活》,《中学历史教学参考》2001年第2期;王涛、赵建坤:《唐代中后期扬州商品经济的发展与城市精神风貌》,《邢台学院学报》2006年第2期;杜本明:《唐代小说中的扬州印象》,扬州大学2007年硕士学位论文;苏保华、王椰林:《从〈太平广记〉看唐代扬州的胡人活动》,《武汉大学学报(人文科学版)》2012年第4期;陈雪飞:《从〈太平广记〉看唐代扬州的城市规模和经济发展》,《扬州职业大学学报》2017年第2期;徐艺璇:《从〈太平广记〉看唐代扬州商人的经营活动及社会面貌》,《陇东学院学报》2020年第4期;李梦瑶:《唐代扬州城社会生活研究》,辽宁大学2021年硕士学位论文;魏博言、魏修建:《唐代的商胡与唐代商业经济》,《唐史论丛》第38辑,三秦出版社2024年版,第155—171页;等等。

[3] 刘昫等:《旧唐书》卷五九《李袭志传》,中华书局1975年版,第2332页。

[4] 韦应物著,陶敏、王友胜校注:《韦应物集校注》卷六,上海古籍出版社1998年版,第421页。

[5] 李肇:《唐国史补》卷下,上海古籍出版社1979年版,第64页。

[6] 李昉等编:《太平广记》卷二三一《器玩三》"唐中宗"条引,中华书局1961年版,第1770页。

"广陵市"之专称还多见于唐代的笔记小说。如《太平广记》卷四〇三"玉清三宝"条引《宣室志》云:"(韦弇)明年下第,东游至广陵,因以其宝集于广陵市。有胡人……遂以数千万为直而易之。弇由是建甲第,居广陵中为豪士。"[1]此处,"广陵市"乃韦弇售宝发家之地。又同书卷四二一"任顼"引《宣室志》记,唐德宗建中年间,乐安人任顼得一粒径寸珠,"殆不可识,顼后特至广陵市,有胡人见之曰:'此真骊龙之宝也,而世人莫可得。'以数千万为价而市之"。[2]也是写士人得宝珠后,到"广陵市"上售卖,被胡商所识,并以高价售出。世为商侩,"往来广陵"的吕用之,尝亡命九华山,"事方士牛弘徽,得役鬼术,卖药广陵市"。[3]无独有偶,唐末吴人申渐高在扬州城谋生,"吴多内难,伶人不得志。渐高常吹三孔笛,卖药于广陵市"。[4]诸如此类的故事相当多,不必枚举。这些故事的生成有其必然性,一方面说明"广陵市"确实是"珍宝"所出之地,汇聚了全国各地最珍稀的商货宝物;另一方面也表明只有"广陵市"的商人,特别是胡商才有识别宝物的眼光,其鉴宝能力要较其他地方的商人高出一筹。[5]商货之珍稀、药材之丰富、商人的眼光独到与城市商业发展水平息息相关,故"胡商鉴宝""卖药广陵市"的故事展现出了"广陵市"之繁荣。

基于以上文献的分析,可知"广陵市"的专称是唐代扬州商业繁荣的集中体现。市场活动需要依托具体的空间,唐代扬州市场的空间形态发生了怎样的变化,又有哪些独具特色的市场活动,明晰了这些问题才能深刻地理解"广陵市"的内涵。

二、唐代"广陵市"的空间形态及其演变

唐代的城市管理体制为"坊市制","坊"是居民住宅区,"市"是专门从事贸易活动的商业区,市、坊分开,坊内不设店肆,市内不住家,坊与市之间设置围墙。不过"坊市制"之严格仅是唐前期的情况,中唐以后,随着社会生产力

〔1〕 李昉等编:《太平广记》卷四〇三《宝四杂宝上》"玉清三宝"条引《宣室志》,第3250页。
〔2〕 李昉等编:《太平广记》卷四二一《龙四》"任顼"条引《宣室志》,第3430—3431页。
〔3〕 欧阳修、宋祁:《新唐书》卷二二四下《高骈传》,中华书局1975年版,第6396页。
〔4〕 马令撰,濮小南点校:《南唐书》卷二五《谈谐传》,南京出版社2020年版,第170页。
〔5〕 李文才:《〈太平广记〉所见唐代胡商:以扬州为中心》,《扬州文化研究论丛(第16辑)》,广陵书社2016年版,第77—89页。

的提高,城市商业经济发展和城市人口膨胀,"坊市制"趋于松弛,并最终走向崩溃,表现在坊墙被拆除,坊与市的空间界限被打破,商业活动拓展到官市以外甚至城墙以外的区域,沿街商铺、酒楼大量兴起,最初被严格执行的宵禁制度也流于形式,街市买卖昼夜不息等诸多方面,这在商业繁荣的扬州表现得尤为突出。

唐代扬州罗城的中心地区设有南(大市)、北(小市)两个官市,皆位于官河的东岸,是当时城内最热闹繁荣的市肆。其中南(大市)在开明桥附近,据明方志存《宋大城图》(图1)所绘,开明桥以东为众乐坊,路北有庆丰楼、东酒库等很多店铺,宋城大市设在开明桥东,故唐城这里也应为大市,市西临官河,这条路东西向可直通东西门,水陆交通极为方便。北市(小市)在小市桥附近,今考古学者在小市桥以西钻探出一段5米宽的东西向道路,桥以东与今梅岭街相合,向东正对古运河外弧河道,亦是处于交通线路的十字路口。[1]除了南市(大市)和北市(小市),城内还有东市和西市,均是官方市场。先看东市。《酉阳杂俎》卷四"物革"条载:"陈司徒在扬州时,东市塔影忽倒。"[2]陈司徒即陈少游。由于史料缺失,扬州东市的形制及内部情况不甚明了,不过"东市塔影"表明东市内应该有塔楼之类的建筑物。再看西市。建中三年(782),扬州府功曹王恕被调到他处任职,数月无音信,其妻窦氏非常担忧,于是请女巫包九娘占卜吉凶,女巫言:"娘子酬答何物?阿郎(王恕)归甚平安,今日在西市绢行举钱,共四人长行。"[3]明确记载扬州城内有西市。唐代扬州罗城以官河为界分属江都、江阳两县,故推测东市位于江阳县,西市位于江都县。东市和西市又可称为江阳县市和江都县市,《唐故邓府君墓志铭》载,墓主于咸通六年(865)"殁于江都县市东北壁私第"[4],由"东北壁"的记载可知,江都县市应是一处四周有市墙的市场,仍保持"官市"的形态。

扬州罗城内的大市、小市以及东市、西市都属官市,但这并不是唐代城市市场发展的主流趋势。中唐以后,随着城市商品经济发展、城市人口膨胀以及

---

〔1〕 参见蒋忠义:《隋唐宋明扬州城的复原与研究》,中国社会科学院考古研究所编著:《中国考古学论丛——中国社会科学院考古研究所建所40年纪念》,科学出版社1993年版,第445—462页。

〔2〕 段成式著,杜聪点校:《酉阳杂俎》卷四《物革》,齐鲁书社2007年版,第34页。

〔3〕 李昉等编:《太平广记》卷三六三《妖怪五》"王恕"条引《干𩡴子》,第2883—2885页。

〔4〕 李文才疏证:《隋唐五代扬州地区石刻文献集成》,凤凰出版社2021年版,第230页。

市场交易规模扩大，原来限制城市商业发展的管理制度因难以适应社会经济发展的需求而逐渐崩溃。扬州作为全国性的商业中心、财赋中心和交通枢纽，经济高度繁荣、商业活动兴盛、手工业发达。尤其是其转运贸易，商人经营的多是大宗货物，盐、茶、木材、陶瓷等商品要求有较大的货栈存放处，而原有的"官市"已难以容纳，营业时间上的限制又使工商业户错失了不少获利良机。总之，封闭式的坊市布局已成为影响工商业发展的不利因素。在此背景下，市场空间出现了拓展的情况，具体表现在如下几个方面：

其一是坊中有市、市中有坊。隋唐以前，坊与市完全分开，但到了中唐以后，至少在扬州城内，坊与市的界限已经趋于模糊。所谓"坊中有市"，是指在居民生活的坊内出现了大量的店铺和手工业作坊，如广陵豆仓官吴延瑫居于政胜寺东南，"宅甚雄壮……其家陈设炳焕，如王公家……厅之西复有广厦，百工制作毕备"。[1]这里的"广厦"是"百工制作"之所，很有可能是一处手工业作坊，该作坊依吴宅而建，无疑是设在居住区性质的坊内，说明当时在扬州城内的坊中已经出现了不少手工业作坊。又，唐僖宗末年，扬州城民杜可筠好饮酒，"每酒肆巡座求饮，亦不见醉"，离他居住地不远处，"有乐生旗亭在街西，常许或阴雨往他所不及，即约诣此，率以为常"，这里的"旗亭"应是一家小酒店，因为店内"有人将衣服换酒"。[2]这家酒店应位于居民区内，故杜可筠能就近到此饮酒。坊中的市或店铺固然有些是新建，但更多的或许是由普通民居演变而成，换言之，随着城市商业的发展，一些市井小民将自家房屋充作店铺。考古工作者在扬州唐城南北主干大街的东侧（今文昌阁东南）发现一处唐代建筑遗址，地下叠压着唐代早、中、晚三期的营建工程。早期是一处家庭手工业作坊，中期为面阔三间、进深两间的建筑，晚期是一间经营陶瓷的店肆或邸店。晚期建筑增辟了西门，该门正好面向唐代扬州最繁华的南北大街。[3]这就说明由于工商业发展，这几间民居在唐后期已转变为商业用房，且为了便于货物买卖，店铺还突破了坊制的禁限而临街开门。所谓"市中有坊"是指州县的官市内有居民区，不再囿于商品交易之地的性质。如前引邓府君墓志铭，

---

〔1〕 李昉等编：《太平广记》卷三一五《神二十五》"吴延瑫"条引《稽神录》，第2491页。

〔2〕 李昉等编：《太平广记》卷七九《方士四》"杜可筠"条引《桂苑丛谈》，第502页。

〔3〕 王勤金：《江苏扬州市文化宫唐代建筑基址发掘简报》，《考古》1994年第5期；诸祖煜：《唐代扬州坊市制度及其嬗变》，《东南文化》1999年第4期。

讲到邓君"殁于江都县市东北壁私第",说明其居住地在官市之内。又《唐故朱府君夫人范氏合祔墓铭》载,墓主朱叔和于长庆四年(824)"殁于扬州江都县市北之旅舍"。[1]"旅舍"作为来往商客的投宿之地,不可能限制进出时间,所以市场的空间拓展与时间突破之进程应该是同步的。

其二是沿街设市、沿河设市。前一种情况,如张祜《纵游淮南》云:"十里长街市井连,月明桥上看神仙。"[2]"十里长街"是扬州城内最繁华的一条商业街,乃是沿官河发育而成。在这条街道两侧有各色店铺,店铺背靠居民区,很多城市居民既是市场上的商人,又是市场上的消费者,故而出现"市井连街"的繁荣景象。开成三年(838)除夕之夜,日僧圆仁在扬州城内看到这样的情景:"暮际,道俗共烧纸钱,俗家后夜烧竹与爆,声道'万岁'。街店之内,百种饭食异常弥满。"[3]既然称之为"街店",说明这些酒店饭庄是沿街而开,与居民区杂处,超出了官府规定的官市之空间范畴。"百种饭食"的景象则说明街店的餐饮业相当繁荣,酒食种类众多。唐末,高骈为自己立生祠,并刻石自颂,遣人采碑材于宣城,先是暂存于扬子县。吕用之为了讨好高骈,秘密将碑石移入城内,并令扬子县申府:昨夜碑石不知所在。遂悬购之。至晚云"被神人移置街市"。[4]既然称为"街市",说明市场确实是沿街分布。后一种情况,如李洞《送韦太尉自坤维除广陵》云:"隔海城通舶,连河市响楼。"[5]生动地展现了远航而来的海船到扬州城进行商业贸易的场景,这些船舶就近在码头停泊,故形成繁荣的沿河街市。杜荀鹤《送蜀客游维扬》:"夹岸画楼难惜醉,数桥明月不教眠。"[6]《诸山圣迹志》亦云:"东西十桥,南北六桥,凡一桥上,并是市井。"[7]这些桥梁跨河而建,不仅是舟船停泊之处,还是河道两岸居民沟通之孔

〔1〕 李文才疏证:《隋唐五代扬州地区石刻文献集成》,第121页。
〔2〕 张祜著,尹占华校注:《张祜诗集校注》卷五《杂题》,巴蜀书社2007年版,第233页。
〔3〕 〔日〕圆仁撰,顾承甫、何泉达点校:《入唐求法巡礼行记》卷一,上海古籍出版社1986年版,第24—25页。
〔4〕 李昉等编:《太平广记》卷二九〇《妖妄三》"诸葛殷"条引《妖乱志》,第2308页。
〔5〕 李洞:《送韦太尉自坤维除广陵》,《全唐诗》卷七二二,中华书局1960年版,第8291页。
〔6〕 杜荀鹤:《杜荀鹤文集》卷三,《宋蜀刻本唐人集丛刊》第25册,上海古籍出版社2012年版,第97—98页。
〔7〕 中国社会科学院历史研究所、中国敦煌吐鲁番学会敦煌古文献编辑委员会、英国国家图书馆、伦敦大学亚非学院合编:《英藏敦煌文献(汉文佛经以外部分)》第2卷,四川人民出版社1990年版,第12页。

道，故很多商人和居民会直接在桥梁地区交易买卖。温庭筠的诗《送淮阴孙令之官》载："鱼盐桥上市，灯火雨中船。"[1]明确提到桥市。

实际上，在河网纵横的扬州城内，街、市与河三条线是难以分割的整体，子城东城壕向南延伸的河道即为官河，是唐扬州罗城的中轴线，因其水运交通优势，在沿河地带形成了繁华的街道，与街道伴生的是居民区，所以河、街与市是三线一体的关系。当然，三者的关系并非完全"和谐"，由于城市空间有限，而人口又不断增长，故会出现居民区和商业区侵占河道和街道的情况。特别是安史之乱后，大量人口南迁，工商业快速发展，扬州城区的居民迅速增加，对土地的需求量大增，导致街道拥挤、河道堵塞。如贞元年间，由于"侨寄衣冠及工商等多侵衢造宅，行旅拥弊"，导致"官河填淤，漕挽埋塞"。[2]这些侨寄衣冠及工商业者为了便于货物的集散运输以及降低生活成本，多会选择傍水而居。淮南节度观察使杜亚虽然尝试疏浚官河，但并没有下令拆除侵占河道的商铺、住宅，可见其默认了城市居民侵街造屋的行为。"侵衢造宅"不但见之于文献，而且也被考古成果所证实。1993年在今扬州大东门街西部出口附近的基建工地，考古工作者发现了唐代黄黏土碌墩，其中残留在西壁断面上的碌墩打破路土，侵入了一条南北向的道路。从地层叠压关系看，建筑基址压在挖排水沟堆放的沙土之上，显然晚于排水沟的始挖年代。唐代中期前后开挖排水沟时，挖沟的土尚可就近堆放，表明当时建筑尚不十分密集，但之后不久，竟要挤占主干街道营建房屋，这可视作侵街造屋的实证。[3]

其三是出现大量"流动商铺"。在城内经营店铺需要购买房产或支付高额租金，这对于大多数小本经营的商人来说无疑是困难的，在这种情况下，便出现了很多走街串巷的"流动商铺"，小商小贩担着商货沿街叫卖。如七十岁的广陵茶姥，每天早晨担茶到扬州城内的大街小巷叫卖，市人争相购买，"自旦至暮，而器中茶常如新熟，未尝减少"。[4]茶姥的茶摊虽规模不大，但到此饮茶者不少，且在城内已经小有名气，否则断不会出现"市人争相购买"的情况。

---

〔1〕 温庭筠著，刘学锴撰：《温庭筠全集校注》卷八，中华书局2007年版，第684页。
〔2〕 《旧唐书》卷一四六《杜亚传》，第3963页。
〔3〕 王勤金：《扬州大东门街基建工地唐代排水沟等遗迹的发现和初步研究》，《考古与文物》1995年第3期。
〔4〕 李昉等编：《太平广记》卷七〇《女仙十五》"茶姥"条引《墉城集仙录》，第438—439页。

又有名为李客者,在扬州城内做生意,"尝披蓑戴笠,系一布囊,在城中卖杀鼠药,以一木鼠记"。[1]这位靠卖灭鼠药为生的小商贩为了招揽生意,还特意制作了标识性很强的木鼠作为招牌,其卖药方式也是"沿街叫卖",并没有固定的店铺。彭城人刘商,"入广陵,于城街逢一道士,方卖药,聚众极多。所卖药,人言颇有灵效。众中见商,目之相异,乃罢药,携手登楼,以酒为劝。……翌日,又于城街访之,道士仍卖药,见商愈喜,复挈上酒楼,剧谈劝醉,出一小药囊赠商"。[2]僧人珉楚与好友在广陵市中相遇,"相与南行,遇一妇人卖花"。[3]卖药道士和卖花妇人并没有固定的店铺,都是在街头巷尾,具有很强的流动性。不同于一般商铺被动地等待顾客上门,"流动商铺"能够主动寻找客源,灵活机动,且成本较低,更适合一些中小商贩。天宝年间,新淦丞韦栗载丧北归,经过扬州,"泊河次,女将一婢持钱市镜,行人见其色甚艳,状如贵人家子,争欲求卖"。[4]客旅刚上岸就有"行人"持镜前来兜售,这些商贩没有固定的店铺,主要是利用码头人流量大的区位优势售卖商货。

其四是出现繁荣的城下街区。唐代宰相李绅《入扬州郭》云:"菊芳沙渚残花少,柳过秋风坠叶疏。堤绕门津喧井市,路交村陌混樵渔。"[5]描写了秋末扬州城郭地区集市喧嚣,甚至略显杂乱的繁荣市场场景。樵夫、渔民、乡民在城郭地区进行交易买卖,为城市居民提供农副产品,同时购买生活所需品。由此可知,城郭地区虽然是传统意义的村陌之地,但其商业交易已与城内市场无异,这种"喧嚣"的井市,实际上就是扬州城的城下街区。又李绅《宿扬州》[6]中提到"水郭帆樯近斗牛",可见在附郭地区停泊了大量商船,这必定会形成附郭市场。扬州城固然繁华,商货聚集,人烟繁盛,但城外民众入城贸易毕竟困难,这一方面是受到空间距离的影响,另一方面是入城买卖商货通常需要缴税,且受到诸多交易规定的限制,故乡村民众为了更为便利地换取生活物资,很多会选择在城外交易,附郭地区即理想的交易之地。此外,由于城内土地紧张,居住环境不佳,建筑拥挤,生活成本较高,很多城市居民会选择在性价比更

〔1〕 李昉等编:《太平广记》卷八五《异人五》"李客"条引《野人闲话》,第553—554页。
〔2〕 李昉等编:《太平广记》卷四六《神仙四十六》"刘商"条引《续仙传》,第289页。
〔3〕 李昉等编:《太平广记》卷三五五《鬼四十》"僧珉楚"条引《稽神录》,第2810页。
〔4〕 李昉等编:《太平广记》卷三三四《鬼十九》"韦栗"条引《广异记》,第2651页。
〔5〕 李绅著,卢燕平校注:《李绅集校注》,中华书局2009年版,第217页。
〔6〕 李绅著,卢燕平校注:《李绅集校注》,第138页。

高的附郭地区居住，随之便会出现繁荣的城下街区。这个街区内有市场、居民区、工商业区，与城内几乎无异，可以看成是城市经济空间外拓的结果。

其五是乡村市场大量兴起。唐中期以后，随着商品经济的发展，各地逐渐打破了"诸非州县之所，不得置市"[1]的规定。特别是在江淮流域，乡村市场大量兴起。杜牧在《上李太尉论江贼书》中写道："凡江淮草市，尽近水际，富室大户，多居其间。"[2]这些濒水而兴的草市是对城市市场的有力补充，白沙市、瓜洲市就属于此类草市。以白沙市为例，市距扬州城八十里，据《稽神录》载，有名为陶俊者，"守舟于广陵之江口，因至白沙市，避雨于酒肆，同立者甚众"。[3]白沙市酒店中避雨之人"同立者甚众"，可见往来于白沙市的人很多。刘商《白沙宿窦常宅观妓》云："扬子澄江映晚霞，柳条垂岸一千家。主人留客江边宿，十月繁霜见杏花。"[4]白沙市内居住着千余户人家，可说是人烟稠密。除规模较大的草市，乡村中更多的是一些规模更小的墟市和店市。如开成三年（838），日僧圆仁路经扬州海陵县如皋镇，在沿河茶店休息时，看到"店家相连"的景象，这些"店家"都是依托水运交通发展起来，虽规模不大，但代表了乡村经济发展的一种趋势。圆仁又在前往楚州途中，经过"江阳县回船堰""常白堰常白桥""宝应县白田市"等地，[5]这些地方均形成了乡村市场。草市、墟市、店市与州县城市市场有所不同，它们大多是在水陆交通要道及江津河口等地随交易的频繁发生而兴起，是农工产品商品化和商品交换频繁发生的产物。它们大多只是临时的买卖场所，稳定性不强，其存废与否与官府的法令无关，也不需要经官府批准，但自由度很高。中国古代的都市是政治中心、军事据点的结合体，其经济中心地位是后来才叠加上去的，而乡村市场的形成不借助政治军事力量，一开始就是作为经济据点而兴起，正是由于这一特性，其商品交易活动较少受到官制市规的限制和束缚，发展特别迅猛。

---

〔1〕 王溥：《唐会要》卷八六《关市》，中华书局 2011 年版，第 1581 页。

〔2〕 杜牧著，陈允吉点校：《樊川文集》卷一一《上李太尉论江贼书》，上海古籍出版社 1978 年版，第 169 页。

〔3〕 李昉等编：《太平广记》卷二二〇《医三》"陶俊"条引《稽神录》，第 1684 页。

〔4〕 刘商：《白沙宿窦常宅观妓》，彭定求等编：《全唐诗》卷三〇四，第 3462 页。

〔5〕 〔日〕圆仁撰，顾承甫、何泉达点校：《入唐求法巡礼行记》卷一，第 32—33 页。

三、唐代"广陵市"的市场百态

市场的作用是促成商品的交易和买卖,扬州作为当时全国商业最发达的城市之一,其市场上的商品交易活动相当兴盛,扬州的毡帽、铜镜、漆器、茶叶等商货更是全国闻名。以毡帽为例,李廓《长安少年行》云:"金紫少年郎,绕街鞍马光。身从左中尉,官属右春坊。划戴扬州帽,重熏异国香。"[1]可见扬州毡帽已经名重首都长安。扬州毡帽全国闻名,可谓一帽难求,不仅在世之人希望拥有一顶扬州毡帽,所谓的阴间人对扬州毡帽也心怀期冀。有这样一个故事很能说明问题:李敏求在长安住店,一夜神魂飞离躯体,见到阴间官员泰山府君柳判官,二人分手时柳判官请他帮忙:"此间甚难得扬州毡帽子,他日请致一枚。"[2]故事的信息很丰富,一则说明扬州毡帽不太容易获得,是市场上的紧俏品;二则隐喻获得一顶扬州毡帽是一些人至死不泯的愿望;三则表明扬州毡帽在泰山所在的青齐地区是难得的珍贵之物。再如茶叶买卖,规模也相当大。如吕用之的父亲吕璜,"以货茗为业,来往于淮浙间。时四方无事,广陵为歌钟之地,富商大贾,动逾百万。璜明敏,善酒律,多与群商游。用之年十二三,其父挈行,既慧悟,事诸贾,皆得欢心"。[3]吕璜无疑是在扬州从事茶叶贩卖的茶商。在瓜洲,瓜果买卖相当兴盛,《稽神录》载,有杨副使者,其官署在润州的"金山之东",某岁"广陵瓜州市中,有人市果实甚急,或问所用。云:'吾长官明日上事。'"[4]可见瓜洲市中的瓜果种类多样,甚至吸引对岸润州的人前来购买。扬州的市场活动并不限于实物商品交易,还有各色服务业。权德舆《广陵诗》:"广陵实佳丽,隋季此为京。……青楼旭日映,绿野春风晴。喷玉光照地,鬐蛾价倾城。灯前互巧笑,陌上相逢迎。飘飘翠羽薄,掩映红襦明。兰麝远不散,管弦闲自清。曲士守文墨,达人随性情。茫茫竟同尽,冉冉将何营。且申今日欢,莫务身后名。肯学诸儒辈,书窗误一生。"[5]李中《广陵寒食夜》:"广陵寒食夜,豪贵足佳期。紫陌人归后,红楼月上时。绮罗香未歇,丝竹韵犹

---

〔1〕 李廓:《长安少年行》,《全唐诗》卷二四,第327页。

〔2〕 李昉等编:《太平广记》卷一五七《定数十二》"李敏求"条引《逸史》,第1127—1128页。

〔3〕 李昉等编:《太平广记》卷二九〇《妖妄三》"吕用之"条引《妖乱志》,第2304页。

〔4〕 李昉等编:《太平广记》卷三五五《鬼四十》"杨副使"条引《稽神录》,第2809页。

〔5〕 权德舆撰,郭广伟点校:《权德舆诗文集》卷九《杂诗歌曲》,上海古籍出版社2008年版,第153—154页。

迟。"〔1〕这是描写扬州夜市中的青楼，一种特殊的服务业。

扬州的市场之所以繁荣，原因之一是能为商贾提供资金和借贷方面的支持，表现为出现"邸店""质库"等商业机构。《广异志》中记载了这样一则故事，天宝年间，李生与老友张生在扬州相遇，时李生因安史之乱的影响，生活困顿。张生问李生："君欲几多钱而遂其愿？"李生曰三百千贯钱即可。张生赠一席帽，谓李曰："可持此诣药铺。问王老家，张三令持此取三百千贯钱，彼当与君也。"李生遂持此席帽前往王老家药铺取钱，"王老令送帽问家人，审是张老帽否？其女云：'前所缀绿线犹在。'李问张是何人，王云：'是五十年前来茯苓主顾，今有二千余贯钱在药行中。'李领钱而回"。〔2〕可见王老家药铺虽然主要经营药材生意，但兼营存储抵押借贷业务。《续玄怪录》中也讲述了一则类似的故事，扬州六合县园叟张老有妻兄韦氏，一日韦氏探望，离别时，张老赠与一旧席帽，并嘱咐曰："兄若无钱，可于扬州北邸卖药王老家，取一千万，持此为信"。五六年后，持帽取钱，"遂得载钱而归"。〔3〕在这两则故事中，席帽均为取钱凭证。而在另一则故事中，"挂杖"发挥了类似的作用。李、卢二生曾一起在太白山读书修道，后李生中途放弃，转而经商，由于经营橘子园失败，欠下官钱数万贯。后偶遇故友卢生，卢生乃与一挂杖，曰："将此于波斯店取钱，可从此学道，无自秽身陷盐铁也。"后李生果凭此杖取钱偿还了债务。〔4〕

市场的主体之一是各类店铺，其存在满足了城市居民衣食住行的多方面需要，如前述酒店、药铺、茶摊、手工业作坊等。还可以举出更多的例子，如广陵法云寺僧珉楚与好友章某相遇于扬州街市，"楚未食，章即延入食店，为置胡饼"。〔5〕卖饼的王老，"无妻，独与一女居。王老昼日，自卖饼所归家"。〔6〕"食店"和"卖饼所"都是饭店或食品店。日僧圆仁记："十四日，砂金大二两于市头，令交易。市头秤定一大两七钱，七钱准当大二分半，价九贯四百文。更买白绢二匹，价二贯，令作七条，五条二袈裟"，购买布匹之地是布店。又记"十一月二日，买《维摩关中疏》四卷，价四百五十文。"可见当时还有买卖佛经、

〔1〕 李中：《广陵寒食夜》，《全唐诗》卷七四九，第8533页。
〔2〕 李昉等编：《太平广记》卷二三《神仙二十三》"张李二公"条引《广异记》，第158页。
〔3〕 李昉等编：《太平广记》卷一六《神仙十六》"张老"条引《续玄怪录》，第114页。
〔4〕 李昉等编：《太平广记》卷一七《神仙十七》"卢李二生"条引《逸史》，第119页。
〔5〕 李昉等编：《太平广记》卷三五五《鬼四十》"僧珉楚"条引《稽神录》，第2809页。
〔6〕 李昉等编：《太平广记》卷三七四《灵异》"卖饼王老"条引《稽神录》，第2976页。

书籍的店铺。后圆仁一行乘船离开扬州前往楚州,"官私杂物等,惣载船里"。[1]这些物品自然大部分是从扬州市场的店铺中购得。店铺之中,胡店尤其具有特色,如前引李、卢二生故事中提到的"波斯店"。唐代的扬州是仅次于长安和洛阳两都的国际性大都市,大量外国商人来此经商,并开设店铺。如江南一守船人,在苏州华亭县得一宝珠,"至扬州胡店卖之,获数千缗"。[2]

扬州市场之繁荣,还表现为丰富多彩的市场活动。以技艺表演为例,各色艺人通过歌舞表演、杂技、诽谐演戏、木偶傀儡戏等方式吸引观众,赚取钱财。以傀儡戏为例,各阶层、年龄、性别的人群均十分喜爱。扬州大都督府长史、淮南节度使杜佑很想去观看表演,但碍于节度使身份,不便到市井中去,一日召见门客幕僚,闲话中说道:"我致政之后,必买一小驷八九千者,饱食讫而跨之,着一粗布襕衫,入市看盘铃傀儡,足矣。"[3]可见扬州的傀儡戏表演主要面向市井小民,但其精彩程度甚至引得士大夫高官的兴趣。再如,"维扬有毕生,有常弄蛇千条,日戏于阛阓,遂大有资产,而建大第"。[4]以耍蛇为戏,居然能致富,还建起了高屋大宅,主人公毕生很有可能是市场上的耍蛇艺人。还有表演魔术者,如胡媚儿,当地人称为"妓术丐乞者"。一日,胡媚儿从怀中拿出一琉璃瓶,置于席上。"初谓观者曰:'有人施与满此瓶子,则足矣。'瓶口刚如苇管大。有人与之百钱,投之,玎然有声,则见瓶间大如粟粒,众皆异之。复有人与之千钱,投之如前。又有与万钱者,亦如之。俄有好事人,与之十万二十万,皆如之。或有以马驴入之瓶中,见人马皆如蝇大,动行如故。须臾,有度支两税网,自扬子院部轻货数十车至,驻观之。"[5]胡媚儿的琉璃瓶把戏吸引观看者投钱其中,可见其"魔术表演"带有欺骗性质,不过既然扬州市场允许这类行为的存在,说明官府对于各色表演持较为开放的态度。以上诸故事虽然多出自笔记小说,带有虚构不实的成分,但仍能在很大程度上展现唐代扬州市场的百态。

这一时期的扬州市场已经突破了时间限制,甚至形成了繁荣的夜市。隋唐以前的坊市制规定"日中为市",《唐律疏议》中也有"鼓声绝则禁人行,晓

---

〔1〕 〔日〕圆仁撰,顾承甫、何泉达点校:《入唐求法巡礼行记》卷一,第16、18、31页。

〔2〕 李昉等编:《太平广记》卷四〇二《宝三》"守船者"引《原化记》,第3241—3242页。

〔3〕 韦绚撰,陶敏、陶红雨校注:《刘宾客嘉话录》,中华书局2019年版,第26页。

〔4〕 李昉等编:《太平广记》卷四五八《蛇三》"邓甲"条引《传奇》,第3745—3747页。

〔5〕 李昉等编:《太平广记》卷二八六《幻术三》"胡媚儿"条引《河东记》,第2278—2279页。

鼓声动即听行"[1]的条文规定，严禁商铺早晨和夜间营业。但在扬州，这一限制很早就被打破。李绅在赴任浙东观察使时途经扬州，目睹扬州夜市之繁华，曾写下《宿扬州》一诗："江横渡阔烟波晚，潮过金陵落叶秋。嗷唳塞鸿经楚泽，浅深红树见扬州。夜桥灯火连星汉，水郭帆樯近斗牛。今日市朝风俗变，不须开口问迷楼。"[2]作者从城郊远眺城内，看到街市灯火通明直达天际，停泊在城外码头上的商船桅帆林立。唐诗中有相当多描述扬州夜市的文句，展现了更多的细节。如王建《夜看扬州市》："夜市千灯照碧云，高楼红袖客纷纷。如今不似升平日，犹自笙歌彻夜闻。"[3]说明扬州夜市中不仅有各色商品货物买卖，而且有相当多的娱乐场所。张祜《庚子岁寓游扬州赠崔荆四十韵》："小巷朝歌满，高楼夜吹凝。月明街廊路，星散市桥灯。"[4]表明不仅沿街高楼灯火通明，甚至一些小巷狭衢里也是热闹喧嚣。陈羽《广陵秋夜对月即事》："霜落寒空月上楼，月中歌吹满扬州。相看醉舞倡楼月，不觉隋家陵树秋。"[5]描写了入夜后家家户户点灯，夜如白昼的街市夜景。

随着商业的发展，唐代扬州还出现了一些专业市。专业市是指专门交易买卖某一类商品的市场，其特点是商品较单一、交易量大、辐射面广。如鲁郡人唐若山曾在润州任职，后来有人"于（扬州）鱼市中见若山鬻鱼于肆，混同常人"。[6]可见唐代扬州市场上有专门的鱼市。药市为唐代扬州最具代表性的专业市之一，这从诗僧皎然《买药歌送杨山人》一诗中可以略窥其一斑，诗云："华阴少年何所希，欲饵丹砂化骨飞。江南药少淮南有，暂别胥门上京口。京口斜通江水流，徘徊应上青山头。夜惊潮没鸬鹚堰，朝看日出芙蓉楼。摇荡春风乱帆影，片云无数是扬州。扬州喧喧卖药市，浮俗无由识仙子。河间姹女直千金，紫阳夫人服不死。吾于此道复何如，昨朝新得蓬莱书。"[7]不仅明确提到扬州"药市"，还说明其交易药材种类之广，关中、黄河下游地区和江南难以获得的药材，在扬州的药市上都可以买到。实际上，扬州本地的药材产量并不大，

〔1〕　岳纯之点校：《唐律疏议》卷八《卫禁》，上海古籍出版社 2013 年版，第 139 页。
〔2〕　李绅著，卢燕平校注：《李绅集校注》，第 138 页。
〔3〕　王建著，王宗堂校注：《王建诗集校注》卷九《绝句》，中州古籍出版社 2006 年版，第 465 页。
〔4〕　张祜著，尹占华校注：《张祜诗集校注》卷一〇，第 488 页。
〔5〕　陈羽：《广陵秋夜对月即事》，《全唐诗》卷三四八，第 3895 页。
〔6〕　李昉等：《太平广记》卷二七《神仙二十七》"唐若山"条引《仙传拾遗》，第 177 页。
〔7〕　皎然：《买药歌送杨山人》，《全唐诗》卷八二一，第 9260—9261 页。

其市场上的药材大多来自其他地方,其作为"中转站"的性质比较明显。这些药材有的来自荆益闽粤等国内地区,有些则来自西域、东南亚等海外地区。如鉴真东渡时,在扬州市场上采购了很多香药,其中龙脑产于南洋群岛一带,苏方木与薰香产于印度及红海沿岸,其他诸如毕钵、呵黎勒和阿魏等香药大多产于西域与南洋等地,[1]由海外客商带到扬州。

"广陵市"并非区域性市场,而是全国各地物货商品的集散中心,故与长安、洛阳、成都等大都市之间的经济交流十分频繁。如开元年间,士子韦弇赴长安考进士未中,于是独自游览蜀中,遇女仙,赠以碧瑶杯、红蕤枕、紫玉函,他带着这三样宝贝回到长安,但并未急于出手。第二年,他科考再次落第,于是东游广陵,一位胡商拜访韦弇,访求这些宝物,辄出而示之。胡人拜而言曰:"此玉清真人之宝,千万年人无见者,信天下之奇货矣。"于是胡商用数十万金购买之,韦弇因此成为一方豪富,并在扬州盖了大房子。[2]故事虽然荒诞不经,但在长安考试的士子,游览蜀地获得"玉清三宝",最后在扬州被胡商所购的故事情节,展现出三个大型城市之间的经济联系。故事以韦弇在扬州购房定居结束,这在一定程度上展现了"广陵市"的经济中心地位。扬州江都人刘白云,"家富好义,有财帛,多以济人……乾符中,犹在长安市卖药"。[3]也展现了扬州与长安的经济联系。士人卢仲元,"持金鬻于扬州,时遇金贵,两获八千,复市南货入洛"[4],则说明商货在扬、洛之间流动。类似的例子相当丰富,难以一一赘述。总之,"广陵市"之繁荣与其在全国商业网络中的中心地位密切相关。

唐代扬州商业经济发达,这是其市场繁荣的正面,但同时也应该关注到其背阴面,如人员流通量大,鱼龙混杂,出现不少欺行霸市等影响正常贸易的不利因素。如唐德宗贞元年间(785—805),有一僧人寓居扬州孝感寺,有神力,"自负其力,往往剽夺市中金钱衣物。市人皆惮其勇,莫敢拒"。[5]又如,天水人赵旭在扬州与"嫦娥之女"相恋,获赠珍宝奇丽之物无数,"后岁余,旭

---

〔1〕 真人元开著,汪向荣校注:《唐大和上东征传》,中华书局1979年版,第47—48页。

〔2〕 李昉等编:《太平广记》卷三三《神仙三十三》"韦弇"条引《神仙感遇传》,第209—210页。

〔3〕 李昉等编:《太平广记》卷二七《神仙二十七》"刘白云"条引《仙传拾遗》,第180—181页。

〔4〕 赵璘:《因话录》卷三《商部下》,上海古籍出版社1957年版,第89页。

〔5〕 李昉等编:《太平广记》卷九七《异僧十一》"广陵大师"条引《宣室志》,第646—647页。

奴盗琉璃珠鬻于市，适值胡人，捧而礼之，酬价百万。奴惊不伏，胡人逼之而相击"。[1]两则故事中的僧人和胡人，大概就是要弄无赖手段在市场收取"保护费"的恶霸。对于这类敲诈勒索、扰乱正常市场交易的行为，官府也试图打击。如扬州人孟神爽，"禀性狼戾，执心鸩毒，巡市索物，应声即来，入邸须钱，随口而至"，长史县令不仅不惩罚，而且还待他如上宾，"长史县令，高揖待之。丞尉判司，颔之而已"，直到扬州刺史张潜到任，采取强硬手段，下令将其抓捕。[2]这一事迹被作为地方官的功绩记录下来，应是因为扬州市场上这类恶徒不少，而官府无法有力管控。扬州的刻书业相当发达，元稹《白氏长庆集序》云："予始与乐天同校秘书之名，多以诗章相赠答。……巴蜀江楚间泊长安中少年，递相仿效，竞作新词，自谓为'元和诗'。……然而二十年间，禁省、观寺、邮候墙壁之上无不书，王公妾妇、牛童马走之口无不道。至于缮写模勒，衒卖于市井，或持之以交酒茗者，处处皆是。（自注：扬、越间多作书模勒乐天及予杂诗，卖于市肆之中也。）其甚者，有至于盗窃名姓，苟求自售，杂乱间厕，无可奈何！"[3]说明当时扬州市场上盗刻元白诗文的情况较为严重，这虽然有利于精神文化消费进入市民生活，但一定程度上扰乱了正常的市场秩序。

市场中欺诈的商业行为也不少，如前述胡媚儿利用骗术吸引观众。《续仙传》中有一则扬州米业的故事，"李珏，广陵江阳人也，世居城市，贩籴自业。而珏性端谨，异于常辈。年十五时，父适他行，以珏专贩事。人有籴者，与籴，珏即授以升斗，俾令自量，不计时之贵贱，一斗只求两文利，以资父母。岁月既深，衣食甚丰。父怪而问之，具以实对。父曰：'吾之所业，同流中无不用出入升斗，出轻入重，以规厚利。虽官司以春秋较榷，终莫断其弊。吾但以升斗出入皆用之，自以为无偏久矣。汝今更出入任之自量，吾不可及也。然衣食丰给，岂非神明之助耶？'后父母殁，及珏年八十余，不改其业。"[4]可见当时"出轻入重，以规厚利"的不法商人不在少数。在乡村市场，由于皇权的控制力较弱，市吏很容易控制市场，并影响正常交易秩序。如在瓜洲市，丹徒人郑琼罗行经

〔1〕 李昉等编：《太平广记》卷六五《女仙十》"赵旭"条引《通幽记》，第404—406页。
〔2〕 李昉等编：《太平广记》卷二六三《无赖一》"孟神爽"条引《朝野佥载》，第2056页。
〔3〕 元稹撰，冀勤点校：《元稹集》卷五一《白氏长庆集序》，中华书局2015年版，第641—642页。
〔4〕 李昉等编：《太平广记》卷三一《神仙三十一》"李珏"条引《续仙传》，第200页。

此处,"夜至逆旅,市吏子王惟举,乘醉将逼辱,妾知不免,因以领巾绞项自杀,市吏子乃潜埋妾于鱼行西渠中"。[1]这些不法商人和恶吏也应该是"广陵市"市场百态的面相。

四、结语

中古及以前的城市基本上属于"内聚型"城市,其内部有较为严格的市坊制度,城门的启闭也有较为严格的规定,这使得城市空间相对封闭,对外围地区的影响力有限。这种情况到了唐中后期逐渐松动,真正发生变革则是在宋代,美国学者施坚雅称之为"中世纪城市革命"。[2]唐代的扬州城因位于运河咽喉的特殊地理位置,成为继西京长安和东都洛阳之后,商业最发达的都会,因而出现了"广陵市"的专称。这一时期的扬州市场,不仅有官方性质的南市(大市)、北市(小市)及东市、西市,还出现了大量"流动商铺",城下街区和乡村市场也兴盛起来。封闭的"市坊制"趋于崩溃,出现了坊中有市、市中有坊及沿街设市、沿河设市的情况。唐代城市变革的诸多特点在扬州城表现得尤为突出,"广陵市"呈现出丰富多彩的面相,包括:毡帽、铜镜等商品闻名全国;出现"邸店""质库"等商业机构;市场上歌舞表演、杂技、诽谐演戏、木偶傀儡戏等活动丰富多彩;市场突破了时间限制,形成繁荣的夜市;出现鱼市、药市等专业市场;与长安、洛阳、成都等大都市之间的经济交流十分频繁;等等。当然,繁荣的市场也有背阴面,由于市场不再集中于某处,商品交易地相对分散,人员鱼龙混杂、流动性大,给市场管理造成困难。由于官府的管控力度不足,出现了不少欺行霸市、欺诈行骗等影响正常贸易的不利因素。

作者单位:刘凤冉　山东省临沂第四中学

王　旭　扬州大学社会发展学院

〔1〕 段成式著,杜聪点校:《酉阳杂俎·续集》卷三《支诺皋下》,第160页。

〔2〕 英国学者伊懋可在斯波义信等人研究的基础上提出了中国城市"中世纪在市场结构和城市化上的革命"这一命题(Mark Elvin.*The Revolution in Market Structure and Urbanization*, *The Pattern of the Chinese Past*, Stanford, Stanford University Press, 1973, p. 162)。后来施坚雅又提出"中世纪城市革命"的说法(《导言:中华帝国的城市发展》,叶光庭等译,施坚雅主编:《中华帝国晚期的城市》,中华书局2000年版)。

明代扬州的疫灾与社会应对

叶佳豪

摘　要：明代扬州经历过多次疫灾，其中有记载的重大疫灾不下三次。疫灾给扬州府带来了各种影响：人口损失、农业生产荒废、粮价上涨、人伦悲剧等。面对疫灾，官方实施了一系列应对措施，如灾情奏报、蠲减赋税、赈济灾民、施予医药等，同时扬州府的民间力量也积极参与其中，与官方救灾有机结合，共同应对疫灾。此外当时人们对疫灾的应对处理尚存一定局限性，但在官民协作应对下，仍能渡过危机。

关键词：明代；扬州府；疫灾；应对措施

作为中国古代的重要灾荒之一，疫灾一直备受关注，历代正史常将之载入《五行志》，此外地方志、文人笔记也将之作为重大事件记录。学界关于中国古代疫灾的研究成果相当丰硕，相关的论文专著颇多。龚胜生及相关学者致力于疫灾与环境地理方面的研究，不仅探究中国古代不同时期全国疫灾的地理情况[1]，还以各省为单位梳理了明清时期该省的疫灾地理规律与环境机理[2]，形成了较为全面系统的疫灾环境地理研究体系。邱云飞探究明代瘟疫的时空分布特征、瘟疫的危害影响、明代救治瘟疫的措施，初步描摹了明代疫灾的状况。[3]何欣峰对明代疫灾的应对机制进行专项研究，全面梳理明代应

---

〔1〕　龚胜生、刘卉：《北宋时期疫灾地理研究》，《中国历史地理论丛》2011年第26卷第4辑；龚胜生、龚冲亚、王晓伟：《南宋时期疫灾地理研究》，《中国历史地理论丛》2015年第30卷第1辑；龚胜生、刘杨、张涛：《先秦两汉时期疫灾地理研究》，《中国历史地理论丛》2010年第25卷第3辑；龚胜生、叶护平：《魏晋南北朝时期疫灾时空分布规律研究》，《中国历史地理论丛》2007年第22卷第3辑。

〔2〕　张宜缪：《明代福建省疫灾地理规律与环境机理研究》，华中师范大学2014年历史学硕士学位论文；张武韬：《清代河南省疫灾地理规律与环境机理研究》，华中师范大学2014年历史学硕士学位论文；王晓伟：《明清江南地区疫灾地理规律与环境机理研究》，华中师范大学2013年历史学硕士学位论文；苏敏：《明代山东省疫灾地理规律与环境机理研究》，华中师范大学2013年历史学硕士学位论文。

〔3〕　邱云飞：《明代瘟疫灾害史论》，《医学与哲学（人文社会医学版）》2011年第32卷第1期。

对疫灾的上报、禳灾、救治、赈恤、恢复生产、监察等机制,并指出明代应对疫灾机制的弊端及原因。[1]陈旭对明代瘟疫进行总览性的综合研究,除了探究明代瘟疫的特点、政府与民间对瘟疫的反应措施,同时还研究当时人们对于瘟疫的非理性表现、明代的医疗救助、瘟疫对明代社会变迁的影响等,为明清瘟疫研究提供了新的视角。[2]张建国聚焦于明崇祯末年的庐州府,从更为微观的层面探究当时瘟疫爆发的成因、带来的社会危机以及庐州府的救灾措施等问题。[3]本文着眼于明代扬州府,结合《明实录》、地方志、明人笔记等材料对明代扬州疫灾的特征、影响、应对措施等问题进行讨论。

一、明代扬州府概况

扬州在明代的主要行政单位是扬州府,与今作为地级市的扬州大不相同,基本包括了今天的扬州、泰州、南通三市,下面就明代扬州府的行政区划以及基本情况做概貌性介绍。

明代扬州府,元朝时称扬州路,属淮东道宣慰司。元至正十七年(1357)十月甲申,朱元璋改扬州路为淮海府,至正二十一年十二月戊寅改为维扬府,至正二十六年正月又改为扬州府。扬州府既领直辖县,又领州,州领县,为府州县三级体制。共三直辖县(江都、仪真、泰兴)、三州(高邮、泰州、通州)、四州辖县(兴化、宝应、如皋、海门)。[4]明代扬州府的行政区划在州县层级于洪武一朝已经基本确定,崇明州、滁州、六合县三地曾在洪武朝短暂归属过扬州府,但随后不久并入他府。明代疫灾的最早记录是在洪武朝之后的宣德九年(1434),因此就本文而言,疫灾研究的地理空间范围便限定于上文所讲的三直辖县、三州、四州辖县之内。

明代扬州府位于中国东部沿海、长江下游北岸。西部有丘陵,从西向东呈扇形逐渐倾斜,越往东地势越平坦。同时,地处运河与长江交汇处的扬州府在

〔1〕 何欣峰:《明代疫灾应对机制研究》,《中州学刊》2020年第12期。
〔2〕 陈旭:《明代瘟疫与明代社会》,西南大学2011年历史学硕士学位论文。
〔3〕 张建国:《明崇祯十三、十四年庐州府疫灾及社会救治》,《阜阳师范大学学报(社会科学版)》2021年第2期。
〔4〕 张廷玉等:《明史》卷七五《地理一》,中华书局1974年版,第917—918页。

明清时期为南北河运、东西江运等区域水路交通的总枢纽。所谓"乃扬之地，横亘跨连，据江海之胜以为阨塞，而又囊括绠引，总四方之利以为灌输。其于国家，则所谓门户咽吭也"。[1]明代扬州府属于南直隶，东临大海，北接淮安府，西与凤阳、应天两府相连，南与镇江、常州、苏州三府隔江相望。

二、明代扬州府疫灾概貌

（一）明代扬州府疫灾的时空特征

有记载的明代扬州府最早疫灾是在宣德九年（1434）夏秋爆发在扬州府泰州、仪真、宝应三地的饥疫，造成了大量死亡[2]，到崇祯十七年（1644）通州、泰兴、如皋等地爆发大疫[3]的 210 年内，有记载的疫灾至少有 26 次，大约平均每 8 年爆发一次。但事实上明代扬州府有记载的疫灾多集中于明代中后期，

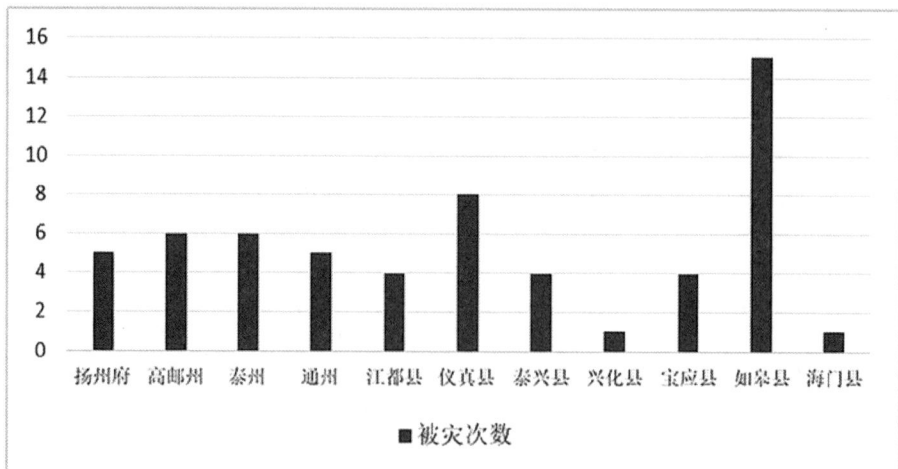

数据来源：《明史》，《明实录》，邱云飞、孙良玉的《中国灾害通史（明代卷）》，林欣华的《明代疫灾研究》，龚胜生的《中国三千年疫灾史料汇编》等

图 1　明代扬州府境内州县被灾次数图

---

〔1〕　阿克当阿监修，姚文田等纂：《〔嘉庆〕重修扬州府志》，《中国地方志集成》，江苏古籍出版社 1991 年版，第 7 页。

〔2〕　《明宣宗实录》卷一一五，宣德九年十二月，台北"中研院"历史语言研究所校印本 1962 年版，第 2587—2588 页。

〔3〕　龚胜生：《中国三千年疫灾史料汇编·先秦至明代卷》，齐鲁书社 2019 年版，第 499 页。

尤其是在嘉靖、万历、崇祯三朝,其中嘉靖朝 7 次,万历朝 4 次,崇祯朝 8 次,这三朝的疫灾次数占据了有明一代扬州府疫灾总数的近七成,其他各朝都是零星记载或没有疫灾记载,其中的原因除了嘉靖、万历二帝在位时间较长、相应的疫灾记录也较多,也与明代中后期自然灾害频发、社会秩序动乱有很大关系。

图 1 是明代扬州府境内州县被灾次数图,横轴为扬州府下州县,发生在扬州府境内但在史料文献中未提及具体州县的记录,在此都归于"扬州府"一项;纵轴为被灾次数。由图可知在空间上,如皋县有记载的疫灾次数远高于其他州县,仪真县次之。

(二)明代扬州府历次重大疫灾

明代扬州府共经历过三次重大疫灾,本文所谓"重大疫灾",即在时间上绵延数年、空间上波及扬州府内外数个县域的大规模疫灾。

第一次是弘治十四年(1501)到弘治十六年扬州府境内连续三年的大旱并且伴随着大疫。[1]

第二次是嘉靖二年(1523)到嘉靖四年连续三年扬州府的疫灾流行,主要是由于大旱大雨导致的粮食歉收以及大水冲决田舍,嘉靖二年冬便爆发了饥疫,这场由极端气候引发的大疫灾同时席卷了周边的应天府、淮安府、凤阳府、滁州、和州等地,因此扬州府的这场疫灾事实上是当时流行于南直隶地区的大规模疫灾的一部分。[2]

第三次是崇祯九年(1636)到崇祯十四年的扬州府境内各地,大旱大饥蝗灾与疫灾交织出现。[3]崇祯帝在位期间是整个明代自然灾害较为频繁的时期,

---

〔1〕 雷应元:《〔康熙〕扬州府志》卷二二《灾异纪》,《扬州文库》第 2 册,广陵书社 2015 年版,第 469 页。

〔2〕 杨洵修,徐銮等纂:《〔万历〕扬州府志》卷二二《祥异》,《扬州文库》第 1 册,广陵书社 2015 年版,第 664 页;闻人诠、宋佐纂修:《〔嘉靖〕宝应县志略》卷一《天文志·灾祥》,《扬州文库》第 24 册,广陵书社 2015 年版,第 171 页;雷应元:《〔康熙〕扬州府志》卷二二《灾异纪》,第 664 页。

〔3〕 尹继善、黄之隽等:《〔乾隆〕江南通志》卷一七〇《人物志·艺术·殷榘》,《江苏历代方志全书·省部》第 10 册,凤凰出版社 2015 年版,第 31 页;雷应元:《〔康熙〕扬州府志》卷二二《灾异纪》,第 471 页;杨受廷、左元镇等修,马汝舟、江大键纂:《〔嘉庆〕如皋县志》卷二三《祥祲》,台北成文出版社有限公司 1970 年版,第 2191 页;王继祖修,夏之蓉纂:《〔乾隆〕直隶通州志》卷二二《杂志·祥祲》,《江苏历代方志全书·直隶州(厅)部》第 27 册,凤凰出版社 2018 年版,第 600 页。

包括疫灾在内的各种灾害在这一时期于全国范围内集中爆发。崇祯十七年，扬州府通州、泰兴"太白经天，大疫"[1]。

（三）明代扬州府疫灾的影响

疫灾给明代扬州府带来了许多危害，由此带来了相应的社会影响。

疫灾对于扬州府带来的直接影响就是人口大量死亡，主要是普通百姓的伤亡，如正德十三年（1518）如皋"大水，民多疫殍"[2]。嘉靖二年（1523）泰州"秋大水，民饥，疫作，死亡无算"[3]。万历三十一年（1603）仪真县"疫气传染，人多不保其生"[4]。

人口损失会导致劳动力不足，进而导致农业生产荒废，危机传导到国家层面便是地方税收的不足。因此即便真正荒废农田的百姓不是特别多，但朝廷依旧会采取相应措施保证当年农业生产的正常进行，如嘉靖三年（1524）六月户部上疏："去岁灾伤，惟庐、凤、淮、扬四府，滁、和、徐三州为甚……垂死极贫者四十五万，以疫之死者十之二三，则荒弃田地亦不甚多。恐所司不以国计为重而借口，于是征纳失期，使官民俱困。"[5]嘉靖二年，南直隶地区的扬州府及周边的庐、淮、凤、滁、和、徐等地爆发了大规模疫灾，大量百姓因此陷入极贫，同时也有相当数量的百姓在这场疫灾中身亡，虽然户部认为"荒弃田地亦不甚多"，但考虑到地方官员可能会以此为借口不按时上交赋税，还是颁布谕令"招逃亡""给牛种""令复业""宽徭赋"，这一系列措施颁行的最终目的就是维持农业生产进而保障税收来源，毕竟即便是赈灾也要在官府有钱物的情况下方能施行。

农业生产荒废传导到民间便是疫区粮价的上涨，从而加剧当地百姓的饥苦。万历十五年（1587）淮扬一带旱涝灾害频发，同时"通州、宝应、如皋大

---

〔1〕 王继祖修，夏之蓉纂：《〔乾隆〕直隶通州志》卷二二《杂志·祥祲》，《江苏历代方志全书·直隶州（厅部）》第27册，凤凰出版社2018年版，第600页。

〔2〕 杨受廷、左元镇等修，马汝舟、江大键纂：《〔嘉庆〕如皋县志》，台北成文出版社有限公司1970年版，第2188页。

〔3〕 王有庆、陈世镕等：《〔道光〕泰州志》，江苏古籍出版社1991年版，第12页。

〔4〕 陈梦雷：《古今图书集成·博物汇编·艺术典》卷五三七《医部·医术名流列传四·姜峨传》，中华书局1934年版，第55页。

〔5〕 《明世宗实录》卷四〇，嘉靖三年六月，台北"中研院"历史语言研究所校印本1962年版，第1012—1013页。

疫"[1]。在这场疫灾中,米价飞涨,于是时任漕运都御史的杨一魁建议从漕运粮中分出一部分在灾区平价售出。[2]次年,即万历十六年,宝应县等周边地区依旧大旱,瘟疫依旧流行,正常的农业生产不得进行,于是米价再次居高不下。[3]此次则是朝廷派官员携国库钱前往赈灾,其原因很可能是这一年镇江府、常州府、苏州府这些江南膏腴之地都遭遇大规模的旱涝疫灾[4],它们本身自顾不暇,也就难以抽身接济江北的临近府州。

疫灾导致农业生产荒废,粮价上涨,饥饿便是困扰百姓的首要问题,不少百姓因此死亡,由此造成了不少伦理道德的惨剧。正德十五年(1520),"淮、扬等府大饥,人相食"[5]。嘉靖二年(1523),"正月至六月不雨……岁大饥,民相食,疫作"[6]。崇祯十三年(1640),如皋县"大旱,大饥,大疫,民相食"[7]。疫灾已经使百姓到了饥无可食的地步,只能"人相食",疫灾后传统的人伦道德在生存面前沦丧殆尽。

三、明代扬州府对疫灾的社会应对

中国古代自然灾害数不胜数,每次灾害的发生都会对农业生产、社会秩序甚至王朝的统治基础产生威胁,因此明王朝对荒政建设十分重视,在建国之初就逐步建立了一系列备荒救荒的措施。具体到疫灾方面,虽然没有建立过专门的防疫机构,但明代官方对于疫灾的应对措施事实上是包含在整个荒政之中的。同时民间也会参与疫灾的应对活动,尤其是在官府力量缺位的情况下,民间的救灾活动往往更显重要。以下是明代扬州府疫灾中常见的应对措施。

---

〔1〕 雷应元:《〔康熙〕扬州府志》卷二二《灾异纪》,第471页。

〔2〕 《明神宗实录》卷一八三,万历十五年二月,台北"中研院"历史语言研究所校印本1962年版,第3419页。

〔3〕 陈煃修,吴敏道纂:《〔万历〕宝应县志》卷五《灾祥》,《扬州文库》第24册,广陵书社2015年版,第373页。

〔4〕 龚胜生:《中国三千年疫灾史料汇编·先秦至明代卷》,齐鲁书社2019年版,第372页。

〔5〕 《明武宗实录》卷一八六,正德十五年五月,台北"中研院"历史语言研究所校印本1962年版,第3547页。

〔6〕 雷应元:《〔康熙〕扬州府志》卷二二《灾异纪》,第469页。

〔7〕 杨受廷、左元镇等修,马汝舟、江大键纂:《〔嘉庆〕如皋县志》卷一《祥异》,第2191页。

（一）灾情奏报

灾情奏报通常是古代官方应对疫灾的第一道程序，一般由地方政府勘查受灾情况，再将灾情逐级向上汇报至中央。明初即规定灾情需要及时上报，对于瞒报灾情的行为，洪武十八年（1385）明太祖规定"灾伤去处有司不奏，许本处耆宿连名申诉，有司极刑不饶"[1]，可见明初对于灾情上报及救灾的重视。涉及明代扬州府疫灾的灾情上报记载，如正德十五年（1520）夏四月"乙未，户部言：淮、扬等府大饥"[2]。除了户部上奏，监察官员也会负责疫灾的上报，如万历十七年（1589）督理荒政右给事中杨文举言："臣以九月二十八日抵淮安，据徐州道揭报灾数，庐、凤为甚，淮、扬次之，徐、滁、和三州亦次之。"[3]

中央在接到疫灾奏报后如何处置，在嘉靖二年（1523）十二月南京兵部右侍郎席书的上奏中能看出些许端倪："今岁南畿旱涝相仍，民饥殊甚，已经有司疏闻，下廷议赈恤。第饥民甚多，钱谷绝少，恐难给济，须别等第，酌缓急乃可。"[4]可见在接到地方呈上来的灾情奏报后，尤其是面对类似嘉靖二年这样波及范围较广的大疫灾时，廷议通常会根据奏报对各地疫灾灾情进行评估，按照灾情的严重程度分别进行救灾处置。

（二）蠲减赋税

蠲减赋税是中国古代常见的应对疫灾的救灾手段，主要有蠲免和减少，如万历十五年（1587）二月"免淮、扬等处巡饬地方旧逋粮四万二千四百九十四石，银一万九千五百一十二两一分"[5]。同年三月又规定"其盐城、高邮、五河等十四州县量征二分、三分"[6]。从免征到量征二三分，这便是蠲免与减少的区别。除了对赋税直接的蠲减，还可以将应上缴的米麦等物折成银两，粮食留在当地，即为改折。如正德十四年（1519）十一月辛卯户部议："直隶淮、扬等处灾甚……本年兑运粮尽许折银……从之。"[7]

---

〔1〕 申时行等：《明会典》卷一七《户部四》，中华书局 1989 年版，第 117 页。

〔2〕 《明武宗实录》卷一八六，正德十五年五月，台北"中研院"历史语言研究所校印本 1962 年版，第 3547 页。

〔3〕 《明神宗实录》卷二一六，万历十七年十月，第 4049—4050 页。

〔4〕 《明世宗实录》卷三四，嘉靖二年十二月，第 864 页。

〔5〕 《明神宗实录》卷一八三，万历十五年二月，第 3426 页。

〔6〕 《明神宗实录》卷一八四，万历十五年三月，第 3442 页。

〔7〕 《明武宗实录》卷一八〇，正德十四年十一月，第 3499 页。

（三）赈济灾民

赈济灾民，即给予灾民必要的生活物资，让他们得以生存，这是中国古代官方救灾的主要措施，除了彰显朝廷恩德，也是保障社会稳定、不致爆发动乱的必要措施。如弘治十六年（1503）九月南直隶扬州府大旱且疫，朝廷委派"才干部属二人往直隶赈之"[1]。除了直接给予赈灾银，明代官方还会给予灾民一定的生产资料让他们恢复生产，即所谓灾后重建。如嘉靖二年（1523）起南直隶数个府州县遭遇大疫灾，人口大量死亡，农业生产停废，于是在嘉靖三年六月"谕天下有司先招来逃亡，给之牛种，令其复业。其绝户荒田，则召人佃种而宽其徭赋"[2]。在朝廷颁布相关赈济诏令外，地方的有为官员也会进行救灾赈济活动，嘉靖元年任宝应知县的刘恩，在面对嘉靖初年的大疫灾时，"力请当道题奏，发帑金数万籴谷，分委义民于各坊村设糜赈济，立法周尽，一邑赖以全活"[3]。

（四）施予医药

惠民药局是明代官方进行医药施予的重要单位。明代的惠民药局在平时主要救治贫苦的社会弱势群体，于洪武三年（1370）置，在府州县都有设官，"洪武三年置惠民药局，府设提领，州县设官医。凡军民之贫病者，给之医药"[4]。所给医药，有免费给予，也有平价售给。明代在全国普遍设立了这样的机构，在瘟疫流行时期参与地方政府的救治活动是惠民药局的重要职责。[5]

但在明代是否可能在全国范围内维持惠民药局的存在？或者惠民药局是否在扬州府历次疫灾中起到过一定作用？在万历十五年（1587）七月的一道礼部题复中可能会找到答案："南京礼科给事中朱维藩奏复药局，以救荒疫。报可。"[6]这一年南京和扬州府通州、宝应、如皋都有疫灾流行[7]，但此时明王朝的南畿面对疫灾要临时"复药局"，可见在此之前惠民药局已经废置了一段

---

〔1〕 《明孝宗实录》卷二〇三，弘治十六年九月，第3779—3780页。

〔2〕 《明世宗实录》卷四〇，嘉靖三年六月，第1013页。

〔3〕 杨洵、徐銮等纂：《〔万历〕扬州府志》卷一〇《秩官志》，第451页。

〔4〕 张廷玉等：《明史》卷七五《职官三》，中华书局1974年版，第1813页。

〔5〕 邱云飞、孙良玉：《中国灾害通史·明代卷》，郑州大学出版社2009年版，第132页。

〔6〕 《明神宗实录》卷一八八，万历十五年七月，台北"中研院"历史语言研究所校印本1962年版，第3526页。

〔7〕 龚胜生：《中国三千年疫灾史料汇编·先秦至明代卷》，第361页。

时间，南京尚且如此，扬州府的情况更不容乐观。《〔万历〕扬州府志》记载整个扬州府中仅有直辖县江都、仪真、泰兴三地设有惠民药局，其中关于泰兴县惠民药局的记载为"税课局、惠民药局俱革"[1]。可以推断，作为官办医疗机构的惠民药局，在扬州府的历次疫情应对中应当是处于乏力甚至缺位的状态。

（五）民间应对

当疫灾来临时，除了官方对受灾地区采取一系列赈济救灾措施，民间也会有应对行为，比如最原始的求诸鬼神。在扬州府宝应县内有一座二郎庙，明代洪武年间，宝应百姓只要遇到水旱疾疫，即会前往叩拜，据说"屡叩屡应"[2]。但在这类非理性行为之外，民间面对疫灾更多情况下还是选择理性应对，民间力量会主动参与防疫救灾，纵观明代扬州府经历的疫灾，来自民间的救助与支持还是比较活跃的，他们往往同官方一起应对疫灾，成为疫灾救济的重要补充，甚至在某些方面比官方更为全面细致。

面对疫灾最直接的救助方式就是对灾民给予药品、提供医疗救治。常山人张荣家住如皋，因为医术而闻名，嘉靖年间倭寇侵扰沿海，当时抗倭军中出现大疫，身在如皋的张荣为军士们提供药剂使他们痊愈，获得了神医的美名。[3]

在提供医疗帮助外，由于疫灾势必出现人口死亡，短时间大量的人口死亡会造成尸体堆积，来不及掩埋或无处掩埋，从而导致更大规模的疫灾传播，这就需要漏泽园这样的官设丛葬地来集体掩埋尸体。如正德年间通州发生大疫导致里人"死者相枕"，当地士绅凌霄，在此情况下主动捐出自己的田地给官方修建漏泽园以收殓尸体。[4]与之相似的还有宝应县乡贤陈言，在嘉靖十七年疫灾中，"施衣棺各千数"，次年还助金六百重修儒学。[5]

除了主动参与疫灾的救助恢复工作，本地富户还可能深入参与官方主导的救灾活动。如成化十四年（1478）陈锐在淮扬一代任漕运总督，当年"淮、

〔1〕　杨洄、徐銮等纂：《〔万历〕扬州府志》卷二《郡县志下》，第320页。

〔2〕　陈煃修，吴敏道纂：《〔万历〕宝应县志》卷二《营缮志》，第352页。

〔3〕　杨洄、徐銮等纂：《〔万历〕扬州府志》卷二三《方外志》，第678页。

〔4〕　林云程、沈明臣等：《〔万历〕通州志》卷五《杂志》，《江苏历代方志全书·直隶州（厅部）》，凤凰出版社2018年版，第211—212页。

〔5〕　陈煃修，吴敏道纂：《〔万历〕宝应县志》卷九《人物志下》，第402页。

扬饥疫"[1]，于是陈锐"乃召富人，募得银数千两，贮之有司，命医分投诊视给药，每口日给米一升，以资糜粥。如是者两月余，全活以万计"[2]。在这场疫灾中，陈锐即是用从当地富人手中募集到的银两进行施救活动，虽然整体上的救灾由官府主导，但不可否认当地富户深入参与才有可能推进这样规模的救灾活动。

四、结语

明代扬州府的疫灾是整个明王朝疫灾的一个缩影，有着疫灾的典型特征和影响。疫灾的爆发给扬州府带来了人口损失、生产荒废、粮价上涨、人伦悲剧等影响，面对这些危机，朝廷和扬州府地方官民都做出了相应的应对措施，官府与民间的有机协助使得疫灾下的百姓能稍得救济。但必须看到，在那个时代环境下，不论是官府还是民间，对于疫灾的种种应对措施都是比较有限的。比如按照当时的条件，官府事实上难以维持类似惠民药局一类的官办常驻医疗机构来及时应对疫灾，明初国力强盛、皇帝有为的情况下尚可通过行政命令维持，但在明中后期国力日渐颓弱、皇帝多荒废朝政的境况下，地方上的惠民药局随之难以为继，逐渐废弛，扬州府也不例外。同时明代扬州府的民间力量虽然也在疫灾应对中发挥过一定作用，但在许多大型疫灾面前，救灾成本不是单凭几位富户或是乡贤善人所能承担的，民间力量相对有限。此外在明代应对疫灾的措施几乎全是事后补救，对于疫灾的预防意识极为淡薄，人们只能被动地去抵御不知何时会突然爆发的疫情，这就使得疫灾的破坏性进一步提升。纵观整个明代的扬州府疫灾，虽然疫灾给扬州府带来了相当的破坏与危机，但在朝廷、官府、民间的协同应对下，即便应对有局限，扬州府还是可以逐渐渡过难关并最终恢复原有秩序。

作者单位：扬州大学社会发展学院

---

[1] 张廷玉等：《明史》卷一五三《陈锐传》，中华书局 1974 年版，第 4209 页。
[2] 焦竑：《国朝献征录》卷九《伯一》，上海书店 1986 年版，第 295—296 页。

南浔刘氏与扬州

罗加岭

摘　要：晚清扬州盐业逐渐衰落，但凭借长江与大运河交汇点的地理优势，依然吸引外地富商来投资盐业。南浔富商刘镛与儿子刘锦藻、刘梯青、刘安溥及孙子刘承幹三代五人都与扬州关系密切。他们或在扬州经营盐业，或助扬州修葺园林，或与扬州学者、书商合作校书、刻书。他们通过大运河来往于南浔与扬州，对扬州经济与文化产生重要影响。

关键词：刘镛；刘安溥；刘承幹；南浔；扬州；大运河

刘镛（1826—1899），名介康，字冠军，一字贯经，浙江湖州南浔人。他是南浔刘氏家族走向兴盛的第一代创业人，是晚清南浔"四象"之首。

刘镛初在一家绵绸庄为学徒，后到邱启昌丝经行当伙计，曾与邢赓星合资创办正茂和恒顺丝经行。一方面刘家在上海经营辑里丝进出口贸易，初涉房地产业，积蓄相当的资本；另一方面刘镛不失时机地抓住这次机遇，开始涉及盐业投资经营，在两淮盐业集散经销中心扬州设有家族盐务账房。不几年，从票盐到场盐，再到置灶产盐，盐业成了刘家实业转型的重要主攻产业，刘家享誉大江南北，成为两淮著名大盐商之一。最终他家积累了2000万两白银之巨的资产。

刘镛有四个儿子。长子刘安澜（1857—1885），字紫回，29岁病故。生前精通诗词，辑《国朝诗粹》，未成而殁，后由嗣子刘承幹续完。次子刘锦藻（1862—1934），原名安江，字澄如。著有《坚匏集》《清朝续文献通考》等。其他二子都出自偏房，即刘安泩（1876—1950），字渊叔，号梯青；刘安溥（1891—1974），字和庵，号湖涵。刘镛给儿子分家时，立了四个堂名，大房刘安澜无后，由刘锦藻的长子刘承幹（字翰怡）承继，堂名"尊德"；刘锦藻是"诒德"；刘梯青是"崇德"；刘安溥是"景德"。

刘镛的孙子刘承幹（1881—1963），字贞一，号翰怡，一作翰贻，别署求恕居士。藏书家,被鲁迅先生喻为"傻公子"。著有《嘉业堂藏书楼明刊书目》、《嘉业堂藏书目录》、《嘉业堂藏书提要》、《嘉业堂善本书影》、《晋书斠注》(与吴士鉴合注),等等。因得溥仪赐"钦若嘉业"匾额,故名其藏书室曰"嘉业堂",另有藏书室曰"求恕斋""留余草堂"等。

刘镛祖孙三代都与扬州密切相关。刘镛与儿子刘锦藻、刘梯青、刘安溥在扬州经营盐业,其中刘安溥于民国初年购买"陇西后圃",后经修葺更名为刘庄。刘承幹以藏书闻名于世,他的藏书、刻书也与扬州紧密相联。

一、刘镛:抢滩扬城,经营盐业

据刘锦藻编《刘镛年谱》:同治元年(1862),"曾文正于上海招商运盐,乃与唐公漾荷附股王公秋田名下,盐业自此始"[1]。同治六年(1867)夏,刘镛"始赴扬州"[2]。此时他四十二岁。同治九年夏,刘镛"往扬州,王(秋田)与唐(漾荷)以盐事龃龉,将兴讼,府君(刘镛)力为排解而已之,乃归"[3]。

同治十一年(1872),刘镛"始办场盐,同治纪元,江路梗阻,引界滞销,初办泰州栈盐。次岁,军务粗定,曾忠襄公招商试运以济饷需,复运鄂西两岸票盐,至是改票为场,先草堰,继伍祐、北洋等处。明年,乃置灶产"[4]。此时,刘镛大举兴办盐业。

刘镛看到盐业的弊端,着手进行改革。光绪元年(1875)夏,刘镛"往扬州,盐务向归唐公漾荷经理,府君以疲敝日甚,濡染乾嘉时陋习,乃亲诣各场,刷弊革浮,期可支柱"[5]。光绪二年,"场盐抚敝日久,骤振刷之无效,产丰销滞,转输不灵,府君忧甚。夏闻沈文肃公阅兵苏州,亲往谒见,面呈节略,申请查堆,文肃韪之,委员清查,疏通积滞,商困大苏"[6]。

刘镛经营盐业诸事亲历亲为,并投身慈善事业。光绪四年(1878)秋,"赴

[1] 周子美等原著,吴史进等点校:《南浔珍稀人物年谱》,浙江摄影出版社2018年版,第30页。
[2] 周子美等原著,吴史进等点校:《南浔珍稀人物年谱》,第31页。
[3] 周子美等原著,吴史进等点校:《南浔珍稀人物年谱》,第31页。
[4] 周子美等原著,吴史进等点校:《南浔珍稀人物年谱》,第31页。
[5] 周子美等原著,吴史进等点校:《南浔珍稀人物年谱》,第32页。
[6] 周子美等原著,吴史进等点校:《南浔珍稀人物年谱》,第32页。

扬州办淮北票盐，魏勉斋于镇江设义渡，助赀成之，人称便利"[1]。光绪五年夏，"由扬历各场，过东台，捐资助因利局，便贫民称贷。又至清江浦及西坝等处"[2]。光绪七年夏，"泰属盐场风潮灾，派人散赈，加给绵衣"[3]。光绪九年，"元旦渡江，急有事于扬州也"[4]。光绪十四年，"郑州决口，淮南场盐山积无人购办，公收以济贫灶"[5]。光绪十七年冬，"沈仲帅督两江，招游江宁，面陈盐务利弊。归抵瓜洲，舟楫如织，填塞河流，携仆上岸，雇小车装行李，步行六十里至扬州"[6]。光绪二十二年七月，"泰属盐场又遭风灾，制新棉衣解往散给"[7]。光绪二十四年春，"赴扬州，闻淮徐灾，捐巨赀，购山芋干赈之。夏，米价翔贵，民艰于食，集款平粜，分设四局。秋，汉皋大火，复捐赀赈"[8]。

由于刘镛经商，身体每况愈下。"府君自四十后无小恙，（1898年）四月忽发肝胃旧病，痛甚剧。锦藻等适由扬州往盐场，闻信驰归，则已平复，惟起居饮食顿不如前。"[9]光绪二十五年（1899），刘镛已七十四岁，身体时好时坏。"四月初八日，将挈承幹游苏台，心窃喜，以为康强无恙也，以事拟作扬州之行。"[10]船行至苏州，刘镛"肝胃痛大发"，于十七日登舟返家。二十日，刘镛溘然长逝。

二、刘锦藻、刘梯青：扎根扬城，壮大盐业

刘锦藻承继于从父刘锵。光绪二十年（1894），与南通张謇同榜甲午科进士及第。他一生多姿多彩，特别是在实业方面子承父业，成就最高。他曾主持"浙路公司"，投资浙江兴业银行，创办上海大达轮埠公司等实业，使家族产业进一步扩大，蜚声江南。著有《清朝续文献通考》四百卷，在中国文献学上占

---

[1] 周子美等原著，吴史进等点校：《南浔珍稀人物年谱》，第32页。
[2] 周子美等原著，吴史进等点校：《南浔珍稀人物年谱》，第33页。
[3] 周子美等原著，吴史进等点校：《南浔珍稀人物年谱》，第33页。
[4] 周子美等原著，吴史进等点校：《南浔珍稀人物年谱》，第33页。
[5] 周子美等原著，吴史进等点校：《南浔珍稀人物年谱》，第33页。
[6] 周子美等原著，吴史进等点校：《南浔珍稀人物年谱》，第35页。
[7] 周子美等原著，吴史进等点校：《南浔珍稀人物年谱》，第36页。
[8] 周子美等原著，吴史进等点校：《南浔珍稀人物年谱》，第37页。
[9] 周子美等原著，吴史进等点校：《南浔珍稀人物年谱》，第37页。
[10] 周子美等原著，吴史进等点校：《南浔珍稀人物年谱》，第37页。

有重要地位。项文惠在《嘉业堂主：刘承幹传》一书中这样描写刘锦藻："与乃父刘镛相比，刘锦藻经商的气魄更大了。他经营淮盐，设扬州盐场，成为江苏淮盐巨商。"[1]刘锦藻在扬州主管家族盐务账房，在泰属新兴场承接家族"恒丰益"盐号，并在伍祐场设有相当亭灶(称之为刘家墩)。

据刘锦藻撰《刘锦藻年谱》：光绪十三年(1887)，刘锦藻"由通乘轮至镇江，渡江赴扬州厚生庄，时在打铜巷，盐账房亦设其中，叶翰甫总司各事，游平山堂、小金山。将赴各场考察，接先考电，以外舅竹庭公病笃，饬速回，爰理归装"[2]。

光绪十九年(1893)，"痔疾增剧，便后常常流血，须卧一二时，甚以为苦。闻扬州有医，眷就之，乃治病须择日诊脉，不能开方包医，索五百金，甚属诡谲，不愿延治"[3]。

光绪二十四年(1898)闰三月，刘锦藻"随由杭赴申，同梯弟至扬稽核盐务，叶翰甫陪历各场。先过泰州，谒钱樨庵师于里第，时由皖学告归。次东台，次北洋、伍祐、小海，次草堰，亲诣灶户详观。次李堡、角斜，经石港至于东，宿仁泰典"[4]。

光绪二十五年(1899)九月，刘锦藻"又赴镇江、扬州、泰州，至十二圩，察视堆盐"[5]。光绪二十六年闰八月，刘锦藻"即同雨兄(刘雨蘋)至扬返申，料理顾质卿、黄佐卿欠款，先考所时系心者，至是清结"[6]。光绪二十七年仲冬，刘锦藻"又作维扬之行，结核账略，岁以为常"[7]。光绪二十九年三月，刘锦藻"过江到扬，为草堰争荡事"[8]。光绪三十年三月，刘锦藻"随由沪而苏而扬，赴淮北考察盐务，寓板浦汪信夫典中""腊冬赴邗，半月方归"。[9]光绪三十一年，"苏皖龃龉，虽电部而迄未定章，留申四月，责任一人，扬号亦无暇前去"[10]。光绪三

〔1〕 项文惠：《嘉业堂主：刘承幹传》，浙江人民出版社 2005 年版，第 10 页。
〔2〕 周子美等原著，吴史进等点校：《南浔珍稀人物年谱》，第 38 页。
〔3〕 周子美等原著，吴史进等点校：《南浔珍稀人物年谱》，第 52 页。
〔4〕 周子美等原著，吴史进等点校：《南浔珍稀人物年谱》，第 55 页。
〔5〕 周子美等原著，吴史进等点校：《南浔珍稀人物年谱》，第 60 页。
〔6〕 周子美等原著，吴史进等点校：《南浔珍稀人物年谱》，第 62 页。
〔7〕 周子美等原著，吴史进等点校：《南浔珍稀人物年谱》，第 62 页。
〔8〕 周子美等原著，吴史进等点校：《南浔珍稀人物年谱》，第 63 页。
〔9〕 周子美等原著，吴史进等点校：《南浔珍稀人物年谱》，第 64 页。
〔10〕 周子美等原著，吴史进等点校：《南浔珍稀人物年谱》，第 65 页。

十二年六月,刘锦藻"挈承幹赴扬,一为盐务,一为招股,游平山堂、小金山、法海寺、史公祠"[1]。光绪三十四年秋冬,"两至扬州"[2]。

刘锦藻在民国八年（1919）于金墩北参与创办了伍祐场泰和盐垦公司,在上海、扬州设立收股及办事机构,第一次临时董事会也在其上海寓所召开会议,公司临时董事会公推刘锦藻为临时主席,民国九年4月起,他任泰和公司第一届至五届会计董事,负责公司财务监管工作,说明伍祐场泰和公司相当一部分亭灶属于刘家。

在民国五年（1916）掘港场大豫盐垦公司成立大会上,周扶九和刘梯青（草堰场的另一个大垣商）请张謇、张謇弟兄筹组草堰场大丰盐垦公司。民国六年,周扶九在草堰场大丰盐垦股份有限公司筹建会上说:"敝人与刘府（刘梯青）首先提倡,兹承诸君认股赞助,无任欢迎。"[3]

三、刘安溥：修葺"后囿",旅扬别墅

刘安溥在上海拥有大量钱庄和房产,但不善经营,先后委托刘安仁、刘承械父子代理经营；在扬州经销盐业也不亲自经营,而是聘请徐铺来扬负责管理。徐铺,字子璈,别署江南梅痴。晚清江南名画家,工山水、佛像、善画梅；擅书法,篆、隶、楷俱佳。民国九年（1920）,徐铺受刘安溥聘来扬州管理盐务。

据朱明松考证：位于今扬州市广陵区广陵路274、276号的刘庄前身是丹徒（今镇江）人李竹铭建造的"陇西后囿"。[4]民国初年,"陇西后囿"被刘安溥购买,更名刘庄。民国十一年（1922）春,刘庄修缮完毕。徐铺为撰园记。碑文隶书,文录如下：

> 是园昔系"陇西后囿",今为吴兴刘氏旅扬别墅。台榭轩昂,树石幽古,颇极曲廊邃室之妙。庭前白皮松株,盘根错节,皆非近代所有。窃忆光绪中叶,余曾游扬府幕,凤耳是园名胜,时以公牍劳形,不获涉足为憾。

〔1〕　周子美等原著,吴史进等点校：《南浔珍稀人物年谱》,第66页。
〔2〕　周子美等原著,吴史进等点校：《南浔珍稀人物年谱》,第69页。
〔3〕　刘耋龄口述,马长林撰稿：《刘耋龄口述历史》,上海书店出版社2016年版,第180页。
〔4〕　朱明松：《扬州晚清名园"陇西后囿"考索》,《扬州文化研究论丛（第28辑）》,广陵书社2022年版,第84—93页。

庚申之冬,余受刘氏聘任,来扬管理蠡务,寓斯园中。以是昔之心向往之者,今得宴安其中矣,乃悟天意、人事之巧合,殆佛家所谓因果也欤!惜园屋年久失修,势将坍塌,今春特鸠工修葺一新,并自涂书画,聊资补壁,爰题名之曰"刘庄",藉壮观瞻,以志区别,而为之记。

民国十一年壬戌仲夏,古吴徐镛。陶少洲双钩勒石。[1]

刘庄园宅南北长130多米,东西宽50多米,占地6160平方米,有厅堂宅屋150余间,建筑面积3000余平方米。规模大,横联纵贯,横有四路住宅组群并列,纵有四进、五进连贯延伸。高墙大屋,幽巷深邃,前宅后园,结构分明,宅屋精雕细作,园林点缀巧妙,将园林分割成四个院落,充分利用周边院落和住宅建筑的空隙。前院门东向,面西门上嵌"余园半亩"石额,南向花厅一座,有短廊与半亭相接,沿南墙以湖石筑花坛,栽琼花、腊梅、枇杷、天竹,另有一株百余年白皮松。由短廊西北出,步至西院,院中修竹亭亭,沿北墙以黄石叠山,有蹬道可上串楼。由前院东北出可入东院,北有楼阁临虚,用湖石贴壁作山,山前凿地为池,缘岸垒石。东西两院楼壁间嵌有石刻多方。后院在东西两院之后,唯余古树广玉兰一株,山石少许,房廊零落。刘庄内高墙大屋,幽巷深邃,园构精巧,山石、花木、鱼池、楼台、亭廊俱全。1962年被公布为扬州市文物保护单位。

四、刘承幹:校书刻书,与扬有关

刘承幹承袭继父刘安澜的藏书遗志,大为扩充,建嘉业堂藏书楼,成为有名的藏书家。据周庆云《浔雅》戊集谓,刘承幹曾请名宿缪荃孙主持编校,大肆搜罗,得10000余种,达40余万卷,由缪艺风、董授经等考订校勘,编《善本藏书志》28册,未付刊。以后又陆续聚书,多至60万卷,其中不乏秘本。较宝贵的有御题珍贵孤本《永乐大典》87册,内44册为明嘉靖、隆庆间抄缮的副本。尚有翁覃溪手纂的《四库全书提要》原稿150册,宋刻孤本《三字经》一部。还花巨款从国史馆抄录了《清实录》与《清史列传》等。搜集了完整的全国州、

---

[1] 朱明松:《扬州碑刻辑考》,广陵书社2020年版,第20页。

郡、府、县和镇志 1200 余种，为极宝贵的地方志史资料。

刘承幹聚书，主要有两方面来源。一是向书商直接购买。"凡书贾挟书往者，不愿令其失望，凡己所未备之书，不论新旧皆购之。因此闻风者不远千里而来。据刘承幹次子刘诉万回忆，常来的书商，著名的有北京的李紫东、苏州的柳蓉邨、扬州（引者注：一说江宁）的钱长美、杭州的朱某。"第二是兼并藏书家的藏书。这些藏书的主人，为生活所迫，又感到藏书日久无用，"以世变之日亟，人方驰鹜于所谓新说者，而士直旧学，虑仓卒不可保"。听说刘氏正在聚书，便纷纷出让于他。据记载，刘氏曾先后收购 10 家私人藏书，即丰顺的丁氏持静斋、仁和的朱氏结一庐、太仓的缪氏东仓书库、平湖的陆氏奇晋斋、江阴的缪氏艺风堂、独山的莫氏影山草堂、甬东的卢氏抱经楼、华阳的王氏彊学簃、湘阴的郭调元、诸暨的孙问清。[1]

刘承幹不仅以收藏古籍而闻名全国，还以雕版印书蜚声海内。嘉业堂刻书始于 1913 年，至 1937 年抗战全面爆发，历时 24 年，其间刊刻书籍 184 种。刘氏刊书据其自己介绍："上海与北京外，若南京、扬州、武昌，皆设置工厂。一书之成，费或逾万，即寻常之本，亦力求精雅。"[2]由此可见刘氏刻书的规模之大与品质之高。嘉业堂刻书前期由缪荃孙主持，有许湋祥、杨钟羲、叶昌炽、舟瑶、曹元忠、冯煦、董康、刘富曾、刘显曾等四十余位学者参与校勘，由上海朱文海、苏州穆子美和郑子兰、扬州周楚江、南京姜文卿、北京文楷斋、湖北陶子麟共六地七家刻书铺承担刊刻，前后持续二十年，耗资数十万元，刻印书二百四十种、三千余卷，其内容之繁富，体例之严谨，组织之有序，规模之宏大，可谓极一时之盛。嘉业堂的刻书有：《嘉业堂丛书》《求恕斋丛书》《吴兴丛书》《希古楼金石丛书》《留余草堂丛书》等。另有叶昌炽、王舟瑶与董康等详校的影印本四史。

刘富曾（1847—1928），字谦甫，仪征人。刘文淇的孙子，刘毓崧第三子。弱冠与仲兄贵曾（1845—1898）同补诸生，光绪十四年（1888）复与季弟显曾同举于乡。显曾旋成进士，而富曾屡应礼部试未售。晚乃以国史馆录议叙得知县，弃弗就。辛亥后游海上，由缪荃孙、冯煦介绍为刘承幹校勘古籍。民国

---

〔1〕 黄建国：《嘉业堂藏书楼的由来及特色》，《浙江文史资料（第 64 辑）》，浙江人民出版社 1999 年版，第 14 页。

〔2〕 刘承幹：《嘉业老人八十自叙》，缪荃孙、吴昌绶、董就好撰，吴格整理点校《嘉业堂藏书志》，复旦大学出版社 1997 年版，第 1410 页。

四年(1915)正月,正式迁入刘承幹在上海的求恕斋,月脩四十元。刘承幹助
其刊行刘毓崧《通义堂文集》。

周楚江是扬州刻书铺主人。民国六年(1917),嘉业堂刊刻《中书典故汇
纪》,由冯煦推荐扬州梓人周楚江承刻。现据诸书序跋及《求恕斋日记》《求
恕斋函稿》等记载,可确知周楚江所刻书籍,有《吴兴诗话》《春雪亭诗话》《渚
山堂词话》《中书典故汇纪》《味水轩日记》《校经室文集》《周易集义》等。

五、结语

道光年间,因陶澍改纲盐法为票盐法,扬州盐商的整体殒落已经不可避
免,但依然吸引着湖州南浔的丝商等外地商人来扬州投资盐业,在这一过程
中,亦有助扬州修茸园林之举。刘镛祖孙三代就是他们中的典型。此外,扬州
的雕版印刷及藏书依然兴盛,刘承幹嘉业堂、求恕斋的藏书、刻书等都与扬州
密切相关。

作者单位:扬州市文史馆

维扬俊彦

汪耀麟年谱 *

胡春丽

摘　要：汪耀麟是清初扬州学者，与弟懋麟并负诗名，惜生平不彰，罕有知者。兹以国家图书馆藏孤本汪耀麟《抱末堂集》为主要资料依据，旁征其诸多亲友、交游的别集、年谱、方志编纂而成《汪耀麟年谱》，运用文献学与历史学相结合的方法，将汪耀麟生平主要事迹、交游、著述等系年。

关键词：汪耀麟；年谱；《抱末堂集》；清初；扬州

明毅宗崇祯八年　乙亥（1635）　一岁

八月初三日，先生生。

详参拙文《国图藏孤本〈抱末堂集〉作者汪耀麟生平钩沉》之"生卒年考"。

明毅宗崇祯十七年　甲申（1644）　十岁

清兵屠扬州，仲兄振麟死于兵革。

汪懋麟《百尺梧桐阁诗集》卷六《刘庄感旧》："扬州甲申岁……中兄死兵革。"

清世祖顺治十一年　甲午（1654）　二十岁

是年前后，与弟懋麟、韩魏读书兴严寺。

汪懋麟《百尺梧桐阁文集》卷二《韩醉白诗序》："当予兄弟读书兴严僧舍，醉白欣然负书共学。"

清世祖顺治十三年　丙申（1656）　二十二岁

是年前后，与弟懋麟同受业于王岩之门。

王士禛《带经堂集》卷六十六《汪比部传》："君汪氏，讳懋麟，字季甪，后更号蛟门。……幼颖异殊常儿，与兄耀麟同受经长安王岩筑夫之门。筑夫宿儒，工古文，通经学。"

---

〔1〕　本文系国家社科基金重大项目"清代诗人别集丛刊"（项目编号：14ZDB076）之"汪懋麟全集"的阶段性研究成果。

汤右曾生。宫鸿历生。

清圣祖康熙三年　甲辰（1664）　三十岁

春，得弟懋麟自京师会试归信。

 《抱末堂集》卷一《喜蛟门舍弟将抵里门》有"闻道出京已十日，蒙阴县里寄书来"语。

  按，汪懋麟《百尺梧桐阁诗集》卷二甲辰稿有《出都咏怀三首》。

秋，移居爱园，宗元鼎有诗寄题。

 《抱末堂集》卷一《移居爱园四首》。

  按，宗元鼎《新柳堂集》卷三《寄题汪叔定蛟门爱园三首》题下注曰："叔定原序云：'甲辰秋，移居郡之东隅，后有小圃、轩楼、竹石，差可卧游，名曰'爱园'，盖以娱亲老也。'"汪懋麟《百尺梧桐阁诗集》卷二甲辰稿有《移居爱园二首》。

清圣祖康熙四年　乙巳（1665）　三十一岁

二月十六日，与孙枝蔚、杜濬、黄霖、王宾、鲁澜、汪士裕、弟懋麟等饮华衮春草堂。

 孙枝蔚《溉堂前集》卷六乙巳《花朝后一日同杜于皇黄雨相王仔园鲁紫漪汪夐岩叔定季角饮华龙眉春草堂》、汪懋麟《百尺梧桐阁诗集》卷三乙巳《集春草堂限韵》。

 嘉庆《扬州府志》卷三十《古迹志一》："（江都县）春草堂，华衮之居。"

旋与孙枝蔚、杜濬、王宾、汪士裕、弟懋麟等重集华衮春草堂。

 孙枝蔚《溉堂前集》卷八乙巳《同杜于皇王仔园汪叔定蛟门左岩重集华龙眉春草堂》、阮元《淮海英灵集》丁集卷二王宾《雨中重集春草堂》。

三月三日，与杜濬、吴嘉纪、孙枝蔚、黄霖、华衮、王宾、顾九锡、夏九叙、鲁澜、汪濬、汪士裕、汪楫、弟懋麟宴集见山楼。

 汪懋麟《百尺梧桐阁诗集》卷三乙巳《上巳杜于皇吴宾贤孙豹人黄雨相华龙眉王仔园顾思澹夏次功鲁紫漪家秋涧左岩叔定舟次诸兄集见山楼》、孙枝蔚《溉堂前集》卷二乙巳《上巳日同于皇宾贤湛若龙眉舟次仔园夐岩诸子集汪叔定季角爱园登见山楼》、吴嘉纪《吴嘉纪诗笺校》卷三《上巳集汪叔定季角见山楼分得风字》。

初夏，与汪楫、弟懋麟饮汪士裕宅。

汪懋麟《百尺梧桐阁诗集》卷三乙巳《同叔定舟次两兄饮左岩兄宅》。

方文自南京至扬州，为方文《四壬子图》题诗。

　　《抱耒堂集》卷一《题方尔止四壬子图》。

　　　　按，汪懋麟《百尺梧桐阁诗集》卷三乙巳《题尔止四壬子图》中有"客
　　　　从白门来，示我《壬子图》"。耀麟题诗亦当作于本年。

与方文、夏九叙、孙枝蔚、弟懋麟饮华衮斋中。

　　孙枝蔚《溉堂前集》卷六乙巳《夏日同尔止次功叔定季咠集饮龙眉斋中》。

六月十七日，与方文、华衮、孙枝蔚、弟懋麟饮王宾宜楼，请方文说杜诗。

　　孙枝蔚《溉堂前集》卷八乙巳《同尔止饮仔园宜楼下值龙眉叔定蛟门继
　　至诸子因请尔止说杜诗赋得听诗静夜分》、方文《嵞山再续集》卷四乙巳
　　《六月十七夜社集王仔园斋头赋得听诗静夜分》。

六月末，同方文、孙枝蔚、夏九叙、汪濬、汪士裕、汪楫、弟懋麟泛舟城西，观
河水初涨。

　　汪懋麟《百尺梧桐阁诗集》卷三乙巳《城西陂观涨同方尔止豹人次功家
　　湛若左岩叔定舟次作》、方文《嵞山再续集》卷二乙巳《汪左岩招同孙豹
　　人汪秋涧及令兄舟次叔定季咠泛舟红桥作》、孙枝蔚《溉堂前集》卷三乙
　　巳《汪复岩招同尔止湛若次功令弟舟次叔定季咠泛舟城西值河水初涨》。

立秋日，与方文、张珽、弟懋麟宴饮于爱园。

　　方文《嵞山再续集》卷一乙巳《立秋日汪叔定季咠招同张锟仲饮爱园》。

秋，与陈维崧、杜濬、孙枝蔚、冒襄、冒丹书、宗元鼎、黄霖、叶藩、许嗣隆、华
衮、吴晖吉、汪楫、汪士裕、鲁澜、夏九叙、弟懋麟宴集，分韵赋诗。

　　陈维崧《湖海楼诗集》卷二乙巳《感秋同杜于皇孙豹人冒巢民青若宗定
　　九王（黄）雨相叶桐初许山涛华龙眉吴晖吉汪舟次左岩叔定季咠鲁紫澜
　　夏次公分赋》。

七月七日，王士禛入京，作诗送之。

　　《抱耒堂集》卷一《咏怀呈王阮亭先生即送入京》。

　　　　按，王士禛《带经堂集》卷十八乙巳稿《七夕诸公集禅智寺祖道留别
　　　　二首》，耀麟诗亦当作于此际。

清圣祖康熙五年　丙午（1666）　三十二岁

二月，与沈泌、王宾、裴长龄、饶眉、弟懋麟泛舟红桥。

汪懋麟《百尺梧桐阁诗集》卷四丙午《同方邺仔园裴长龄饶白眉家兄叔
定红桥泛舟》。

吴麐之宝应,作诗送之。

《抱朿堂集》卷一《送吴仁趾》。

> 按,汪懋麟《百尺梧桐阁诗集》卷四丙午《送吴仁趾游白田兼简子静
> 二首》,耀麟诗亦当作于此际。

六月,与弟懋麟邀王士禄、孙枝蔚游康山。

王士禄《十笏草堂上浮集》卷三《丙集一》丙午诗《汪叔定季甪兄弟邀同
孙豹人游康山醉为短歌》。

乾隆《江都县志》卷四:"康山在新城内东南隅。"

七月,同孙枝蔚、韩魏、弟懋麟陪丘象升游扬州诸胜。

汪懋麟《百尺梧桐阁诗集》卷四丙午《丘曙戒侍讲招同豹人醉白家兄叔
定泛舟登平山堂用山色有无中为韵分得无字》、孙枝蔚《溉堂续集》卷一
丙午《初秋同汪叔定季甪韩醉白陪丘曙戒太史泛舟城西游诸园林过红桥
观荷晚登平山堂时河水大涨分韵得山色有无中五首》。

七月九日,丘象升过爱园,有诗赠耀麟兄弟。

丘象升《南斋诗集》五言古诗《七夕后二日过爱园赠汪叔定季甪》。

王士禄、丘象升同访耀麟兄弟于爱园,夜话。

丘象升《南斋诗集》五言古诗《爱园楼上与西樵汪叔定季甪夜话时西樵
先别怅然作》。

清圣祖康熙六年　丁未(1667)　三十三岁

孙枝蔚移居怀远坊,与耀麟爱园相近。

孙枝蔚《溉堂续集》卷一丁未七言古诗《移居怀远坊喜与汪叔定季甪爱
园相近》。

与弟懋麟游镇江诸胜,成《南徐唱和诗》一卷。

《抱朿堂集》卷一《鹤林寺》《拜米元章墓》《寄奴泉》《杜鹃楼》《竹林寺》
《招隐寺》《北固多景楼》《八公洞赠一苇孤屿两上人》《莲花洞》《枯木
堂访古上人不遇》《郭公墓》《焦山古鼎歌》。

> 按,镇江古称南徐,故名。汪懋麟《百尺梧桐阁诗集》卷五丁未《登
> 金山绝顶留云亭》《鹤林寺》《拜米元章墓》《寄题杜鹃楼》《竹林

寺》《招隐寺》《题招隐洞》《八公洞二首》《又题八公洞》《莲花洞》《九华山》《北固山》《焦山三首》《同叔定家兄登北固多景楼迟介夫游焦山不至时介夫为郡别驾招集万岁楼》《谒焦孝然祠》《焦山古鼎歌》《江风山月亭》《松寥歌》。

秋，王士禄归里，与程邃、刘长发、王宾、韩弋、华衮、弟懋麟集见山楼送之。

汪懋麟《百尺梧桐阁诗集》卷五丁未《同程穆倩祥其仔园熊师龙眉叔定家兄集见山楼再送西樵司勋分得六鱼》。

清圣祖康熙七年　戊申(1668)　三十四岁

与王宾饮凤翙堂，作诗赠之。

《抱耒堂集》卷一《凤翙堂醉歌赠王仔园》。

二月十七日，与计东、王岩、雷士俊、孙枝蔚、郭士璟、宗元鼎、王宾、刘梁嵩、程邃、孙默、华衮、韩魏、查士标、吴麐、许承宣、许承家、汪潜、汪士裕、弟懋麟宴集见山楼，分韵赋诗。

计东《改亭诗集》卷一《戊申二月十七日燕集汪蛟门见山楼下同王筑夫雷伯吁孙豹人郭饮霞宗定九王仔园刘玉少程穆倩孙无言华龙媒韩醉白查二瞻吴仁趾许师六许力臣汪湛若汪左岩汪叔定分韵限陶诗闻多素心人乐与数晨夕奇文共欣赏疑义相与析余分得相字》、雷士俊《艾陵诗钞》卷上《汪季角招饮分赋得心字》、孙枝蔚《溉堂续集》卷二戊申《春夜宴汪季角爱园分韵得晨字》。

暮春，同孙枝蔚、王宾、华衮、弟懋麟泛舟遇风，饮红桥酒家。

汪懋麟《锦瑟词》长调《水调歌头·暮春同豹人仔园龙眉叔定家兄泛舟遇风饮红桥酒家》、孙枝蔚《溉堂诗余》卷二《水调歌头·泛舟遇大风饮红桥酒家同华龙眉王有(仔)园汪叔定季角》。

夏日，与弟懋麟纳凉竹下。

《抱耒堂集》卷一《删园竹后与弟纳凉其下欣然有作》、汪懋麟《百尺梧桐阁诗集》卷六戊申《夏日刘园竹后同叔定家兄纳凉》。

五月，与杨岱、王宾、汪士裕、弟懋麟游宴。

汪懋麟《百尺梧桐阁诗集》卷六戊申《进艇同杨东子仔园左岩叔定两兄》。

夏六月，扬州河水决，继之地震。

《〔嘉庆〕扬州府志》卷七十："(康熙)七年夏六月，扬州地震。"汪懋麟《百尺梧桐阁诗集》卷六戊申《河水决》《地夜动》。

耀麟兄弟将上年同游镇江所作诗汇为《南徐倡和诗》一卷,宗元鼎为作序。

宗元鼎《新柳堂集》卷九《叔季南徐倡和诗序》(戊申存稿):"余里中以文艺驰声兄弟间者,莫如汪子叔定、季角。年来,余僻居东原,每入郡,必过汪子见山楼头,聆其友于吟咏声,真所谓士龙东头,士衡西头,此歌彼和者也。两君著述甚多,今见其丁未《南徐倡和》一集,觉大江诸名胜历历在目……叔定才思磊落,其飞腾固在旦夕,而季角已早登科目,异时仕各一方,回览兹集,安得不忆南徐一带兄弟握手时同咏'绿水桥边多酒楼'乎?"

清圣祖康熙八年　己酉(1669)　三十五岁

元宵节,父如江八十四生日,宗元鼎以词祝寿。

宗元鼎《新柳堂集》卷七《洞仙歌·为汪叔定蛟门祝太翁观澜先生初度》题下注曰:"己酉旧作,从笥中检出,复编于此,时己未秋日。"

暮春,与姜廷干、吴震生、刘梁嵩、宗元鼎、弟懋麟等宴集见山楼。

汪懋麟《百尺梧桐阁诗集》卷七己酉《姜绮季吴震生玉少定九夜集见山楼》、宗元鼎《新柳堂集》卷二《春夜宿汪叔定蛟门见山楼与刘次山同赋》。

弟懋麟将入都,与吴嘉纪、汪楫饯于见山楼。

汪懋麟《百尺梧桐阁诗集》卷七己酉《诸兄弟同友人携酒饯余见山楼下听妓度曲宾贤舟次家兄各赋绝句依韵率答二首》、汪楫《山闻诗·送季角弟试中书》。

送弟懋麟至河上。

汪懋麟《百尺梧桐阁诗集》卷七己酉《河上与叔定家兄别》。

五月一日,有诗寄怀弟懋麟。

《抱末堂集》卷一《五月一日移坐楼下雨中有怀舍弟》。

秋,方文卒,作诗哭之。

《抱末堂集》卷一《哭方盉山二首》。

按,据李圣华《方文年谱》"康熙八年己酉"条,知方文秋病卒。

除夕,弟懋麟有诗相寄。

汪懋麟《百尺梧桐阁诗集》卷七己酉《除夕寄家兄叔定》。

清圣祖康熙九年　庚戌(1670)　三十六岁

元宵节,父如江八十五生日,宗元鼎再填《洞仙歌》为寿。

宗元鼎《新柳堂集》卷七《洞仙歌·隔年元宵日曾以洞仙歌为叔定蛟门祝
太翁观澜先生初度顷复献岁又转时蛟门入试中秘复和前韵寄寿并索叔定
再和》。

暮春，弟懋麟返里，赵有成招饮郭北园亭，与孙枝蔚、华衮、俌燮辰、弟懋麟同
赋席上果蔬及园中花草。

《抱耒堂集》卷一《席上咏物六首同孙豹人作》、孙枝蔚《溉堂续集》卷三
庚戌《赵子淑招饮郭北园亭同华龙眉俌燮辰汪叔定季角赋席上果蔬及园
中花草》。

宗元鼎有诗相赠耀麟兄弟。

宗元鼎《新柳堂集》卷二《赠汪蛟门中翰兼赠叔定》。

同孙枝蔚、华衮、高铣为王宾小辋川题诗。

孙枝蔚《溉堂续集》卷三庚戌《题王仔园小辋川同华龙眉高小却汪叔
定作》。

三、四月间，曹尔堪归嘉善，作诗送之。

《抱耒堂集》卷一《送曹顾庵学士归嘉善》。

按，陈昌强《曹尔堪年谱》下"康熙九年"条："（三月）十八日，先生同汪
楫、吴嘉纪、孙枝蔚、吴麐、王概晚集于天宁寺杏园，共用七遇韵，分赋五
言古体八韵。"知曹尔堪本年三月在扬州。

夏九叙之东淘，作诗送之，并简吴嘉纪。

《抱耒堂集》卷一《送夏次公之东淘并简吴野人》。

弟懋麟再赴都，作诗送之。

《抱耒堂集》卷一《送季弟入都》。

五月，与弟懋麟抵淮阴，晤许之渐、许承宣、许承家，舟中夜话。

汪懋麟《百尺梧桐阁诗集》卷八庚戌《淮阴逢许青屿侍御力臣师六舟中
夜话》。

于河口、甘罗城下，两与弟懋麟别。

汪懋麟《百尺梧桐阁诗集》卷八庚戌《河口别家兄叔定》《甘罗城下再与
家兄别》。

秋，弟懋麟得家书，有诗相寄。

汪懋麟《百尺梧桐阁诗集》卷八庚戌《得家书》《得家书感怀寄叔定家兄》。

韩魏之杭州,作诗送之。

《抱耒堂集》卷一《送韩醉白之杭州》。

释弘储回灵岩寺,作诗送之。

《抱耒堂集》卷一《送退翁和尚回灵岩》。

清圣祖康熙十年　辛亥（1671）　三十七岁

元宵节,父如江八十六初度,宗元鼎仍用前韵祝寿。

宗元鼎《新柳堂集》卷七《洞仙歌·与公趾叔定蛟门论交有年矣己酉庚戌俱赋洞仙歌祝太翁观澜先生初度而叔定蛟门皆有和章辛亥初春蛟门以中翰官都门公趾叔定奉亲养志因仍用前韵为祝兼索叔定再和并寄蛟门和之》。

弟懋麟在京,互有诗往还。

汪懋麟《百尺梧桐阁诗集》卷九辛亥《移寓寄叔定家兄和来韵二首》。

清圣祖康熙十一年　壬子（1672）　三十八岁

元宵节,父如江八十七生日,宗元鼎叠前韵为寿。

宗元鼎《新柳堂集》卷七《洞仙歌·自己酉及辛亥三年间元夕俱以洞仙歌为观澜先生代眉寿之祝兹复壬子同人以先生里中硕德豫为叔定进九衮之觞余仍谱前歌为寿兼寄蛟门索长安和章》。

秋,与汪楫秋闱下第,弟懋麟寄诗相慰。

汪懋麟《百尺梧桐阁诗集》卷十壬子《叔定舟次两兄下第寄诗慰之》。

九月十一日,三兄兆麟卒,年四十。

汪懋麟《百尺梧桐阁文集》卷五《亡兄汪公趾墓志铭》:"抵家,疾发,遂不起,年止四十,实十一年九月十一日也。兄讳兆麟,字公趾,吾父封公第三子。"

秋九月,弟懋麟病中梦得十二砚,因名其斋曰"十二砚斋",先生赋诗为赠。

《抱耒堂集》卷二《十二砚斋诗》。

按,汪懋麟《百尺梧桐阁文集》卷三《十二砚斋记》:"壬子秋九月,余清羸卧疾,梦入黄庭,四面列大几,几上古砚多不可以数计,墨光滢滢,爰取其十二。……觉于枕上,赋诗纪梦,喜而名其斋。……乃属秀水朱子锡鬯书其额以志吾斋云。"

冬,弟懋麟有诗相寄。

汪懋麟《百尺梧桐阁诗集》卷十壬子《喜雪有怀家园寄叔定兄》。

周亮工卒。

清圣祖康熙十二年　癸丑（1673）　三十九岁

正月，为宗元鼎别墅题诗。

《抱末堂集》卷一《新岁寄题宗梅岑别墅》。

　　按，宗元鼎《新柳堂集》卷首"赠言"亦载此诗，题作《汪北阜癸丑新岁寄宗梅岑东原草堂》。

七月二十二日，王士禄卒，作诗哭之。

《抱末堂集》卷二《哭王西樵司勋四首》。

　　按，施闰章《学余堂文集》卷十九《吏部考功司员外郎王君墓碑》："予友王子西樵先生居母夫人丧，以康熙癸丑七月二十二日疾卒于家，年四十八。"

八月十一日，母李氏卒，作《哀诗》八章。

施闰章《学余堂文集》卷二十四《汪母李太孺人诔》："江都汪舍人懋麟母李太孺人，以康熙十二年癸丑八月十一日卒于家，得年七十有七。……舍人与其兄耀麟又各有《哀诗》八章，余读之涕零。"

清圣祖康熙十三年　甲寅（1674）　四十岁

八月三日，四十初度，宗元鼎填词贺寿。

宗元鼎《新柳堂集》卷七《月宫春·甲寅八月三日为汪北阜初度》。

九月九日，与徐乾学、孙枝蔚、姜宸英、程邃、弟懋麟宴饮于见山楼。

汪懋麟《百尺梧桐阁诗集》卷十二甲寅《九日原一豹人姜西溟叔定家兄饮见山楼和豹人韵》、孙枝蔚《溉堂续集》卷五甲寅《九日汪叔定季甪招饮见山楼同程穆倩姜西溟徐原一》。

扬州知府金镇修复平山堂，同纪映钟、邓汉仪、程邃、孙枝蔚、李湘、宗元鼎、宗观、华衮、顾九锡、许承家、黄云、刘彦度、江闿、柳长载、汪楫宴集金镇署斋。

《抱末堂集》卷二《郡伯金长真先生修复平山堂落成燕集》、汪楫《山闻后诗·金郡伯招同纪檗子邓孝威程穆倩孙豹人李涪源宗定九鹤问华龙眉顾临邢许师六黄仙裳刘彦度越辰六柳长载家叔定集署斋》、孙枝蔚《溉堂续集》卷五《赴金长真太守宴赋谢》。

清圣祖康熙十四年　乙卯（1675）　四十一岁

春，父如江九十初度。张英、孙枝蔚、吴嘉纪、宗元鼎、徐釚、徐乾学、沈胤范等均有祝寿诗文。

汪懋麟《百尺梧桐阁文集》卷七《告先考文》："乙卯之春，吾父年跻九十。孤等无状，幸不见绝于当代贤人君子，远近称觞上寿，书币盈庭。"

臧眉锡之任鲁山知县，以诗送之。

《抱末堂集》卷二《送臧介子之任鲁山》

按，汪懋麟《百尺梧桐阁诗集》卷十三乙卯《送臧介子令鲁山》，耀麟诗亦当作于本年。

五月，与弟懋麟游江宁，往弘济寺访蒲公。

汪懋麟《百尺梧桐阁诗集》卷十三乙卯《弘济寺同叔定家兄访蒲公二首》。

五月，与周在浚、弟懋麟泛舟秦淮看灯船。

汪懋麟《百尺梧桐阁诗集》卷十三乙卯《秦淮灯船歌同雪客叔定家兄作》。

秋七月，沈胤范卒，作诗吊之。

《抱末堂集》卷二《吊沈康臣比部》。

按，汪懋麟《百尺梧桐阁文集》卷五《刑部广西清吏司主事沈君墓志铭》："康熙十四年秋七月，闻吾友沈君肯斋殁于官。……君讳胤范，字康臣，又字肯斋。世为绍兴山阴人。"

九月九日，与周体观、徐乾学、史鹤龄、程邃、邓汉仪、倪灿、江闿、汪楫、弟懋麟游平山堂。

周体观《晴鹤堂诗钞》卷十五《重九泛舟平山堂用杜老夔州九日原韵三首》、汪懋麟《百尺梧桐阁诗集》卷十三乙卯《九日同周伯衡观察原一子修两编修穆倩孝威倪暗公江辰六叔定舟次两兄泛舟游平山用少陵夔州九日诗韵得三首》、江闿《江辰六文集》卷十《九日同伯衡健庵子修三君暗公穆倩孝威叔定舟次蛟门诸子泛舟登平山堂用少陵夔州九日韵诗》、汪楫《山闻后诗·重九日同周伯衡给谏徐健庵史子修两太史倪暗公程穆倩邓孝威江闿诸同学家叔定兄蛟门弟登平山次少陵夔州九日韵三首》。

自题《梅花月下小像》，汪楫、孙枝蔚、宗元鼎、徐乾学、周体观、释宗渭均为题诗。

《抱末堂集》卷二《自题梅花月下小像》、汪楫《山闻后诗·题叔定四兄梅月图》、孙枝蔚《溉堂续集》卷五乙卯《题汪叔定小像图中独坐梅花下看月》、宗元鼎《新柳堂集》卷七《暗香·罗浮晓月词题汪北阜小影》、徐乾学《憺园文集》卷六《题汪叔定小像》、周体观《晴鹤堂诗钞》卷十六《汪叔定小像二首》、释宗渭《芋香诗钞》卷二《题广陵汪叔定小照》。

宗元鼎代冒巢民妾金钥题《双栖图》相赠。

宗元鼎《新柳堂集》卷六《代冒姬题双栖图赠北阜》。

清圣祖康熙十五年　丙辰（1676）　四十二岁

春，父如江九十一初度，宗元鼎赋诗祝寿。

宗元鼎《新柳堂集》卷四《丙辰春日为观澜太翁先生寿用宋人齐年宴集韵并用其原诗末二句足成盖取其句中乐事年年共为庆也》。

首春，与乔出尘、弟懋麟游海陵，晤冒襄、王仲儒、王熹儒、李国宋，相与品诗谈画。

汪懋麟《百尺梧桐阁诗集》卷十四丙辰《海陵寓园晤冒巢民以蔡金两少君所画古松春燕笺扇及芥茗见贻长句为谢》，冒襄《同人集》卷七《丙辰海陵倡和》载《杜门七载不下堂者亦二年矣旧游无复见存者丙辰春蹒跚至海陵遇蛟门舍人于城西梅花阁下品诗谈画水乳针磁长啸掀髯不殊畴昔即以长歌见赠不揣依韵属和心伤才尽语见者神凄应全忘其老丑也》、同卷《丙辰海陵倡和》载汪耀麟《丙辰春日吴陵寓中喜晤巢民先生兼出二女史画册扇幅种种奇妙因攫双栖图为玩报以长歌以砆碫而易琼玖贵贱恐不相敌耳惟先生教之》与乔出尘《丙辰早春过海陵得晤巢民先生暨王景州汪叔定汪蛟门王歙州李汤孙诸子》。

有诗赠冒巢民妾蔡含。

《抱末堂集》卷二《赠冒巢民姬人蔡女罗》，中有"春风二月海陵时，曾把丹青说蔡姬"语。

三月三日，与程师俭、黄元治、汪郢上、弟懋麟游登平山堂。

《抱末堂集》卷二《与黄自先泛舟游平山》、汪楫《山闻后诗·三月三日程师俭招同黄自先汪郢上家叔定蛟门泛舟登平山堂得诗十八韵》。

为吴绮看弈轩题诗。

《抱末堂集》卷二《题吴薗次看弈轩》。

为汪琬《尧峰杂咏》题诗。

《抱耒堂集》卷二《题钝翁尧峰杂咏四首》。

四月,与弟懋麟同过宝应,访乔莱乐志堂,作诗赠之。

《抱耒堂集》卷二《题乔石林舍人乐志堂二首》、汪懋麟《百尺梧桐阁诗集》卷十四丙辰《新夏过子静乐志堂三首》。

五、六月间,平山堂真赏楼第五泉亭落成,有诗纪事,弟懋麟、汪楫均有和韵诗。

汪懋麟《百尺梧桐阁诗集》卷十四丙辰《平山真赏楼第五泉亭落成和叔定家兄韵四首》、汪楫《山闻后诗·平山堂落成次叔定兄韵四首》。

六月,弟懋麟将之京,过宝应,与李振裕、李棟、陈钰同饮乔莱乐志堂。

汪懋麟《百尺梧桐阁诗集》卷十四丙辰《将之京同叔定家兄饮乐志堂对月留别李维饶起士陈冰壑子静共享十蒸三首》、李振裕《白石山房稿》卷二《夏夜乔石林约汪叔定陈冰壑集乐志堂限韵送汪蛟门舍人北上予以事阻补诗二首仍用十蒸韵》。

有诗咏乔莱柘溪草堂。

《抱耒堂集》卷二《柘溪草堂歌为石林舍人》。

夏,与彭孙遹、孙默、朱立臣、李良年集汪楫宅。

李良年《秋锦山房集》卷五《汪舟次招集同骏孙无言立臣令弟叔定》。

李念慈赴荆州,作诗送之。

《抱耒堂集》卷二《送李屺瞻明府之荆州》。

> 按,李念慈《谷口山房诗集》卷十四"从军集一"注曰:"丙辰春,乃自请檄催饷下维扬过夏,八月暂下金间,逾月即返,仍还楚。"知李念慈本年以催饷过扬州。

有诗赠宗观。

《抱耒堂集》卷二《竹瓦歌为宗鹤问》。

为袁骏《负母看花图》题诗。

《抱耒堂集》卷二《题袁重其负母看花图》。

汪士裕之官太湖教谕,作诗送之。

《抱耒堂集》卷二《送左岩二兄之任太湖》。

> 按,汪懋麟《百尺梧桐阁诗集》卷十五丁巳《左岩兄之太湖学官余时在都下未及相送今年抵家连得来书作此奉寄兼以述别即示舟

次兄》。

十二月五日,父如江卒于家,年九十一。宗元鼎为诗挽之。

宗元鼎《新柳堂集》卷四《汪太翁观澜先生挽章二首》。

按,施闰章《学余堂文集》卷二十《汪觉非先生墓志铭》:"公讳如江,字观澜。……以康熙十五年十二月五日正襟而逝,得年九十一。"

清圣祖康熙十六年 丁巳(1677) 四十三岁

施闰章为如江志墓。

施闰章《学余堂文集》卷二十《汪觉非先生墓志铭》:"公讳如江,字观澜。……以康熙十五年十二月五日正襟而逝,得年九十一。公生于明万历十四年正月二十一日,元配李宜人,先公三岁卒,内阁大学士益都冯公志其墓。"

汪楫之任赣榆教谕,作诗送之。

《抱耒堂集》卷二《送舟次弟赴郁洲学官》。

按,汪懋麟《百尺梧桐阁诗集》卷十五丁巳《舟次二兄之赣榆学官既作序送之复命作诗得二十八字》。

夏,弟懋麟避暑平山堂,作诗寄之。

《抱耒堂集》卷二《季弟避暑平山先简四绝句后至山中与陶季深续成八首》。

按,汪懋麟《百尺梧桐阁诗集》卷十五丁巳《避暑平山堂漫兴十二首》、孙枝蔚《溉堂续集》卷六丁巳《汪季甪避暑平山堂之真赏楼次宗鹤问韵奉寄》,知耀麟诗作于本年。

六月七日,与宗观、孙默、孙枝蔚、程邃、邓汉仪、黄云、范国禄、陶季、王宾、华衮、弟懋麟等游平山堂,登真赏楼,拜欧阳修木主。即毕,饮酒堂上。

汪懋麟《百尺梧桐阁诗集》卷十五丁巳《六月七日泛舟登平山堂作歌同宗鹤问孙无言豹人穆倩孝威仙裳汝受陶季仔园龙眉家兄叔定》、孙枝蔚《溉堂续集》卷六丁巳《汪季甪舍人与令兄叔定招同程穆倩邓孝威宗鹤问陶季深华龙眉范汝受王仔园家无言泛舟至平山堂登真赏楼楼有欧阳公木主与诸子展拜既毕乃饮酒堂上各赋七言古诗一首时予初归自豫章幕中登览唱和之乐二年来所未有也》、阮元《淮海英灵集·丙集》卷三载范国禄《汪舍人懋麟招同程邃孙枝蔚邓汉仪宗元鼎陶澄王宾华衮泛舟登平山堂》。

金镇卸任扬州知府三年,复来摄两淮盐运事,作《竹马歌》奉赠。孙枝蔚、弟懋麟亦有和诗。

> 孙枝蔚《溉堂续集》卷六丁巳《金驿宪去郡三年复来摄两淮盐运道事和汪叔定竹马歌奉赠》、汪懋麟《百尺梧桐阁诗集》卷十五丁巳《长真观察向守扬州有惠政民戴之去郡三年复来摄两淮都转事倾城欢迎余时避暑平山堂闻之作歌》。

八月十三日,金镇祀欧阳修于平山堂,招客赋诗,与邓汉仪、方亨咸、徐乾学、宗观、华衮、许承家、黄云、李柟、王翰臣、刘彦度、赵声伯、孙默、弟懋麟等同赋诗。

> 孙枝蔚《溉堂续集》卷六丁巳《观察金长真以丁巳八月十三日祀欧阳子于平山堂招客赋诗予亦与焉诗限体不拘韵同程穆倩杜于皇盛珍示邓孝威方邵村徐原一宗鹤问华龙眉许师六黄仙裳汪叔定季用李倚江王翰臣刘彦度赵声伯家无言宾主共十九人》。

秋,鹤林道士归齐云山,作诗送之。

> 《抱末堂集》卷二《送鹤林道士归齐云》有"八月九月秋气添,白露已过霜未严"句。

读《长庆集》,有诗志感。

> 《抱末堂集》卷二《雨中读长庆集二首》。

施闰章六十生日,寄诗为寿。

> 《抱末堂集》卷二《寄施愚山大参二首》。

除夕,同弟懋麟拜父母遗像,皆有诗。

> 汪懋麟《百尺梧桐阁诗集》卷十五丁巳《除夕拜两大人像感涕成六百字同叔定家兄作》。

清圣祖康熙十七年 戊午(1678) 四十四岁

正月,闻王士禛以户部尚书郎擢翰林侍讲,作诗寄贺。

> 《抱末堂集》卷三《闻阮亭先生以户部尚书郎特召翰林侍讲奉寄》。
>
> > 按,惠栋《渔洋山人自撰年谱注补》卷下"康熙十七年戊午"条:"正月,奉旨召对懋勤殿,明日谕内阁:户部王士祯(禛)诗文兼优,着以翰林官用,改侍讲,未任,转侍读。"

有诗题韩文适楷书卷后。

《抱耒堂集》卷三《题韩文适先生楷书卷后》。

二月五日,与王宾、乔莱、夏九叙、弟懋麟登平山堂,晚过许承家浔园小酌。

　　汪懋麟《百尺梧桐阁诗集》卷十六戊午《二月五日同仔园子静次功叔定
　　家兄登平山堂晚过师六浔园小酌因怀力臣同用春字得二首》、许承家《猎
　　微阁诗集》卷二《春二月同乔石林坐浔园值王仔园汪叔定蛟门夏次功自
　　平山晚过痛饮得春字》。

季春,与弟懋麟抵昆山,饮徐乾学花溪草堂。

　　《抱耒堂集》卷三《饮徐健庵赞善花溪草堂同用花溪二字为韵》、汪懋麟
　　《百尺梧桐阁文集》卷二《净业堂诗序》：“康熙十七年戊午暮春,来游于
　　吴,徐子健庵馆余花溪之上。”

过华山,遇毕牧长老,作诗赠之。

　　《抱耒堂集》卷三《华山遇毕牧长老即别有赠》。

过天平山,拜范仲淹墓。

　　《抱耒堂集》卷三《天平山拜范文正公墓》。

九月九日,与夏九叙、徐衡、萧龙章、弟懋麟等登平山堂。

　　汪懋麟《百尺梧桐阁诗集》卷十六戊午《九日泛舟登平山堂同次功辰玉
　　萧云五叔定家兄二首》。

清圣祖康熙十八年　己未（1679）　四十五岁

二月十九日,与刘彦度、弟懋麟从观音山回,坐浔园小阁观梅。

　　许承家《猎微阁诗集》卷二《二月十九日偕彦度叔定蛟门诸子观音山回
　　坐浔园小阁观梅和叔定口占四绝》。

宗元鼎赴京吏考,遇于宝应客店,有诗送别宗元鼎。

　　宗元鼎《新柳堂集》卷三《宝应县客店别汪北阜并寄蛟门舍人》。

在宝应湖边,与王牧之别。

　　《抱耒堂集》卷三《宝应湖边与王牧之别》。

七月十八日,弟懋麟赴阙,别于甘罗城黄河堤上。

　　汪懋麟《百尺梧桐阁遗稿》卷一己未稿《七月十八日与叔定家兄别于甘
　　罗城黄河堤上用东坡郑州西门外马上寄子由韵》。

中秋,弟懋麟有诗寄怀。

　　汪懋麟《百尺梧桐阁遗稿》卷一己未稿《历亭中秋和苏子由南京寄东坡

韵有怀家兄叔定》。

冬,选辑汪子祜《石西集》,并作跋。

> 汪子祜著,汪耀麟选辑《汪氏家集·石西集》卷末耀麟跋云:"先生之诗,不始自壬子迄于甲申,而诗之存止于是,中间凡三十三年,前十八年又缺其三年之诗,后十五年诗仅得二年而已,流传残阙,不可复收拾,惜哉。……己未冬,族兄武山,先生元孙也,奉尊人士倩先生遗命,欲刻而传诸世,苦烦重,不能尽载,属余择其精者存之,十得二三,计诗如干首,分为六卷。"

清圣祖康熙十九年　庚申(1680)　四十六岁

元夕,招同冒丹书、饶眉、韩魏、王维翰饮临街小楼观灯,有怀弟懋麟。

> 孙枝蔚《溉堂后集》卷三庚申《元夕汪叔定招同冒青若饶白眉韩醉白王丰垣饮临街小楼观灯兼有怀令弟季角》。

冒襄七十,作文祝寿。

> 冒襄《同人集》卷十二《七十寿言》载汪耀麟《匿峰行为巢民先生七十寿》。

清圣祖康熙二十年　辛酉(1681)　四十七岁

孙枝蔚有诗寄怀。

> 孙枝蔚《溉堂后集》卷三辛酉《寄怀汪叔定》。

赵随视榷扬州,和弟懋麟韵赠之。

> 《抱末堂集》卷三《赵雷文仪部视榷扬州奉简三首和蛟门韵》。
>> 按,《〔乾隆〕江南通志》卷一百五:"(扬州钞关)赵随,浙江人,进士,康熙二十年任。"

陪田雯赴西庄看牡丹。

> 《抱末堂集》卷三《陪田纶霞学使西庄看牡丹二首》。

清圣祖康熙二十一年　壬戌(1682)　四十八岁

春,喜遇乔莱于南京,时乔莱主广西乡试还。

> 《抱末堂集》卷三《白下喜石林编修粤西使还》。

张英假归桐城,舟过扬州,作诗送之。

> 《抱末堂集》卷三《张梦敦学士假归桐城舟过扬州奉送二首》。

陈维崧卒。

清圣祖康熙二十二年　癸亥(1683)　四十九岁

汪楫出使琉球,作诗送之。

《抱末堂集》卷三《送悔斋检讨出使琉球五首》。

有诗赠叶封。

《抱末堂集》卷三《赠叶井叔司城》。

吴绮入粤访吴兴祚，作诗送之。

《抱末堂集》卷三《和韵送蔺次入粤访吴制府》。

按，汪超宏《吴绮年谱》"康熙二十二年癸亥"条："初夏，启程往广州访吴兴祚。"

乔出尘归里，作诗送之，兼怀汤右曾。

《抱末堂集》卷三《送乔疑庵兼怀汤西厓》。

为孙枝蔚《采药图》题诗。

《抱末堂集》卷三《题豹人采药图》。

与胡会恩同舟渡京口。

《抱末堂集》卷三《与胡孟纶中允同舟渡京口》。

有诗和汤右曾《纳凉》韵。

《抱末堂集》卷三《纳凉一首和西厓》。

与汤右曾、乔出尘同过渔湾草堂。

《抱末堂集》卷三《渔湾草堂同西厓疑庵作》。

尤侗归里，途次扬州，以《归兴》诗见示，次韵送行。

《抱末堂集》卷三《尤悔庵太史以归兴诗见示次韵奉送》。

宗元鼎有诗赠耀麟子荃。

宗元鼎《新柳堂集》卷六《赠汪民长秀才即吾友北阜嗣君也二首》。

清圣祖康熙二十三年　甲子（1684）　五十岁

春三月，以廷对赴京，宗元鼎作诗送之。

宗元鼎《新柳堂集》卷四《送汪北阜廷对北上》。

过李家庄，见韩魏题壁诗。

《抱末堂集》卷三《李家庄见醉白题壁》。

四月至京，弟懋麟偕汪霦出郭相迎。

汪懋麟《百尺梧桐阁遗稿》卷六甲子稿《叔定家兄入京同朝采出郭相迎抵寓即事得二首》。

有诗呈梁清标。

《抱耒堂集》卷四《呈大司农真定梁公》。

与弟懋麟、汪霂等过万柳堂看雨。

《抱耒堂集》卷四《胡西曹邀同季甪东川过万柳堂看雨》。

与弟懋麟、汪霂等游丰台看芍药,饮王熙怡园。

汪懋麟《百尺梧桐阁遗稿》卷六甲子稿《同叔定兄东川弟与诸友人之丰台看芍药饮王相国山庄用西崖所书扇上柘溪诗韵》。

与汪士鈜晤于京师。

《抱耒堂集》卷六《家文升翰林以朝回诗见寄兼惠手书叙旧率笔奉答》,诗中注曰:"余与文升兄弟相晤于蛟门京邸,今十五年矣。"

六月,弟懋麟为《见山楼诗集》作序。

汪懋麟《百尺梧桐阁文集》卷二《见山楼诗集序》:"今年四月,兄以明经入对,携所为诗八卷命予次第。……康熙甲子六月序。"

八月四日,三兄兆麟元配欣氏卒。

汪懋麟《百尺梧桐阁文集》卷五《亡兄公趾元配欣氏安人墓志铭》:"予兄公趾既殁之十有三年,安人卒,时康熙二十三年八月四日。安人姓欣氏,扬州人。……得年四十有八。"

秋,在京,与张贞定交。

张贞《杞田集》卷一《爱园倡和诗集序》:"余交桀莪在甲子之秋,虽后觉堂十年,而欢若平生,未尝少别,良以相期之久、相望之切,故一见莫逆,不自知其倾盖非故也。"

　　按,张贞《杞田集》卷二《江都韩醉白五十寿序》:"康熙甲子,余游京师。……一日,饮比部汪君邸舍。"知张贞本年游京师,两人定交。

九月十三日,弟懋麟罢归,与之同舟返里。

《抱耒堂集》卷四《季甪弟罢归同舟南返四首》、汪懋麟《百尺梧桐阁遗稿》卷六甲子稿《九月十三日还山四首》。

途中,弟懋麟劝饮,以诗戏答。

《抱耒堂集》卷四《季甪劝饮戏答》。

阻风不得达济上,有诗简韩魏。

《抱耒堂集》卷四《阻风不得达济上简醉白》。

舟阻皂河口,闲步堤上。

《抱朿堂集》卷四《舟阻皂河口闲步堤上用东坡黄河诗韵》。

有诗题王岩遗像。

《抱朿堂集》卷四《题王筑夫先生遗像》。

冬,抵家,有诗志感。

《抱朿堂集》卷四《抵舍》,中有"三月春深悔去乡,冷冷冰雪洒归装"句。

吴嘉纪卒。

清圣祖康熙二十四年　乙丑(1685)　五十一岁

以《元日立春》诗寄弟懋麟。时弟懋麟暂居白田。

汪懋麟《百尺梧桐阁遗稿》卷七乙丑稿《叔定家兄以元日立春诗见寄和原韵》。

弟懋麟更号觉堂。

汪懋麟《百尺梧桐阁遗稿》卷七乙丑稿《更号觉堂答客问》。

正月十五,弟懋麟有诗相寄。

汪懋麟《百尺梧桐阁遗稿》卷七乙丑稿《元夕寄家兄》。

正月,自扬州至白田,为弟懋麟庆生。

汪懋麟《百尺梧桐阁遗稿》卷七乙丑稿《家兄来白田为余作生日口占谢之》。

二月,弟懋麟归里,将抵郡郭,有诗。

汪懋麟《百尺梧桐阁遗稿》卷七乙丑稿《归舟将抵郡郭二首》。

暮春,张贞来访,为其《浮家泛宅图》题诗。

《抱朿堂集》卷四《题张杞园浮家泛宅图》。

按,张贞《杞田集》卷一《爱园倡和诗集序》:"余乙丑南来,访两先生于家,执手话旧,数共晨夕。"汪懋麟《百尺梧桐阁遗稿》卷七乙丑稿《张杞园自安丘来访余郊园相与游宴数日即送之南行归舟再遇同令子兔公泛舟红桥复留余小斋盘桓不忍别于其归也赋四诗为赠感君缠绵远顾而余之倾写亦至矣》,知张贞本年至扬州,与汪氏兄弟游宴数日。

为吴嘉纪《遗稿》题诗。

《抱朿堂集》卷四《题野人遗稿》。

顾图河有诗相寄,和韵答之。

《抱荌堂集》卷四《和顾书宣见寄韵》。

有诗和弟懋麟韵。

《抱荌堂集》卷四《泛舟和觉堂韵用东川起句》。

题《寄云楼图》吊施闰章。

《抱荌堂集》卷四《题寄云楼图吊愚山先生》。

宫鸿历之山东,作诗送之。

《抱荌堂集》卷四《送友鹿之山东》,中有"我昨北走经山东,山深佳气何
郁葱"句。

为顾图河《春江草堂图》题诗。

《抱荌堂集》卷四《题书宣春江草堂图》。

五月五日,冒襄以妾玉山子所画薛稷《十一鹤图》属题,为题诗。

冒襄《同人集》卷十"乙丑倡和"载《乙丑端阳玉山闺人以湘箑摹画薛少
保十一鹤觇节为书少陵五言古诗于上仍依韵题和一首》,后附汪耀麟《巢
翁先生以玉山夫人十一鹤属题即用杜起句并韵》。

按,汪懋麟《百尺梧桐阁遗稿》卷七乙丑稿《题巢民姬人玉山子画薛
少保十一鹤用杜韵》,亦见《同人集》卷十。

九月,曹贞吉之徽州府同知任,过扬州,作诗送之。

《抱荌堂集》卷四《送曹实庵司马》,中有"双旌九月过扬州,问讯红桥上
小舟"句。

按,汪懋麟《百尺梧桐阁遗稿》卷七乙丑稿《喜升六至即奉送之官徽
州和西厓韵》,知曹贞吉本年过扬州。

汪士裕补沛县教谕,作诗送之。

《抱荌堂集》卷四《送左岩兄》。

按,民国《沛县志》卷十:"(教谕)汪士裕,号左岩……二十四年,补
沛学教谕。"

汪楫归新安展墓,作诗送之。

《抱荌堂集》卷四《次韵送悔斋归里展墓》。

按,汪楫《京华诗·将之新安展墓蛟门叠韵赠行六叠前韵留别》。

十一月,弟懋麟十二砚斋落成,作诗纪之。

《抱荌堂集》卷四《十二砚斋落成》。

按,汪懋麟《百尺梧桐阁文集》卷三《后十二砚斋记》:"十二砚斋,
何以名也? ……居士之砚,梦也;斋,亦梦也。……居士之梦,壬
子之八月。居士之斋之成,乙丑之十一月,凡十有四年。……斋居
爱园见山楼之西。"

自署读书之堂曰"抱耒堂",顾图河为题诗,弟懋麟为文记之。

《抱耒堂集》卷四《自题抱耒堂四首》、顾图河《雄雉斋选集·次韵题汪叔
定抱耒堂》。

按,汪懋麟《百尺梧桐阁文集》卷三《抱耒堂记》:"吾兄叔定自署其
读书之堂曰'抱耒',属予为之记。懿哉,吾兄之名堂也! 耒,耕之具,
得矣;曰'抱耒',耕之志,一矣。"

清圣祖康熙二十五年　丙寅(1686)　五十二岁

正月初七,同韩魏、弟懋麟等游平山堂。

汪懋麟《百尺梧桐阁遗稿》卷八丙寅稿《人日同骏霞醉白叔定家兄游
平山》。

正月,弟懋麟生日,作诗祝寿。

《抱耒堂集》卷四《觉堂生日》。

饮吴绮种字林,以诗题赠。

《抱耒堂集》卷四《饮听翁种字林即题奉赠》。

与弟懋麟游白田,登宝应城楼独眺。

《抱耒堂集》卷四《宝应城楼独眺》。

按,汪懋麟《百尺梧桐阁遗稿》卷八丙寅稿《饮留云堂酒竟以空尊返
之戏题二绝》,知懋麟本年亦至宝应。

与李宗孔、弟懋麟等登法海寺平楼。

汪懋麟《百尺梧桐阁遗稿》卷八丙寅稿《同李都谏闵程二居士叔定家兄
登法海寺平楼和都谏韵》。

二月二日,宗元鼎有怀耀麟兄弟。

宗元鼎《新柳堂集》卷一(南京图书馆藏)《二月二日独步小亭怀北皋蛟门
并阮子月樵》。

二月十六日,与弟懋麟、宗元鼎、顾图河饮十二砚斋。

顾图河《雄雉斋选集·汪蛟门比部招集十二研斋次宗丈梅岑韵》、宗元鼎

《新柳堂集》卷一(南京图书馆藏)《二月十六日入郡北阜觉堂留饮十二研斋次早觉堂以和韵诗来兼索再和仍迭前韵简北阜和之》。

三月三日,作《桃花行》。

《抱耒堂集》卷四《桃花行》中有"乙丑之春三月三……今年重来"句。

旋与弟懋麟、史申义、顾图河、宗元鼎、荆揩、汤右曾、阮士悦过顾图河春江草堂看桃花,款留信宿,作《续桃花行》。

《抱耒堂集》卷四《续桃花行》题下注曰:"书宣招过春江草堂看桃花,款留信宿,因续《真州桃花行》,即和原韵以谢。"

　　按,阮元《淮海英灵集》乙集卷二顾图河《汪北阜觉堂史蕉饮见过荒村看桃花淹留信宿宗丈梅岑亦至自东原同集者为荆慈卫阮月樵汤石臣限用祃韵》。

与傅宏、汪洋度、韩魏、顾图河、弟懋麟饮南楼。

汪懋麟《百尺梧桐阁遗稿》卷八丙寅稿《自远招同文冶醉白书宣家兄叔定饮南楼夜半有自瓜渚送黄鱼至者烹啖极欢口占得第四句醉未就也自远补成因依韵和足之》。

四月,孙枝蔚生日,次弟懋麟韵祝寿。孙枝蔚次韵答谢。

孙枝蔚《溉堂后集》卷六丙寅《生日酬汪叔定次令弟韵见赠诗》。

　　按,汪懋麟《百尺梧桐阁遗稿》卷八丙寅稿《八载不为豹翁上寿今年生日两人在家都暇口占为祝》。

清圣祖康熙二十六年　丁卯(1687)　五十三岁

徐崧游杭州,作诗送之。

《抱耒堂集》卷四《送徐松之游武林》。

袁景星归粤西,以诗送之。

《抱耒堂集》卷四《送密山银台》。

　　按,汪懋麟《百尺梧桐阁遗稿》卷九丁卯稿《泛舟送密山归粤西和自远韵》,知袁景星本年至扬州,旋返粤西。

吴绮游淮阴,作诗送之,兼呈鲁超。

《抱耒堂集》卷四《送听翁游淮阴兼呈鲁谦庵》。

汤右曾入京,作诗送之。

《抱耒堂集》卷四《九言诗送西厓入京》。

五月,杜濬至扬州,互有诗赠答。

　　《抱朿堂集》卷四《答杜茶邨》。

　　　　按,汪懋麟《百尺梧桐阁遗稿》卷九丁卯稿《茶邨枉过和见投原韵》
　　　　（时五月四日）、杜濬《变雅堂遗集》卷三《丁卯客维扬汪蛟门见招谈
　　　　燕之作》,知杜濬本年五月至扬州。

史申义入京会试,作诗送之。

　　《抱朿堂集》卷四《送史蕉饮入京》。

顾图河送乌米,作诗志谢。

　　《抱朿堂集》卷四《谢书宣送乌米》。

孙枝蔚卒。

清圣祖康熙二十七年　戊辰（1688）　五十四岁

二月六日,与顾图河、郝乾行、汪洪度、汪洋度、弟懋麟宴饮赋诗。

　　汪懋麟《百尺梧桐阁遗稿》卷十戊辰稿《二月六日点灯会客偶咏东坡冷
　　烟湿雪梅花在留得新春作上元之句即事写情邀书宣乾行于鼎文冶叔定家
　　兄同作即用坡公韵》。

与郝乾行、汪洪度、汪洋度、弟懋麟寺园看梅。

　　汪懋麟《百尺梧桐阁遗稿》卷十戊辰稿《乾行邀同于鼎文冶叔定家兄寺
　　园看梅再用东坡韵》。

乔莱纵棹园落成,和其原韵赠之。

　　《抱朿堂集》卷四《和石林侍读纵棹园落成韵》。

　　　　按,汪懋麟《百尺梧桐阁遗稿》卷十戊辰稿《和石林园林落成韵》,知
　　　　耀麟诗作于本年。

春,刘谦吉出守思南,作诗送之。

　　《抱朿堂集》卷四《送刘六皆出守思南即和留别韵二首》。

　　　　按,蒋棨《天涯诗钞》卷四戊辰《刘六皆守思南和韵送之》,耀麟诗亦
　　　　当作于本年。

四月十一日,弟懋麟卒于家。

　　王士禛《带经堂集》卷六十六《汪比部传》:"既得疾,弥留……口占二
　　绝句云云,大笑,呼'奇绝'而逝,实康熙二十七年四月十一日也,年止
　　五十。"

舟行,有诗忆亡弟懋麟。

　　《抱末堂集》卷四《舟行忆觉堂》中有"去年六月□城路"句。

为乔莱纵棹园题诗。

　　《抱末堂集》卷四《题纵棹园》,题下注曰:"谓蛟门亡弟"。

刘长发卒。

清圣祖康熙二十八年　己巳(1689)　五十五岁

二月三日,同黄元治、顾图河、韩魏携酒至平山堂,浇弟懋麟墓,感叹成诗。

　　顾图河《雄雉斋选集·二月三日微雪同自远叔定醉白携酒至平山浇觉堂
　　居士墓感叹成诗并请三君属和》。

春,乞冯溥为弟懋麟作传。

　　张贞《杞田集》卷六《汪君蛟门传》(代):"戊辰冬,君凶问至。……次年
　　春,君之兄叔定布书具状乞予传其生平。叔定名耀麟,与蛟门并以诗文雄
　　海内,世所称'二汪'者也,遂为之传。"

　　　　按,此传为张贞代冯溥作。

读苏辙《栾城集》,有诗志感。

　　《抱末堂集》卷五《读栾城集感题四首》。

过京口,有诗忆故人。

　　《抱末堂集》卷五《京口忆故人》,诗中注曰:"丁未,同亡弟游南徐,今二
　　十三年矣。"

过尧峰,访汪琬。

　　《抱末堂集》卷五《过尧峰访钝翁兄》。

汪虬入都,作诗送之。

　　《抱末堂集》卷五《送云声弟入都》。

顾有孝卒,作诗吊之。

　　《抱末堂集》卷五《挽顾茂伦》。

梁佩兰归南海,遇于扬州,作诗送之。

　　《抱末堂集》卷五《送梁药亭翰林归南海》。

魏麟征之杭州知府任,作诗送之。

　　《抱末堂集》卷五《送魏苍石之任杭州》。

　　　　按,民国《杭州府志》卷一百一《职官》三:"(杭州府知府)魏麟征,

溧阳人,进士,二十八年任。"

过宝应,乔子丹亲家留宿斋中。

《抱朴堂集》卷五《初入柘溪访乔子丹亲家留宿斋中》。

乔莱自造一舟,名曰"云装烟驾",索题诗。

顾图河《雄雉斋选集·乔侍读新制一舟命曰云装烟驾之舫自赋四律索叔定醉白及余属和次韵寄题并呈王方若乔无功致能介夫》。

有诗寄梁清标。

《抱朴堂集》卷五《奉寄相国真定梁公》。

冬,高士奇自京师罢归,过扬州,互有诗赠答。

《抱朴堂集》卷五《送高詹事归钱塘》、高士奇《归田集》卷一己巳《答汪叔定》。

方象瑛游扬州,与江闿、韩魏陪饮,互有诗赠答,兼嘱方象瑛为弟懋麟志墓。

《抱朴堂集》卷五《江辰六刺史招同醉白陪方渭仁编修编修云蛟门亡弟曾为题健松斋归检遗稿即于灯下次韵奉简》。

按方象瑛《健松斋续集》卷九《答汪叔定见简用令弟蛟门健松斋赠诗韵》诗中注曰:"君属余志蛟门墓。"

清圣祖康熙二十九年　庚午（1690）　五十六岁

许承家招集猎微草堂,张灯设乐,饮海棠花下,各赋诗。

《抱朴堂集》卷五《许耒庵太史招集猎微草堂张灯设乐饮海棠花下各赋七言长句一首得尤字》。

黄元治之大理任,作诗送之。

《抱朴堂集》卷五《送自先之任大理》。

有诗呈徐乾学。

《抱朴堂集》卷五《呈昆山徐大司寇》,题末注曰:"时设书局于洞庭山。"

为徐秉义耘圃题诗。

《抱朴堂集》卷五《题徐果亭先生耘圃》,中有"扁舟六月过吴淞,甲第峥嵘列几重"句。

喜晤程邃。

《抱朴堂集》卷五《喜晤垢道人》。

汪琬卒。

清圣祖康熙三十年　辛未(1691)　五十七岁

二月四日,过淮安谒客。

《抱末堂集》卷五《二月四日过淮谒客回舟中简白田先生》。

喜乔出尘病目复明,作诗兼赠刘湘南。

《抱末堂集》卷五《喜疑庵病目复明兼赠刘湘南》。

梁清标寄以匏杯、滇茶,作诗谢之。

《抱末堂集》卷五《真定相国以匏杯滇茶见寄奉谢二首》。

徐乾学归里,作诗送之。

《抱末堂集》卷五《奉送相国昆山徐公归里二首》。

有诗呈江苏巡抚宋荦。

《抱末堂集》卷五《呈大中丞商丘宋公》。

秋,过虎丘,遇顾图河。

《抱末堂集》卷五《虎丘遇书宣》。

张贞复游扬州,耀麟请其为《爱园倡和诗集》作序。

张贞《杞田集》卷一《爱园倡和诗集序》:“越六年辛未,余再过维扬,觉堂即世,岁星已周,余服朋友之服,哭其墓上。入唁桀莘,相与登见山之楼,如睹颜色,如闻履声,徘徊俛仰,当飨而叹。桀莘出视《爱园倡和集》一帙,乃会粹兄弟平日酬赠之诗也,请为其序。”

冯溥卒。梁清标卒。徐元文卒。程邃卒。

清圣祖康熙三十一年　壬申(1692)　五十八岁

夜读白居易集。

《抱末堂集》卷五《夜读乐天集》。

汪霦以艰归,过扬州,与汪霦、吴山仑等游宴屡日。

《抱末堂集》卷五《陪家东川大司成与吴山仑诸君游宴屡日即事四首》。

汪霦、吴山仑作《过十二砚斋》诗,作诗和之。

《抱末堂集》卷五《和东川过十二砚斋韵》《和山仑过十二砚斋韵》。

汪霦以诗留别,作诗和之。

《抱末堂集》卷五《和东川留别韵》。

乔莱为《见山楼唱和诗》作序。

乔莱《归田集》卷一《见山楼唱和诗序》:“汪比部蛟门既卒之四年,其兄叔定编所著《唱和诗》凡数百篇,将授之梓,余读而悲焉。……余获交汪氏兄弟久,知其才相若也。……余既归田里,专事吟弄,使天假蛟门以年,余两人唱和,将追踪元白、皮陆所为,今不可得矣! 此余读是编而不能已于悲也。"

清圣祖康熙三十三年　甲戌(1694)　六十岁

九月九日,张贞再游扬州,为《爱园倡和诗集》作序。

张贞《杞田集》卷一《爱园倡和诗集序》:"因述我两姓游好始末,书诸卷后,姑存灼艾分痛之意。若夫诗之轮囷结轖,缠绵恻怆,读之增'友于'之重者,当世君子皆能道其所以,亦何待于余言? 桀莽解人,定当不昧斯语耳。康熙甲戌古重阳日,牟山张贞序于广陵僧舍。"

徐乾学卒。乔莱卒。吴绮卒。李良年卒。

清圣祖康熙三十四年　乙亥(1695)　六十一岁

过南京,遇方象瑛。

方象瑛《健松斋续集》卷十《白门遇汪叔定》。

方象瑛阻风燕子矶,过其舟中畅谈。

方象瑛《健松斋续集》卷十《泊燕子矶》《燕子矶阻风叔定过舟中快谈竟日》。

清圣祖康熙三十五年　丙子(1696)　六十二岁

夏,汪霦服阙还京,作诗送之。

《抱素堂集》卷六《送东川大司成入都感旧四首》。

按,庞垲《丛碧山房诗集》卷三丙子京集诗《徐胜力于崇效寺设席为汪东川洗尘招同人及雪法师相陪》,诗中所述为夏日景象,知汪霦本年夏还京。

清圣祖康熙三十六年　丁丑(1697)　六十三岁

四月,宫梦仁之官巡抚福建,作诗送之。

《抱素堂集》卷六《奉送海陵宫定庵先生巡抚福建》。

王先谦《东华录》"康熙五十九"条:"康熙三十六年……夏四月……己巳,以宫梦仁为福建巡抚,由通政使迁。"

七月,释原志圆寂,作诗哭之。

《抱素堂集》卷六《哭三峰硕和尚》。

病中,有杂咏诗。

《抱耒堂集》卷六《病中杂咏十首》,其一有"六十三年老病身,饥肠九日似雷鸣"句。

病起,有诗志感。

《抱耒堂集》卷六《病起十首》。

清圣祖康熙三十七年　戊寅(1698)　六十四岁

汪士鋐以《朝回诗》见寄,作诗答之。

《抱耒堂集》卷六《家文升翰林以朝回诗见寄兼惠手书叙旧率笔奉答》,诗中注曰:"余与文升兄弟相晤于蛟门京邸,今十五年矣。"

汪煜由贵州镇远县知县迁吏科给事中,作诗送之。

《抱耒堂集》卷六《送家道百黄门》,诗末注曰:"时由黔令内擢。"

延丰《重修两浙盐法志》卷二十五:"汪煜,字寓昭,号平斋,自新安迁钱塘。……康熙乙丑成进士,任贵州镇远令。……戊寅,迁吏科给事。"

冬十二月,李楠服阕还京,作诗送之。

《抱耒堂集》卷六《送少司空昭阳李公赴阙兼呈总宪新城王公大司农泽州陈公二首》。

按,王先谦《东华录》"康熙六十二"条:"(康熙三十七年戊寅……十二月)……壬寅,以李楠为工部右侍郎,原任。……丁未……转李楠为工部左侍郎。"

曹贞吉卒。宗元鼎卒。

清圣祖康熙三十八年　己卯(1699)　六十五岁

是年,卒于扬州里第。

《抱耒堂集》卷首李天祚序:"先生殁,今已十七年,蛟门前先生殁十一年。……康熙丙申季冬除夕前一日,筠冈李天祚。"汪懋麟卒于康熙二十七年四月,推之,知耀麟卒于本年。同书卷首子汪荃识语:"自府君下世,今十有七年。……康熙丙申三月男荃敬识。""康熙丙申"为康熙五十五年(1716),逆推十七年,亦可知耀麟卒于本年。

汪楫卒。

作者单位:复旦大学出版社

末世的风雅

——清末北湖代表诗人阮充风流儒雅与诗词印话

阮衍喜

摘　要：清末北湖诗人阮充寄兴湖山，肆力于诗，先后刻印《云庄诗存》《云庄题赠录》《北湖竹枝词》《渌湖竹枝词》《赤湖杂诗》等。他的诗继承了扬州北湖诗自吴绮、范荃、徐石麒以来淡泊高远的传统，又有创新开拓，注重用竹枝词等形式，表现湖乡的历史风貌、人文风情、自然风光。每次刊刻，必有众多省内外诗友题赞咏叹，在当时影响颇大。他还存有《云庄印话》，实是研究清代印学不可忽略之书。另著有《云庄文集》《碧香吟馆笔谈》《北湖耆旧集》，俱失传。

关键词：阮充；北湖；风雅

清末扬州北湖有一个诗人，以风流儒雅而著称，他的诗"诗笔超秀，诗境宕逸"[1]，脍炙人口，一时纸贵；他为人恬淡隽雅，闲适悠然，即便后来烽烟弥漫，兵乱连连，他依然相约诗友，在湖上深处渔歌樵唱，赏荷闻香，并从春种秋收、乡土风情中发现美、表现美，在末代乱世之中固守了古代文人高逸超凡的风雅。

这个人就是北湖公道桥的阮充（1822—1892），字实斋，号云庄，别署碧香吟馆主人，阮元的从弟。他因病弃试，后来毕生寄兴湖山，肆力于诗。他的诗得阮元"教益为多"，阮元"教其讨论汉魏唐宋诸家，故于体格精且备焉"[2]，不但继承了扬州北湖诗自吴绮、范荃、徐石麒以来淡泊高远的传统，又有创新开拓，注重用竹枝词等形式，表现湖乡的历史风貌、人文风情、自然风光。他有《云庄诗存》五卷《云庄题赠录》四卷《云庄唱和录》两卷《北湖竹枝词》[3]《渌

---

[1]　梁章钜：《云庄诗存诗评》，阮充《云庄诗存》，《扬州文库》第 92 册，广陵书社 2015 年版，第 445 页。

[2]　吴清鹏：《云庄诗存诗评》，阮充《云庄诗存》，《扬州文库》第 92 册，第 445 页。

[3]　《北湖竹枝词一卷》，有清道光二十七年刻本，藏中国科学院大学图书馆。顾一平辑《扬州竹枝词》（广陵书社 2020 年版）收录。

湖竹枝词》《赤湖杂诗》等诗集,皆收入《扬州文库》。人民文学出版社 1998
年版《扬州历代诗词》选录了他 120 首诗词。他还存有《云庄印话》,另著《云
庄文集》四卷、《碧香吟馆笔谈》二卷、《北湖耆旧集》六卷,俱已失传。

一、湖山养疴,《北湖竹枝词》惊艳四方

阮充出生在北湖公道的一个世家大族,这个家族自明末迁居公道尚不足
两百年,已出过四个文武进士、众多举人生员。除了最杰出的人物阮元,人称
一代文宗,阮充的祖父阮金堂,字宣廷,也是高才宿学,"为一乡之望,载在郡
志"[1];父亲阮鸿,绩学工诗,以孝友闻,曾跟随阮元在山东、浙江学政任上,校
士勤慎,弊绝风清,四十岁后隐于家,著书课子。阮鸿先后共生三子九女,晚年
67 岁方得阮充,可谓晚年得子,众星捧月。

阮充承其家学,年幼便聪慧勤奋,工诗善书。1838 年,他曾为阮元所建的
北湖耆旧祠作铭并序,写得典雅有致,收于《北湖续志》,此时他才十三虚岁。
1840 年,其兄阮克、阮先陪阮元游万柳堂,又走长江回到仪征看桃花,15 岁的
阮充步阮元诗韵,和诗两首,首发雏声。

> 优游泮奂写深情,邀赏云山烂漫晴。养福林泉天锡兴,尘襟快涤一心
> 清。
> 诗人载咏木兰舟,浩渺烟波二礼洲。江岸桃花湖岸柳,风光如此足消
> 愁。[2]

阮元湖上的万柳堂长出并蒂莲,镇上的桑榆别业开出重台莲花,阮充
1841 年为两瑞作七律《重莲唱和诗》。此作一出,因其"独标一格,不落言诠",
扬州诗坛顿起波澜,仪征著名的诗人、画家汪廷儒首先爱而应和,"一时邗上名
公和章云集"。两年后,应众人的要求,为"省传写之烦"[3],《重莲唱和诗》及
和诗,与另一首《秋灯唱和》诗及众多和诗,一同编入《云庄唱和录》刻印刊行。

---

〔1〕 李允洵:《云庄诗存》序,阮充《云庄诗存》,《扬州文库》第 92 册,第 445 页。
〔2〕 阮元等撰:《柳堂春泛图诗钞三种》,《扬州文库》第 84 册,广陵书社 2015 年版,第 264 页。
〔3〕 阮充:《重莲唱和诗》序,《云庄唱和录》,《扬州文库》第 84 册,第 278 页。

《重莲唱和诗》可以说是阮充的成名作,此时阮充年方 16 岁。

凌波独占露华鲜,一朵齐开相府莲。佩影摇初日丽云,棠锦簇晚晓风妍。

分栽池馆都成瑞,小有楼台合住仙。只恐鸳鸯三十六,怜花香重不能眠。[1]

1842 年春暮,阮充赴真州参加童试,这是他人生第一场,也是最后一场科举应试。17 岁的阮充在仪征突然得病咳血,只得弃试而归,自此绝意试场举业,湖山养疴。回到公道湖上,他几乎走遍北湖的山山水水,徜徉波光云影之中,于是走一处咏一处,"爱即湖干景物,成绝句三十六首",所歌所吟多北湖"乡村之事"[2],所以阮充将这组诗名之曰《北湖竹枝词》。

明清以来,扬州的文人雅士喜好竹枝词,作品蔚为大观,不过咏吟扬州郡城风物的竹枝词多,专题咏赞北湖风情的自阮充始。《北湖竹枝词》三十六首,唱赞了九龙冈、横冶山、雕菰楼、珠湖草堂等北湖的名胜风光,如"九顷波宽赤岸滨,苍烟人望渺无津。秋风来往蒲帆饱,多是银鱼撒网人"[3];描写了公道镇三八逢集、水上小瓜皮艇、甘泉山求雨、渔船射鸭等北湖人文风情,如"三月四月柳阴齐,两岸黄莺恰恰啼。买个瓜皮对河去,避风庵外绿萋萋"[4];还称颂了湖上各有绝技的诗人、画家,如画家范章桐,贫而工书,善画芦雁,是清初著名北湖诗人范石湖的裔孙,"范氏挥毫似米颠,赤贫有笔大如椽。怪他写就黄庭帖,不换笼鹅只换钱"[5]。

《北湖竹枝词》给当时的诗坛带来清新之风,人们对这位少年诗人"卅六篇传绝妙词,养疴不惜苦吟诗"[6]倍加称赞,一时间推崇为诗坛少主持,"风流

---

〔1〕 阮充:《云庄唱和录》,《扬州文库》第 84 册,第 279 页。
〔2〕 阮充:《北湖竹枝词》自序,顾一平辑录《扬州竹枝词》,广陵书社 2020 年版,第 147 页。
〔3〕 阮充:《北湖竹枝词》之七,顾一平辑录《扬州竹枝词》,第 148 页。
〔4〕 阮充:《北湖竹枝词》之五,顾一平辑录《扬州竹枝词》,第 148 页。
〔5〕 阮充:《北湖竹枝词》之二十八,第 150 页。
〔6〕 徐廷珍:《北湖竹枝词》题词,顾一平辑录《扬州竹枝词》,第 146 页。

儒雅亦吾师,几辈骚坛作主持。一卷新词遍传诵,游人争唱竹枝词"。[1]1847年刊印之时,阮元、阮亨为之作序,阮元在序中说:"云庄五弟年未冠,颇肆力于诗,近以二竖灾暂辍,然湖山怡适,气体日充,虚心讲求,就正名流,是所望于后来之精且富也。"吴清鹏、毕光琦等三十余位远近诗人为之题词,其中王法曾的题赞真切刻画了少年阮充吟湖飘逸的形象:"春日闲行曲湖曲,湖光潋滟波如玉。忽闻湖上唱歌来,歌声起处绝尘俗。歌遍三十六湖春,竹枝杨枝一齐绿。"[2]

二、江左觞咏,五卷《云庄诗存》一代风流

大约在二十岁之前,阮充娶妻吕氏,并于1846年七月生子小庄。老宅狭小,阮充在公道桥镇西筑云庄别业,大概位于今公道老医院的北边,那时这里还面湖邻水,"三十六陂烟水外,开门终日看青山"。[3]他请九华山僧明俭画《云庄图》,遍邀江左好友题诗作文,钱塘诗人吴清鹏见而爱之,主动为此画署题。从此,他"杜门谢嚣,日手一编,昕夕以吟咏为事能"[4],有人很形象地说他"翩翩年少想丰标,到处诗情挂一瓢。湖上春云堤上月,竹枝不唱也魂消"[5]。十余年间集诗四五百首,后编为《云庄诗存》五卷。

他的诗,大凡吟赞名胜、凭吊古迹的,都能再现出古老的历史风貌,发端沉郁,寄意深远。文昌阁如今是扬州繁华之地标,阮充二十余岁作诗《早夏过文昌阁》:"门迎七曲水西流,绀宇恢新喜建修。瑞启图书崇上祀,躔分奎璧镇扬州。茭蒲夹岸飞苍鹤,藤蔓当阶卧紫虹。敢说名心销却尽,夕阳何恨独登楼。"[6]写下了当年文昌阁尚在河水上的景象,茭蒲夹岸,苍鹤暮飞,藤蔓当阶,紫虹斜卧。隔了几年,阮充又在《读文昌阁碑》诗中留下了文昌阁古碑旁野草丛生、暮蝉荒凉之画面:"古碑剥落一荒庭,野草芊芊地罕经。欲把新诗吊诗客,暮

〔1〕　钱宝昌:《北湖竹枝词》题词,顾一平辑录《扬州竹枝词》,第147页。
〔2〕　王法曾:《北湖竹枝词》题词,顾一平辑录《扬州竹枝词》,第147页。
〔3〕　张安保:《云庄诗存》题辞,《云庄诗存》,《扬州文库》第92册,第448页。
〔4〕　李允洵:《云庄诗存》序,《云庄诗存》,《扬州文库》第92册,第445页。
〔5〕　黄承吉:《云庄诗存》题辞,《云庄诗存》,《扬州文库》第92册,第447页。
〔6〕　阮充:《云庄诗存》,《扬州文库》第92册,第457页。

蝉吟处不堪听。"〔1〕他登南门城楼远眺,作《雪后登南楼》:"层楼高峙郡城隅,雪后登临景顿殊。当面山光排粉壁,举头天影澈冰壶。风吹烟雾孤帆过,日射琉璃万瓦铺。一带女墙闲倚遍,苍茫如对辋川图。"〔2〕平山堂、长春桥、瘦西湖、莲性寺、建隆寺、来鹤寺,倚虹园、隐园、史公祠,蜀冈晚眺、雷塘怀古、扬子江晚渡,等等,他几乎遍登郡城的名胜,写古迹之风貌,发思古之幽情。

他的诗,写湖上的风景,笔触超秀,意境清逸,才气独出,入趣幽远,如《晚泊》:"日落水平铺,云波漾彩凫。天排遥岸直,树拥一村孤。河险防秋汛,渔闲趁晚沽。扣舷歌未竟,明月上菰蒲。"〔3〕《珠湖櫂歌》:"爱他鸥鹭自萧闲,飞宿溪流湾复湾。何处渔人自吹笛,烟波三十六湖间。"〔4〕他将湖上王开益诗人的望湖草堂写得空灵神妙:"柴门常掩癖烟霞,湖水湖云画里家。幽梦愿为窗外鹤,一湾明月伴梅花""小雨初添平野绿,衔烟渔艇拍波来。知君爱听枝头鸟,杨柳桃花处处栽"。〔5〕《三十六湖春歌》写晴云、雨中、雪后的湖水波浪,畅快淋漓,有李长吉歌行体之神韵:

　　　　春云着水晕层碧,三十六湖烟脉脉。波光天影两相涵,分明万顷鳞文席。

　　　　东风一吹琉璃开,宝镜四射灵妃来。蛟龙得势矗然起,波涛激荡轰晴雷。

　　　　轻阴到处啼飞鸠,七十二涧销残雪。浴珠蚌彩散长空,飞虹直射青天月。

　　　　积雨潺潺水满陂,水禽拍水漾涟漪。蒲芽遍地潮初上,回忆开门看雨时。〔6〕

　　阮充与其兄阮元都写过大观楼诗。瓜洲的大观楼曾被列为瓜洲十景之一,清代定期在楼前江面上进行操演,称为"江楼阅武",场面十分壮观。每年

---

〔1〕　阮充:《云庄诗存》,《扬州文库》第 92 册,第 471 页。
〔2〕　阮充:《云庄诗存》,《扬州文库》第 92 册,第 463 页。
〔3〕　阮充:《云庄诗存》,《扬州文库》第 92 册,第 493 页。
〔4〕　阮充:《云庄诗存》,《扬州文库》第 92 册,第 480 页。
〔5〕　阮充:《云庄诗存》,《扬州文库》第 92 册,第 457 页。
〔6〕　阮充:《云庄诗存》,《扬州文库》第 92 册,第 476 页。

漕船入运河口的仪式也都在这里举办,阮元任漕运总督时在楼台督运,有诗一首:"高台日映海门红,扬子春江二月中。猎猎千帆开北固,幢幢一纛引东风。"阮充来的时候,大观楼已成危楼,他冒雪踏险,登上危楼,眺望夕阳下的大江,潮声如雷,寒雪似荻,古城一片荒草,渔舟掠来野鹰,苍凉悲壮之情尽显诗人对乱世的伤感:"危楼俯瞰白云隈,径仄城尖半草莱。返照入江帆影乱,西风吹雪荻花开。六朝王气余流水,八月潮声走怒雷。何处渔舟吹铁笛,披襟高唱野鹰来。"[1]

阮充还有一首写于 1840 年左右的诗,用《红楼梦》第三十八回潇湘妃子《咏菊》诗韵,题为《咏菊用曹雪芹韵》,被视为"一篇十分珍贵而又尘封已久的关于《红楼梦》作者的文献"[2]:

> 新霜痕里晓寒侵,篱下何人是赏音。傲骨最宜幽士伴,淡怀偏称野人吟。
> 一枝艳冷横秋色,三径香清写素心。相对相吟更相忆,重阳节后又而今。

阮充的咏菊诗,同《红楼梦》中的《咏菊》诗一样,写菊亦写人,除了赞美菊花"傲骨""淡怀""素心",更以菊花知音自居,用菊花衬托自己的"幽士"人品、"野人"情怀,正如吴世钰《云庄图记》所说的那样:"云庄先生以宰相贵介,不慕荣得,怡然焕然,日与古人相周旋。其性情之淡、学问之醇,有非士大夫所不能及。"此诗距《红楼梦》问世不及百年,作为曹雪芹创作《红楼梦》的一个重要佐证,别具一番意义。

《云庄诗存》中大量的觞咏酬唱诗,则显现了他作为北湖诗坛少坛主交游面的日益广泛、影响力的日渐提高,正所谓"北湖之烟水风月有所主持,夏吸碧筒之杯,冬集毡炉之会,春秋佳日,兰亭梓泽,觞咏怡情,殆无虚日"。[3]《云庄诗存》还有大量关于湖村风情、古镇风貌的诗,尤其众多描写阮元晚年所建万柳堂、桑榆别业、湖光山色阮公楼的诗篇,让人回味。因而《云庄诗存》在当

〔1〕 阮充:《云庄诗存》,《扬州文库》第 92 册,第 465 页。
〔2〕 杨抱朴:《一篇珍贵的关于〈红楼梦〉作者的文献》,《红楼梦学刊》2016 年第 6 辑。
〔3〕 林琴川:《云庄诗存》叙,阮充《云庄诗存》,《扬州文库》第 92 册,第 444 页。

时影响很大,计有四十余位当时的名流为之题辞作赞,卓有成就的楹联大家梁章钜称他"诗律谨严,诗笔超秀,诗境宕逸",清代著名鉴赏家吴荣光说他"胸次磊落,性情深挚,故诗笔直造古人",广陵学院的主讲范雨村评他的诗"清复古厚,当与其乡先辈吴蘭次、范石湖、徐坦庵诸先生并垂不朽"。河道总督乔松年赞其诗"清华朗润,风格翛然,如缫水丝,如吹玉笛,聆其远音,令人神往",在治河的行馆"挑灯细读",竟然"不厌百回"。江都诗人蒋超伯直接把阮充比作竹林七贤之一的阮籍:"从来江左称才薮,第一风流让竹林。"[1]

三、军务之余,汇萃集成《云庄印话》

咸丰三年癸丑岁(1853),太平军第一次攻占扬州,扬州郡乡的人又一次直接体验到动荡惊恐。阮充也就从这一年起,先后受到分巡淮海河务的兵备道梁佐中、两淮盐运使郭沛霖、代理两淮盐运使乔松年的邀请,参与军需、赈济诸务。他的诗里,自此有了"暮鸦已不闻,但闻哀鸿哀"的荒凉景象,还明确表达出乱世难为的失望心情:"蠲赈能几何,拯济难其才。"[2]或许正是基于对时事的看破,阮充反而能够带着乱世不乱心的从容。咸丰八年前后,太平军第三次进出扬州之际,他竟能由冬及春,潜心伏案,整理编成了《云庄印话》。[3]

阮充一向工书善画,又精篆刻,用他的话说"充于此道从事最久""幼习雕虫,粗知门径""往返仪、扬、高、邵",与篆刻高手张安保、张兰坡、吴熙载、胡培、林鸿、夏麟、赵福等朝夕讲论。1857年冬,趁避乱有暇,他着手整理十余年的所闻所见,并参阅诸书,汇集古今篆刻家的生平印艺,特别以清初篆刻鉴赏家周亮工所著的《印人传》为重点,如他自叙所云:"将古今能奏刀者搜罗汇萃,并检唐澂增辑周栎园侍郎《印人传》深有合于吾心者随笔疏记。近阅《宣和印史》、《朱闻印经》、《李斗画舫录》、先相国兄《挈经室集》诸书,并十数年往来知名之士,即就所闻所见抄录成帙,名之曰《云庄印话》。"

---

〔1〕 蒋超伯:《云庄诗存》题辞,阮充《云庄诗存》,《扬州文库》第92册,第450页。
〔2〕 阮亨:《忆绿杨哀扬州也和家南海原韵》,阮充《云庄诗存》卷四,《扬州文库》第92册,第488页。
〔3〕 本节相关《云庄印话》引文皆转引自金丹《〈云庄印话〉与清代扬州印坛》,西泠印社编《2014年第四届"孤山证印"西泠印社国际印学峰会论文集》,西泠印社出版社2014年版。

《云庄印话》计二卷，分为《集印叙文》《印人诗事》《镌印丛说》《印泥选制》等，重点介绍了扬州道光咸丰年间刻印的流派、名家，"扬州刻印，在道光间徽、浙两派并行不谬。其铮铮者首屈如熙载、菽生，卓然宝贵"。"熙载"说的是吴熙载，清代有名的篆刻家、书法家，包世臣的入室弟子，善书画，尤精篆刻。少时即追摹秦汉印作，后直接取法邓石如，得其神髓，发展完善了"邓派"篆刻艺术，在明清篆刻流派史上具有举足轻重的地位。"菽生"指的是甘泉林鸿，《云庄印话》又写作"林蕉生鸿"，阮元表弟，隐居不仕，专工刻印，著有一部《小碧琅馆印谱》，《云庄印话》保存了阮元归田后为其所作的序：

> 余童年用印倩毕，旋之刻一小田黄"阮元印"携入京师，随用六十年，不胜平漫，直至癸卯毁于火。次则门生陈曼生在余幕刻者最多，曼生与表弟林小溪同幕同旦夕，宜乎其多得曼石矣。曼生石一时推许，时奚铁生、王椒畦之画又同重一时，林氏《梅花屋》画卷在表侄（即菽生）处，故菽生专法曼生。曼生为余刻"阮氏琅嬛仙馆保藏印"，今只此一印存矣。

《云庄印话》有很多阮元用印刻石的第一手史料，如阮元大理石屏的刻款者名张兰坡："张肇岑，号兰坡，江都人。官按察司照磨，工篆隶，足迹几遍全国。喜金石文字，吾兄督滇时，大理石画镌刻皆出其手。有《石鼓斋印谱》。"张兰坡擅长治印，阮元的印章大多出自其手。在《石画记》中，阮元多次提到张兰坡，他不但在石屏上刻款，而且参与选石，如《石画记序》中提及："又余到点苍时，张氏兰坡为余亲至石屋选买数十幅。间有题咏，或持赠戚友，或儿辈乞去。又兰坡诸公在省肆买石，各请品题。余择其得古人诗画之意者，不假思索随手拈出，口授指画各与题识，付兰坡暨侄荫曾或镌或记，半不忆为谁之石。否则，各石虽有造化之巧，犹未凿破混沌。"

《云庄印话》还记载了许多印坛逸事，如《印人诗事》有云："板桥曾为先祖制'学圃'石印，绘赠墨竹巨幅，题云：'新竹高于旧竹枝，全凭老干为扶持。来年更有新生者，十丈龙孙绕凤池。'惜未入集中。"透露了公道阮氏与郑板桥的印画交集，也是现在可以见到的关于板桥长于刻印的最早记载。1920年，近代篆刻家吴隐汇辑《遁庵印学丛书》达25种十七卷，其中第八卷便是《云庄印话》，由此可见《云庄印话》是一部比较有价值的印学专著。

2014年第四届"孤山证印"国际印学峰会上，当代著名学者金丹在《〈云庄印话〉与清代扬州印坛》论文中，更是充分肯定了《云庄印话》的价值：

> 《云庄印话》一书流传不广，关于作者阮充知者亦寥，而此书对于研究清代印学实是不可忽略之书，其中不乏印人交游、印学流派及印学思想，特别是对扬州印人和活动于扬州的印人有较多的记载。本文对印人阮充其人生平及篆刻进行考证，并从《云庄印话》看清代扬州印坛，为清代篆刻史论的深入研究提供更多史料和研究空间。

四、烽火远隔，《渌湖竹枝词》《赤湖杂诗》两湖生色

太平军多次经过西山北乡，公道桥的人感到战乱杀戮已经逼近，纷纷向湖上深处逃遁。从咸丰九年（1859）到同治元年（1862）这四年间，阮充与其兄阮先带着一家老小，躲到了渌湖的陈屿嘴。

渌湖，即渌洋湖，在今扬州江都区西北艾陵湖东北，半入高邮界，湖水映绿，风光优美，"渌洋春水碧琉璃，渌洋春岸草萋萋"[1]。阮充把这里当作小桃源，全忘了湖外的狼烟兵燹，先着手整理旧稿，在此编成《云庄诗存》及《印话》《题赠录》《唱和录》，"杜门暂歇厌嚣烦，旧稿重删酌可存。鸡犬不惊烽火隔，此间合署小桃源"[2]。

阮充走遍了渌湖东西百里的水乡，从鲍庄、王庄、花园庄访到汊东、汊西、采菱港，"汊东汊西半属湖，荷花开处杂菰蒲"[3]，"鼎足相持各一村，鲍王庄址接花园"[4]。了然湖上的风土舆情后，1861年底，他咏成《渌湖竹枝词》四十首。词中既描写了渌湖水乡独特的风景，表现了乡民们勤劳平和的生活，"绿杨深处各成家，以水为田度年华。一领破蓑一枝桨，朝朝破浪去捞虾"[5]；也写出了齐唱秧歌《格垛多》的民俗，"田鼓喧阗更打锣，插秧时候笑声和。夕阳西下闻

---

〔1〕《渌湖竹枝词》之七，《扬州文库》第55册，第351页。
〔2〕《渌湖竹枝词》之二，《扬州文库》第55册，第351页。
〔3〕《渌湖竹枝词》之十一，《扬州文库》第55册，第351页。
〔4〕《渌湖竹枝词》之十，《扬州文库》第55册，第351页。
〔5〕《渌湖竹枝词》之三十四，《扬州文库》第55册，第353页。

歌起,聒耳新词《格垛多》"〔1〕。因而,《渌湖竹枝词》既是一幅渌洋湖动人的风景画,也是俗称篁陂的水乡风情图,一经传阅,让当时乱世中的诗友们耳目一新,纷纷叫好。

1863 年,太平军打到西山,公道一时又风声鹤唳。家在赤岸湖西岸的诗友王开益邀请阮充兄弟俩到望湖草堂避乱暂居。"诗人到处总关心,管领湖山几咏吟"〔2〕,阮充与其兄阮先又各得绝句三十首,编成《赤湖杂诗》。阮充既描写了湖上渔家远离战乱的宁静生活,"一叶扁舟水上家,卖鱼终岁足生涯。偶然烂醉新篘酒,不管城头咽暮笳";也抒发了自己躲进赤湖高隐尘外的闲适心情,"孟城甘邑最边乡,赤岸湖滨旧草堂。除却农渔无别事,未妨高枕咏沧浪"。

《赤湖杂诗》引发扬州诗友们再次聚焦北湖诗人阮充,艳羡赞叹的题诗纷至沓来:"词客骚人聚一时,吟成珠玉总堪师"〔3〕"烽火连宵共论文,几人雅致得如君"〔4〕"游踪到处俱题诗,儒雅风流擅一时。满眼烽烟都不管,自拈斑管赋新词"〔5〕。

作者原单位:扬州市邗江区人大常委会

〔1〕 《渌湖竹枝词》之三十一,《扬州文库》第 55 册,第 352 页。
〔2〕 黄宗彦:《赤湖杂诗》题词,《扬州文库》55 册,第 342 页。
〔3〕 常庆:《赤湖杂诗》题词,《扬州文库》第 55 册,第 341 页。
〔4〕 徐兆生:《赤湖杂诗》题词,《扬州文库》第 55 册,第 343 页。
〔5〕 芮德薰:《赤湖杂诗》题词,《扬州文库》第 55 册,第 342 页。

地域文学

平山堂诗词第一潮

明 光

摘 要：欧阳修为刘敞赴任扬州送行，作《朝中措》词，歌咏平山堂，赞颂刘敞是文章太守，劝导他及时行乐，即不要耽于仕宦而丢失诗酒风雅之乐。欧词专咏平山堂，还有着自我作祖的文化创新追求。刘敞到任扬州登临平山堂，赋诗寄呈欧阳修，实为酬答《朝中措》词；欧阳修又有唱和之诗，梅尧臣复和欧诗，形成平山堂诗歌第一潮的中心；王安石等数人的诗作则为其侧流余波。诸作品奠定了平山堂诗歌创作的内容方向、基本主题、核心意象。平山堂景象描写，以文章太守代表的文化内涵，成为历代平山堂诗歌不可或缺的题材、不断歌咏阐释的对象。

关键词：欧阳修；平山堂；《朝中措》；唱和；梅尧臣；王安石

歌咏平山堂的诗歌始于梅尧臣的诗作，时在北宋嘉祐元年（1056）二月。同年闰三月，此诗尚未及传播众口，即有第一首词作即欧阳修所作专咏平山堂的《朝中措》问世，并引发三人唱和，涌起平山堂诗词创作的第一潮。

一、源起欧词《朝中措》

欧词《朝中措》云：

> 平山栏槛倚晴空，山色有无中。手种堂前垂柳，别来几度春风。　　文章太守，挥毫万字，一饮千钟。行乐直须年少，樽前看取衰翁。[1]

正面歌咏平山堂确切无讹。此词最早由曾慥1146年编定的《乐府雅词》卷上所收，没有注明写作时间和缘由。[2]后来南宋初严有翼《艺苑雌黄》记载：

---

〔1〕 欧阳修：《文忠集》近体乐府，《四库全书》第1103册，上海古籍出版社1987年版，第322页。

〔2〕 曾慥辑，陆三强校点：《乐府雅词》卷上，辽宁教育出版社1997年版，第18页。

"（欧阳修）送刘贡父守维扬作长短句云：平山栏槛倚晴空，山色有无中。"[1]刘贡父即刘攽，但他未曾知扬州，故此条记述有误。然而南宋初年好几本书都摘引此条，流传较广。同时人傅干《注坡词》提到"金华刘原父出守维扬，公出家乐饮饯，亲作《朝中措》词"[2]。至南宋中期，周必大（1126—1204）完成于庆元二年（1196）的《欧阳文忠公集》"近体乐府"收此词，不久其子又添加复刻本，为四库全书、四部丛刊所收，其中此词均没有标题。后欧词部分被单独刻印流行，今流传有吴昌绶收藏的《景刊吉州本欧阳文忠公近体乐府三卷》，《朝中措》有标题作"送刘仲原甫出守维扬"[3]。同时或稍后黄昇编《唐宋诸贤绝妙词选》（胡德芳序写于1249年），将《朝中措》标题为"送刘原父守扬州"[4]。刘原父即刘敞，刘攽之兄。刘敞有知扬州之任，时在嘉祐元年（1056），"闰三月辛卯（初九），知制诰刘敞知扬州"[5]。

刘敞（1019—1068），字原父，一作原甫，号公是。庆历六年（1046）进士。欧阳修于皇祐元年（1049）初从扬州调至颍州，而刘敞该年恰因丁父忧居颍州，两人同在颍州，有诗歌唱酬，建立友谊。第二年，欧阳修就为刘敞父亲撰写墓志铭。不久，两人先后离开颍州，但联系不断，相知日深。约在1054年六月，两人同在开封任职，联系较密。1055年春夏间，仁宗皇帝偏袒犯事的宰相陈执中，不纳全体台谏官员要求严惩的上书。已任翰林学士的欧阳修遂上《论台谏官言事未蒙听允书》，支持罢免陈执中。仁宗还是不听，欧阳修请求外任以示抗议，仁宗居然批准，改欧阳修以翰林侍读学士、集贤殿修撰身份出知蔡州。诏令公布，朝议哗然，知制诰的刘敞也上书谏留欧阳修。一番斗争，仁宗皇帝让步，下旨罢免宰相陈执中，挽留欧阳修，恢复旧职。此事增进刘敞与欧阳修友谊。八月，刘敞与欧阳修先后出使契丹，欧阳修《重赠刘原父》记述道："忆昨君当使北时，我往别君饮君家。……醉中上马不知夜，但见九陌灯火人喧哗。归来不记与君别，酒醒起坐空咨嗟。自言我亦随往矣，行即逢君何恨邪。

〔1〕 胡仔：《苕溪渔隐丛话后集》卷二三，《苕溪渔隐丛话前后集》，清乾隆刻本。
〔2〕 刘尚荣校正，傅干著：《傅干注坡词》卷第一，巴蜀书社1993年版，第27页。
〔3〕 欧阳修：《景宋吉州本欧阳文忠公近体乐府三卷》，吴昌绶、陶湘辑《景刊宋金元明本词》，上海古籍出版社2012年版，第17页。
〔4〕 黄昇：《唐宋诸贤绝妙词选》卷之二，四部丛刊景明本。
〔5〕 李焘：《续资治通鉴长编》卷一八二，《四库全书》第317册，上海古籍出版社1987年版，第72页。

岂知前后不相及,岁月匆匆行无涯。"〔1〕出使途中两人亦有诗作往返。如刘敞
《逢永叔》:"绝域逢君水暂留,举杯相属问刀头。久持汉节旄空尽,独拜穹庐
死可羞。醉里岁华惊易老,愁边沟水怆分流。玉关生入知无恨,不愿张骞博望
侯。"〔2〕共同的出使经历更加深了两人的情感。两人于1056年初先后返回开
封,闰三月初五,欧阳修授判太常寺兼礼仪事;初九,朝廷恩准刘敞为回避表
兄王尧臣任宰相而出知扬州之请。两人出使归来数月即将分别,而刘敞将任
职的扬州正是欧阳修旧任之地,欧阳修必然又多一番感慨。傅干记载"公出
家乐饮饯,亲作《朝中措》词"〔3〕,那就是家宴送行,可见两人关系之密。

　　此时欧阳修离开扬州已七年多,也有些想念。欧阳修在扬州任职也就近
一年时间,具体的政绩史载不详,他践行其"为政宽简"〔4〕的施政理念,自称谨
遵前前任韩琦"遗矩"〔5〕,不生事扰民。在欧阳修看来,为民办事是官员本分,
理所当然;牵惹萦怀的只是登赏游宴的蜀冈平山堂! 送行词上阕就是蜀冈平
山堂景色以及思念的感怀。

　　首句"平山栏槛倚晴空",形容平山堂凌空矗立的气势。不要以为平山堂
本身高大巍峨、上耸云霄——它是堂不是高楼或层阁。其高乃因堂在蜀冈之
巅。而蜀冈也不高,不过几十米,但处于江淮平原上,也颇具山势,在诗人眼中
自是雄伟高大。此句所写,包含了两点平山堂本身的信息:一是此堂建造在
蜀冈,二是堂有栏槛。结合刘敞《再游平山堂》"强从宾客宴平台"〔6〕诗句,栏
槛应当是堂前平台的栏杆。次句"山色有无中"描述登堂凭栏远眺之景。堂
坐北朝南,所望之景重在江南诸山,"有、无"互相矛盾,但组合于此,形容江南
诸山似有若无,大者可见,小者若无,正显空灵之境,暗扣首句"晴空"。此句
本是唐代王维《汉江临泛》中的诗句:"江流天地外,山色有无中。"〔7〕描写透
过江上水气所见诸山的感受;欧阳修站在平山堂望江南诸山,中间相隔长江,
其场景与王维诗有近似之处,故直接搬用过来,而在"晴空"的背景之下,别显

〔1〕 欧阳修:《文忠集》居士集六,《四库全书》第1102册,第59页。
〔2〕 刘敞:《公是集》卷二三,《四库全书》第1095册,第593页。
〔3〕 刘尚荣校正,傅干著:《傅干注坡词》卷第一,巴蜀书社1993年版,第27页。
〔4〕 楼钥:《会稽县宽简堂记》,《攻媿集》卷五六,清武英殿聚珍版丛书本。
〔5〕 欧阳修:《与韩忠献王》,《文忠集》书简一,《四库全书》第1103册,第468页。
〔6〕 刘敞:《公是集》卷二五,第612页。
〔7〕 王维:《王摩诘文集》卷第九,宋蜀本。

"清空"而有别于王诗的"迷朦苍茫",可谓融合无痕,实为借鉴前人名句的成功范例。

三四句"手种堂前杨柳,别来几度春风",叙事抒情。欧阳修自述在堂前种下杨柳,使得扬州之忆、平山堂之忆更添一层个人特有的深婉情怀,垂柳年年新发、随风起舞飘荡的意象,又传递出春风扑面、生机自由的爽朗流丽,读来极为畅快。

上阕写扬州平山堂,由空间位置、形制、景色的描写转换到时间流逝的细节追问,诗人的昂扬精神为下阕豪迈文字蓄足了气势。

下阕转写对行者——新任扬州知州刘敞的称颂。刘敞博学,读书甚多,也很自负。《宋史·刘敞传》记载:"欧阳修每于书有疑,折简来问,对其使挥笔,答之不停手,修服其博。"[1]故欧阳修以"文章太守,挥毫万字,一饮千钟"三句写其人。自古以来,有较高文化修养的官员交往,看重的还是学问文章,官职是朝廷赋授的,而文章成就是自身努力获得的。"文章太守,挥毫万字",称赞刘敞学问深厚,才情横溢,兼之能喝酒,可比肩前代斗酒诗百篇的李白。这三句勾勒出新知州的才学、性情特点,评价甚高,也是欧阳修对好友的期许和器重。南宋初年傅干记载说:"议者谓非刘之才,不能当公之词,可谓双美矣。"[2]词作最后关照刘敞"行乐直须年少",并以己身对照,"樽前看取衰翁",此时欧阳修50岁,今人正是年富力强,但在古人看来已是半百,跨入暮年。此时欧阳修健康状态不佳,自43岁以来,与友人书信多次叙及身体畏风寒、目昏、病疲[3],可谓官运亨通但身体堪忧。欧阳修自称衰翁,欲行乐亦无力矣,洋溢着浓浓的人生易老、当及时行乐的思想,表现出作者乐观的人生态度。该词提出这点,还有劝慰刘敞消遣出朝外放带来不快情绪的用意:地方官远离政治中心,精神可以放松。

有人以为及时行乐是消极思想,这是思想逻辑有误。作为一种人生态度,及时行乐不是乐观精神吗?视其为消极思想,必当对及时行乐补加一句"不思进取"才能成立。因为及时行乐未必就是颓废不思进取,行乐与进取本身

---

[1] 《宋史》卷三一九,中华书局2011年版,第10387页。
[2] 刘尚荣校正、傅干著:《傅干注坡词》卷第一,第27页。
[3] 参见肖鹏、王兆鹏《欧阳修〈朝中措〉词的现场勘查与词意新探》,《北京大学学报(哲学社会科学版)》2018年第1期。

并不必然矛盾。再说，因个人志趣不同，其乐不一。欧阳修劝刘敞行乐年少，肯定排除粗俗不堪之乐，必定是"文章太守，挥毫万字"，清人黄苏的解说可谓正能量："君子进德敬业，欲及时也，无事不须在少年努力者。现身说法，神采奕奕动人。"[1]此解积极向上，毫无消极之思。不过，此解方向虽然正确，但过于拔高，不尽合欧词本意。本词之乐并不在此，其乐在平山堂也。平山堂本是游宴之地，是文人官员消遣世虑忧烦、雅集赋诗的快乐所在，代表着政务之余文士展现风雅潇洒的审美理想。

从全词思想结构来看，上阕描写、怀念平山堂，正为下阕提出及时行乐观点提供行乐的空间造景，下阕赞颂刘敞的三句话，也是预演刘敞作为文章太守在扬州平山堂行乐的具体场景，承平山堂高大景象而写人物儒雅豪迈气势；尾句直言行乐须年少，对平山堂人事活动作观念提升，突出中心。全词首尾照应，一气呵成，卒章显志。欧阳修劝刘敞行乐年少，乐在"文章太守，挥毫万字，一饮千钟"，哪里有半点颓废之思？

有个相关问题值得讨论：欧阳修此时怀念扬州为何独重平山堂？

欧阳修在扬州时修建了一堂二亭：平山堂、美泉亭、无双亭，并自认这些是可与前任（实际是前前任）韩琦媲美的业绩，所谓"独平山堂占胜蜀冈，江南诸山一目千里，以至大明井、琼花二亭。此三者拾公之遗以继盛美尔（大明井曰美泉亭，琼花曰无双亭）"[2]。蜀冈大明寺有泉水，甚美，欧阳修有《大明井水记》一文；扬州后土祠琼花，世所罕见，宋初即有名，经文人传唱，为扬州代表性意象之一；欧阳修也在琼花旁盖亭，名曰"无双"，不久还赋诗道："琼花芍药世无伦，偶不题诗便怨人。曾向无双亭下醉，自知不负广陵春。"[3]唯独在扬州及之后数年中，没有歌咏记述平山堂的文字。

也许欧阳修回首往事，发觉1048年竟没有为平山堂留下诗文，正好借送刘敞到扬州任职的机缘，以词专写平山堂，聊补当年遗憾，且补齐诗词文记咏一堂二亭。精粹醇厚的欧阳修断不会如此浅薄，仅因这个而独写平山堂。

考察《朝中措》词本身内容，要之三点：歌咏怀念平山堂、赞颂刘敞、劝导其做官无误学问风雅之乐。第三点才是该词命意所在。一堂二亭所代表甚或

〔1〕 黄苏：《蓼园词选》，程千帆主编《清人选评词集三种》，齐鲁书社1988年版，第29页。
〔2〕 欧阳修：《与韩忠献王》，《文忠集》书简一，《四库全书》第1103册，第468页。
〔3〕 欧阳修：《答许发运见寄》，《文忠集》外集六，《四库全书》第1102册，第432页。

引申的意象内容,哪个与该词命意最为相合呢?

无双亭,中心在花,虽可延伸联想到文人赏花活动,终究隔了一层;况且琼花传说与隋炀帝亡国江都有关,而韩琦在扬州采摘并蒂芍药的"四相簪花"故事此时还未出现。至于美泉亭,中心在大明寺泉水,不妨联想到喝茶者之清雅,但似觉又落赏花一筹。两者都不如平山堂这个游宴空间直接代表着人事活动来得直接明了,登堂凭栏,赏远山,沐春风,轻折柳,饮美酒,纵才情,好不自由潇洒,故形象表达词之命意,二亭的代表性、表现力均较弱,唯平山堂最为典型。或曰,正是源于平山堂内涵与及时行乐的同一关系,欧阳公独记平山堂。

或还有更深的追求。一堂二亭,固是欧阳修所建,但二亭均是踵事增华。大明寺井,源于大明寺,大明寺建于南朝刘宋大明年间,历史悠久,唐朝已有名。而扬州琼花虽美,唐朝以来声名渐起,且附会隋炀帝下扬州之事,民间传播已甚,更有韩琦"惟扬一株花,四海无同类"[1]好诗已然登场。二花,不待欧阳修建亭而享盛誉。欧阳修修建二亭、创作诗文,自是锦上添花,美则美矣,不足为创新之事。平山堂则不然,无古人故事之依傍,在欧阳修手上横空出世,是为创新。也许,1048年建造平山堂时,欧阳修并无此念,登临蜀冈中峰,一目千里,只是一时兴会,建厅堂方便游宴观赏,岂不快哉!但7年多后,回念扬州诸事,反思多年宦程,文化思考蕴含其中,一堂二亭,只有平山堂凭空而来,复能承载文章太守、饮宴挥毫的诸多人事内涵,体现文人理想,独树一帜,堪谓自我作祖。

笔者此点猜测,源于清代王渔洋任职扬州时的红桥怀古诗词。扬州历经沧桑,古迹甚多,怀古对象处处皆是,王渔洋偏选名不见经传的红桥数次修禊,怀古唱和,顿时诗名上了热搜。王士禛对红桥唱和还抱有更大的诉求:其康熙元年的《红桥游记》云"红桥之名或反因诸子而得传于后世,增怀古凭吊者之徘徊感叹"[2],怀有一种不确定的传世希望;康熙四年(1665)的红桥修禊,则自信高吟"好记甲辰布衣饮,竹西亭子是兰亭"[3],宣示比肩王羲之兰亭修禊美名的雄心。合理猜测,第二次的红桥修禊,应当是王士禛放大康熙元年

〔1〕 韩琦:《琼花》,《安阳集》卷一,明正德九年张士隆刻本。
〔2〕 王士禛:《红桥游记》,汪应庚著,曾学文点校《平山揽胜录》卷一,广陵书社 2004 年版,第 5—6 页。
〔3〕 王士禛:《冶春绝句》,汪应庚著,曾学文点校《平山揽胜录》卷一,第 8 页。

（1662）《红桥怀古》声名效应的文化策划。王渔洋红桥怀古的诗词创作，带有明显的创新自觉：打造属于王氏标记的扬州文化景点。他成功了，红桥成为清代至今文人徘徊之处、游人打卡地。倒推宋朝欧阳修，当年建堂未必有此念，构思创作《朝中措》词时未必无此念。只是可能没有后人王渔洋那样明显自觉。

支撑猜测的材料，乃是欧阳修的一封信。欧阳修创作《朝中措》后不久，曾给王安石写了一封信，说："近得扬州书，言介甫有平山诗，尚未得见，因信幸乞为示。此地在广陵为佳处，得诸公录于文字甚幸也。"[1]听说王安石有歌咏平山堂的诗，连忙写信索要，明确表示很高兴诸公为平山堂赋诗。欧阳修希望看到更多关于平山堂的诗作，正反映出此时他对平山堂的认识在深化，这种深化理应包含着创建平山堂的自我期许、平山堂成为扬州文化新高地的希望。

二、潮涌刘、欧、梅唱和诗

1056年春，刘敞踏上南下的路程。四月中下旬，途中与北上的梅尧臣相遇，刘敞赠诗，梅尧臣依韵酬答。刘敞到扬就任，处理公事，忙了数月，直到秋深，才得以登临平山堂。赋诗云：

> 芜城远地隔人寰，尽借江南万叠山。水（他本作"江"）气横浮飞鸟外，岚光平堕酒杯间。主人寄赏来何暮，游子消忧醉不还。无限秋风桂枝老，淮王先（他本或作"仙"）去可能攀。[2]

诗题为《游平山堂寄欧阳永叔内翰》，联系欧阳修为其送行的《朝中措》词，便知其诗虽为登临所作，其发端却在《朝中措》词。欧词上阕四句追忆平山堂诸景，有人理解为欧阳修在思念中发问，也即关照刘敞：你去扬州一定要代我去看看平山堂，"代我看看它的容颜是否有所更改？我种下的那棵垂柳，

---

〔1〕 欧阳修：《与王文公书》，《文忠集》书简二，《四库全书》第1103册，第485页。
〔2〕 刘敞：《公是集》卷二五，《四库全书》第1095册，第612页。

也不知道还在不在了？"〔1〕理解很贴切。

故刘诗全篇乃基于回答欧词发问而构建。前四句,点出平山堂在扬州城外,晴空之时,视野极为开阔,江南诸山朗朗可见;江上水气氤氲,飞鸟点点;"平堕酒杯间",暗示平山堂得名之由。

后四句抒发感慨。颈联中"主人"指欧阳修,谓欧阳修多年未至平山堂,"游子"乃自称,谓自己来此消忧取乐。尾联字面上由乐而望成仙,上句交代游赏平山堂的时间在秋末,下句借汉淮南王刘安得道升仙的典故,用"可能攀"表示追随成仙之意。求仙,世俗之思重在长生不老,核心精神在于自由自在、无限自由。刘敞乐而求仙,正与欧词求乐题旨相呼应。故此诗实为对欧词的唱答。

尾联还有字面背后的意思。"淮南先(仙)去",喻指欧阳修自 1049 年从扬州离任不久,到 1054 年已为翰林学士。翰林院是官场的清要之地,宋太宗曾为翰林院题写"玉堂之署"〔2〕,文官授予翰林,在朝中可谓位列仙班,故翰林学士便是文官们追求的"仙境"。而刘敞曾在 1055 年与翰林学士擦肩而过,出使契丹时有过"假翰林学士……充国信使"〔3〕身份。"淮南先去可能攀",暗喻自己以欧阳修为榜样,追随欧阳修努力前行。谦虚的询问后面,传达着对欧阳修的颂扬,也洋溢着仕宦进取之意。该诗作为对前辈送行扬州的酬答,以汇报平山堂诸景为主体,以赞颂对方为结尾,非常得体。

约在 1056 年末,欧阳修收到刘敞此诗,颇有兴致,复作和诗《和刘原甫平山堂见寄》:

> 督府繁华久已阑,至今形胜可跻攀。
> 山横天地苍茫外,花发池台草莽间。
> 万井笙歌遗俗在,一樽风月属君闲。
> 遥知为我留真赏,恨不相随暂解颜。〔4〕

---

〔1〕 马里扬:《欧阳修词与政治心态的内在转向》,《北京大学学报(哲学社会科学版)》2012 年第 1 期。

〔2〕 陈均:《皇朝编年备要》卷第四,宋绍定刻本。

〔3〕 张尚英:《刘敞年谱》至和二年八月,吴洪泽、尹波主编《宋人年谱丛刊》第 4 册,四川大学出版社 2002 年版,第 2073 页。

〔4〕 欧阳修:《文忠集》外集七,《四库全书》第 1102 册,第 434 页。

　　首联谓隋唐时曾经的扬州繁华名胜，至宋早已废圮，但蜀冈仍在，自己于此修建的平山堂已成为当代郡城一大胜景，堪为慰念。颔联回忆悬想登平山堂所见的阔大视野和近处景象，天地苍茫衬托江南诸山，池台草莽映显群花生机妖娆。颈联转写人事，以扬州社会政通人和一派笙歌、百姓安居乐业其乐融融称赞刘敞为政简便，百姓得其实惠，自己也有闲暇时间吟风弄月、领略天地自然。尾联表明人在京城，心慕平山堂游宴挥毫之乐。三、四联的思想内涵与《朝中措》"文章太守，行乐年少"的描述完全一致。而"为我留真赏"，明确关照刘敞保护好平山堂，也可以印证前面关于欧阳修看重平山堂的论述。末句表示要随刘敞登平山堂以解颜，暗示玉堂清要、近臣荣耀，但多有烦人扰心事，难得欢颜。显然这是对刘敞祈盼重入朝堂、成为玉堂人物的消极回应。

　　欧阳修此诗寄发给刘敞之外，自然也会送给同在京城的两人共同好友梅尧臣。梅尧臣 1056 年初在扬州曾歌咏过平山堂，得阅刘、欧唱酬之诗，自然难捺唱和之心，写下《和永叔答刘原甫游平山堂寄》：

> 黄土坡陁冈顶寺，青烟幂历浙西山。
> 半荒樵牧旧城下，一月阴晴连岵间。
> 人指废兴都莫问，眼看今古总输闲。
> 刘郎寄咏公酬处，夜对金銮步辇还。[1]

　　首联描述平山堂坐落在蜀冈大明寺旁，晴空时对江诸山连绵不断，直通浙西。次联写景，感慨蜀冈一带曾是隋炀帝行宫所在，时间消逝，如今樵牧走行，荒野一片。三联承二联情绪，直接感叹古今人事废兴无常，帝业臣功都是过眼烟云，惟有寄情山水的适性之闲值得追求。尾联看似赞颂欧阳修为皇帝近臣，联系颈联看重"闲"意，便知实为感叹欧阳修"夜半"尚未休息，不免其累。就在这年冬天，贾昌朝入朝为枢密使，欧阳修上书反对，谓"旬日以来，中外人情莫不疑惧，缙绅公议渐以沸腾。盖缘昌朝禀性回邪，执心倾险，颇知经术，能文饰奸言，好为阴谋，以陷害良士。小人朋附者众，皆乐为其用。前在相位累害

---

[1]　朱东润：《梅尧臣集编年校注》卷二六，上海古籍出版社 1979 年版，第 903 页。

善人,所以(众人)闻其复来,望风恐畏"[1]。欧阳修在朝为官,不得不争是非正误。若是外放,职无其责,则可稍闲而多乐。欧阳修为此事曾乞请外放南昌,只是仁宗不准。梅尧臣的感叹就是为欧阳修代言。

这场源于欧词《朝中措》的三人诗歌唱答,形成了第一波歌咏平山堂的潮头、中心。三首唱和都是围绕欧阳修《朝中措》词表现的平山堂意象、求闲、行乐的基本题旨而构思生发。诸作描写平山堂各有角度、各有所见,思想倾向虽基本一致,都赞同欧阳修及时行乐之旨,但年岁、经历不同,欧、刘、梅诗作的人生体悟有深浅之别。

欧词本于文章太守意象,根据自身经历和身体衰病的状况,对晚辈好友刘敞提出及时行乐的劝告;刘敞酬答诗总体赞同、接受欧阳修的人生良言,并作出呼应。刘敞时值 38 岁,正在壮年,入仕途才 10 年,除去守父丧的 2 年多时间,实际为官不足 8 年,但发展势头甚好。学问好、资源足,为官兴致正浓,故刘敞虽接受欧词行乐题旨,但并未降低对仕途升迁、荣耀高职的渴望,还要攀一攀、拼一拼,这是封建社会正统文人的基本理念和人生理想,仕途顺利的官员更是如此。欧阳修充分理解刘敞的心理,但在和诗中还是以兴衰迭代的历史观启迪他,以在扬州能有"风月"之闲堪足"解颜"来提醒他,不要一味攀拼。梅尧臣长欧阳修 5 岁,以恩荫补官,入仕途较早,但科第不顺,直到 1051 年 40 岁才得登进士,为官不得志,屈沉下僚。1056 年秋,于宣城居丧数年后来京,初以太常博士充《唐书》编修官,不久得欧阳修举荐,任国子监直讲。此时,他在仕途上已蹒跚 30 年左右,体阅官场荣辱,看透今古变迁、人生悲乐,已无攀竞之心,故和诗对欧阳修平山堂诗词求闲、求乐的心态和历史观体会真切,大为赞同。于"文章太守",主张仕途升迁顺其自然,不值得劳力劳心去攀拼,而偏向于文章风雅享受和追求。

三人唱和中,欧、梅思想相当一致,刘敞则稍有不同,有人以为刘敞"恐是未曾理会欧阳修嘱托他探访平山堂的更深意味"[2]——从历史兴衰变迁的宏观角度看淡仕宦升迁,远离政治旋涡,保持行乐心态,此言甚是。但欧、梅、刘

---

〔1〕　欧阳修:《论贾昌朝除枢密使札子》,《文忠集》奏议十四,《四库全书》第 1103 册,第 125—126 页。

〔2〕　马里扬:《欧阳修词与政治心态的内在转向》,《北京大学学报(哲学社会科学版)》2012 年第 1 期。

诸作各言其志、各传其神，才显示诗人个性色彩。唱和之诗完全趋同，读来也有点无趣。

1057 年秋冬，刘敞还有一首《再游平山堂》：

> 背城历历才十里，经岁悠悠能一来。
> 可惜薄书捐白日，强从宾客宴平台。
> 暮云自与千山合，醉眼时令万宇开。
> 老子谁怜兴不浅，黄花欲落更添杯。[1]

此诗不在唱和之列，但歌咏平山堂，与前面唱和诸诗当有精神联系。诗谓公务繁忙，耽误了游览平山堂；偶尔一来，登高放眼，把酒临风，气象万千；醉眼看人看世，平添豪兴，浮想联翩；平山堂前持杯赏花，一改埋首公案的俗务官员形象，活脱一位风雅太守。兴高添杯，暗承欧词《朝中措》"一饮千钟"的意象，反映公务之余、消闲则放飞自我的生活状况，思想情感和人生态度与欧词、寄欧阳修诗趋于一致。

三、侧流余波有王安石、王令等人诸诗

同时及此后十余年，还有好几首诗作歌咏平山堂，可视为第一潮的侧流、余波。

侧流主要是王安石和梅尧臣的两首诗。

王安石，唐宋散文八大家之一。他有首《平山堂》，诗集中排列在 1056 年八月前，诗云：

> 城北横冈走翠虬，一堂高视两三州。
> 淮岑日对朱栏出，江岫云齐碧瓦浮。
> 墟落耕桑公恺悌，杯觞谈笑客风流。
> 不知岘首登临处，壮观当时有此不。[2]

---

〔1〕 刘敞：《公是集》卷二五，《四库全书》第 1095 册，第 612 页。
〔2〕 王安石：《临川集》卷二二，四部丛刊景明嘉靖本。

这首诗应当就是前文提到的欧阳修听说并向王安石索观的那首。诗从地理形势写起,横冈即蜀冈,喻为翠龙,写活了山势山色。一堂,即建在蜀冈之巅的平山堂;两三州,指扬州、真州、润州。扬州,即蜀冈所在地;真州,即今扬州下属仪征市,蜀冈山脉西接真州;润州,即镇江,与扬州一江之隔,平山堂上远眺可见。平山堂居高临下,俯瞰三州。首联远观平山堂,从横、高两个维度写活平山堂,气势不凡,先声夺人。颔联则是登堂所见,环视平山堂,北有淮岑,南有江岫,日出于淮岑之巅,正与平山堂朱栏相对;云飘自江岫之峰,过江而来恰在平山堂屋顶浮荡。元初评论家方回赞道:"淮岑、江岫皆山也,日出对朱栏,云浮齐碧瓦,则所谓平山而堂宇又在其中也,其精如此。"[1]颈联正面歌颂平山堂建造者和宾客,上句谓欧阳公主政扬州,简政便民,平易近人,老百姓安居乐业,社会祥和;下句写与欧阳修一道登临平山堂的众宾客,喝酒谈笑,各显风流。尾联用典,以西晋时名将羊祜在襄阳"乐山水,每风景,必造岘山。置酒言咏,终日不倦"[2]的故事,对比欧阳修平山堂觞咏,发问哪个更为壮观有意味。此比此问,答案其实是明确的,今朝欧阳公胜往昔羊公。以问句出之,启迪读者思考体会,古人评为"不谀而善颂"[3],情感表现把握得很好。

王安石《平山堂》诗,在平山堂诗歌史上有重要地位。一是对平山堂景色的描写,有层次、富气势,形象鲜明突出,成就在刘、梅诸人之上。二是将平山堂与欧阳公政绩相联系,为直接怀念欧阳公政绩最早的一首。早于此诗的梅尧臣初春所写两首平山堂诗,已怀想并赞颂欧阳修,但限于个人友谊和欧阳公文学成就,未及为官政绩;故王诗开启后人以平山堂诗词歌颂欧阳修政绩的先河,对后人创作有重大影响。

梅尧臣除了《大明寺平山堂》《平山堂杂言》两首平山堂诗词开山之作、《和永叔答刘原甫游平山堂寄》,还有一首《平山堂留题》[4]:

---

[1] 方回:王安石《平山堂》评语,《瀛奎律髓》卷一登览类,清文渊阁四库全书补配清文津阁四库全书本。

[2] 房玄龄等撰:《晋书》卷三四,中华书局2011年版,第1020页。

[3] 方回:王安石《平山堂》评语。

[4] 诗题常规,"留题"当是游览某地有感,离开时留下的诗作。《平山堂留题》似应作于梅尧臣在扬州游览平山堂时,至迟在1056年初,不会在1057年,其时梅尧臣在开封。待考。但诗集诸本均编在1057年,姑从之。

　　　　　　蜀冈莽苍临大邦，雄雄太守驻旌幢。
　　　　　　相基树楹气势庞，千山飞影横过江。
　　　　　　峰桥俯仰如奔降，雷塘波小鸡鶒双。
　　　　　　陆羽井苔粘瓦缸，煎铛泻鼎声淙淙。
　　　　　　雨牙鸟爪不易得，碾雪恨无居士庞。
　　　　　　已见宣城谢公陋，吟看远岫通高窗。[1]

　　一二句交代蜀冈位置和欧阳修知扬州。三句指欧阳修地址选得好，在蜀冈之巅；堂宇盖得好，极有气势，堂上可见江南诸山似奔涌而来。五六句采用衬托手法，以所见景物之小表现平山堂之高。下四句写平山堂附近的第五泉，因泉及茶。雨牙（雨芽）指谷雨前采制的茶叶，鸟爪以形状喻指茶叶，两种皆为上等好茶。好茶难得，与好友一起品茶也不易得，诗借唐代居士庞蕴故事来表达这种感慨。欧阳修在扬任职期间，梅尧臣曾在中秋前后居停扬州，与欧阳公来往唱和，其时平山堂已建好，但不知何故两人均无记述平山堂的诗作，无从印证两人是否曾在平山堂喝茶品泉。1055 年末、1056 年初，梅尧臣在扬州数月，数次游览平山堂，惜乎不得偕欧阳公而至。末两句运用对比，平山堂地势高，天地远大，千山过江，远胜谢朓"窗中列远岫，庭际俯乔林"[2]之景。这已不是梅尧臣第一次抑谢扬欧，1056 年初的《平山堂杂言》已有类似诗句。梅尧臣是宣城人，很以家乡前贤大诗人谢朓为豪，歌咏平山堂却用谢朓比衬欧阳公，这是个超越时空的大诗人对决，直抒自己对欧阳公的佩服之情。梅诗歌颂欧阳公重在堂景本身，逊于王安石诗怀念欧阳公重在政绩。

　　余波主要有王令、王琪、刘邠等人的平山堂诗作。

　　王令（1032—1059），初字钟美，后改逢原，幼随叔祖居广陵（今扬州），长大后在天长、高邮等地以教学为生，人称广陵先生，著有《广陵集》。他与王安石交好，王安石对其文章和为人皆甚推重，并将表妹嫁给王令为妻，王令卒后为之作墓志铭。王令作有两首平山堂诗作。

　　第一首《平山堂寄欧阳公》：

_____

〔1〕　朱东润：《梅尧臣集编年校注》卷二六，第 904 页。
〔2〕　谢朓：《郡内高斋闲望答吕法曹》，《谢宣城诗集》卷三五言诗，明末毛氏汲古阁景写宋刻本。

废苑繁华不可寻,孤城西北路嵚崟。

檐边月过峰峦顶,柱下云回草树阴。

宾客日随千骑乐,管弦风入万家深。

知公白玉堂中梦,未负当时壮观心。[1]

第二首《平山堂》:

豁豁虚堂巧架成,地平相与远山平。

横岩积翠檐边出,度陇浮苍瓦上生。

春入壶觞分蜀井,风回谈笑落芜城。

谢公已去人怀想,向此还留召伯名。[2]

　　这两首诗写于何年,并不明确。今人沈文倬《王令年谱》谓,嘉祐四年
(1059),王令"在常州聚徒讲学",称王令"迁常(州)后曾至扬州,游平山堂,
作诗而寄欧阳修,当在此时"。[3]王令为扬州本地人,常年在扬州周边活动,这
两首诗不一定就作于1059年,也不一定同时而作。可以肯定的是,第一首诗
中提及"知公白玉堂中梦",盖指欧阳修的翰林学士身份,欧阳修1054年九月
授翰林学士,故此诗必作于1054年之后。再,首句"废苑"云云,颇疑是在阅
读欧阳修"督府繁华久已阑"那首《和刘原甫平山堂见寄》之后而起笔赋诗;
如此,则创作时间不会早于1057年。

　　第一首颔联两句写景别致,着笔于月、云,不再直接写山,同样反映出平山
堂地处峰顶。颈联以众宾客追随欧阳修游宴,平山堂管弦之声吹入百姓家,社
会其乐融融,歌颂欧阳公主政扬州,民便官闲,百姓广受其惠。尾联以询问形
式,肯定欧阳公虽然离开了扬州,但进入朝堂一定会秉持为民执政的初心。

　　第二首前四句写平山堂之景况。堂与远山平,是游览者的真切视觉感受;
但谓檐边即山崖,浮云在堂顶瓦上浮荡,则含有诗人的夸张想象,富有诗意。
颈联描写春来众人登临蜀冈,酌饮平山堂,共品大明井美泉,一派和谐欢乐,

〔1〕　沈文倬校点:《王令集》卷一一,上海古籍出版社1980年版,第218页。

〔2〕　沈文倬校点:《王令集》拾遗,第379—380页

〔3〕　沈文倬校点:《王令集》附《王令年谱》,第446—447页。

欢笑声传遍扬州。尾联则用典表达百姓对欧阳修的怀念。东晋谢安（320—385），字安石，陈郡阳夏（今河南太康）人，孝武帝时位至宰相。376 年曾任扬州刺史，生前最后一年主动交出权力，自请出镇扬州的步丘，并筑新城，即今扬州市江都区邵伯镇。又于新城北造埭，改造水利，便于农田灌溉，农人承惠数百年。后人追思，将谢安比为有功于周朝的召伯，将此埭称为召伯埭。王令诗借谢安造福后人百姓难忘，歌颂欧阳公就是当代谢安造福扬州，将被世人永记。

王令两首平山堂诗，其构思有相同性。开篇起叙平山堂的地理位置和特点，承之以写景；转而感人事，以平山堂之乐写欧阳修为官的美治，结于歌颂欧阳修。不同的是，具体描写角度、场景、细节有别。以颈、尾两联论之，第一首颈联想象欧阳公当年活动于平山堂、主政扬州的盛景；第二首颈联则是欧阳公走后，扬州百姓还分享着他带来的安居乐业社会和谐。第一首尾联是与欧阳公对话，第二首尾联是用典表达人民对当代太守的怀念。由此观之，联系王令与王安石交好，王令这两首诗似乎颇受王安石《平山堂》影响，思路、内容都有相同之处。

还有一位年岁较长的王琪，早年曾在扬州任主簿，以"似曾相识燕归来"应对晏殊"无可奈何花落去"的出句，成就名联。欧阳修任职扬州时，他公干到此，与欧阳修一道欢度中秋。他约于 1062 年、1065 年两度出知扬州，留有歌咏平山堂残句"大厦主人金鼎重，依依杨柳漫摇风"[1]。欧阳修于 1061 年秋升任参知政事，直至 1067 年被罢免。王琪以"大厦主人金鼎重"称颂欧阳修，当在此 6 年中，也许创作时间就在两次知扬州任上；诗中杨柳意象，乃承欧词《朝中措》而来。

刘敞弟刘攽（1022—1088）也有两首平山堂诗。

五言《平山堂》：

> 吴山不过楚，江水限中间。
>
> 此地一回首，众峰如可攀。
>
> 俯看孤鸟没，平视白云还。

---

〔1〕　李璧：《王荆公诗注》卷三四律诗《平山堂》注释语，《四库全书》第 1106 册，第 245 页。

行子厌长路,秋风聊解颜。[1]

七言《平山堂》：

危栋层轩不易攀,万峰犹在户庭间。

长空未省浮云碍,积翠如遮去鸟还。

寡和阳春随白雪,知音流水与高山。

吴中辩士嗤枚叟,漫说观涛可慰颜。[2]

两首诗抓住平山堂高耸于山峰的特点,以写景为主,着意于峰、云、鸟的观景感受,突出平山堂的地势、堂高。五律尾联较为浮泛,缺少个性和神思。七律尾联反用汉代枚乘所谓观广陵潮而病愈的典故,意谓广陵潮远不如平山堂之壮观可振精神,颇类梅尧臣拉谢朓衬托的手法,也算是争奇斗艳,显现才思。七律颈联承上联咏堂高,联想到曲高和寡、高山流水及其比喻意义,从视觉形象转化为精神境界,进而肯定平山堂的象征意义,暗喻自己不苟合媚俗的心志,富有新意。这两首诗创作时间不详,早则在刘欧梅唱和之后不久,迟则在欧阳修去世前后,看两诗皆依乃兄唱和诗作原韵,内容亦与唱和诗相同,正是第一潮之余波。

自1048年平山堂落成,到1072年欧阳修去世前后,确认歌咏平山堂者,除前述梅尧臣、欧阳修、刘敞、王安石、王令、王琪、刘邠7人,另据晁说之诗题《因观刘侍读姚秘丞孙处士平山堂诗寄欧阳公唱和作绝句》,记载三人有平山堂诗寄给欧阳修,刘侍读即刘敞,不复计,则当添姚秘丞、孙处士。此2人诗作无存,其人亦待考。故可研读作品即前7人的14首(王琪残句算1首),其体裁是七律10首(王琪残句姑作七律)、五律2首、古诗1首、词1首。这些作品,与欧阳修去世后苏轼兄弟、秦观等人的平山堂诗歌,时间上形成明显分档,可谓平山堂诗歌创作的第一潮,也是北宋平山堂文学的起始阶段。

这第一潮诸诗作起点高、意蕴丰,于平山堂文学历程意义重大。欧词《朝

---

[1]　刘敞:《彭城集》卷一二五言律诗,《四库全书》第1096册,第108页。

[2]　刘敞:《彭城集》卷一五七言律诗,第139—140页。

中措》引发的刘、欧、梅三人唱和，为平山堂唱和之始，一句"文章太守"，为后世阐发平山堂的文化意义奠定了坚实内核和极大空间；王安石诗歌不仅写景富有气势，且视平山堂游宴为政事修明社会祥和的表征，歌颂欧阳修的政绩，暗合欧词"文章太守"之谓，启迪后人由此生发；王令继承王安石诗意，怀念欧阳修。王琪以残句成为传扬欧词"杨柳春风"意象的第一人。诸作品奠定了后来平山堂诗歌创作的内容方向，提供了基本主题、基本意象。平山堂景象描写、以文章太守代表的文化内涵，成为历代平山堂诗歌不可或缺的题材，不断歌咏阐释，生生不息。

作者单位：扬州大学文学院

北湖珠湖草堂唱和钩稽

朱广盛

摘　要：清宣统元年（1909），上海神州国光社影印秀水吴氏藏本《阮芸台珠湖草堂图》，收录许多诗人吟咏珠湖草堂之作。他们都是阮元的文朋诗友或家人，不仅表达对阮氏先人的缅怀之情，还多角度再现珠湖草堂八景之美，抒发对北湖田园生活的向往热爱，更为北湖珠湖草堂保存了一份珍贵的史料。

关键词：阮元；珠湖草堂；唱和活动

清嘉庆七年（1802），阮元得到曲阜颜运生所赠元代画家作品。阮元见画面上"柴门临水，帆影依山，酷有吾乡风景"，于是将此画命名为《珠湖草堂图》。阮元对此画卷非常珍视，屡有题跋。当时在画卷上题词、题咏的有梁同书、郭麟、袁廷寿、张鉴、黄文玚、张因、阮亨、阮长生、孔璐华、刘文如、谢雪、唐庆云、刘繁荣诸人。因为一幅画，阮元发起了一次以珠湖草堂吟咏为主题的唱和活动，无论是诗词内容，还是书法艺术，均展现了阮元朋友圈深厚的文化积淀，也为北湖珠湖草堂保存了一份珍贵的史料。

宣统元年（1909），邓实辑录成《阮芸台珠湖草堂图》，作为神州国光集外增刊三十三号出版。编者按云："此图极暗旧，而题跋至多且精。阮氏自题诗跋至再至三，其珍重爱玩可知。而其一门师弟、朋友、兄弟、夫妇互相唱和，下至姬人、媳妇，无不娴诗工书。览此图者，如想见当日一门文墨之盛，令人艳羡也。非芸台先生之读书积福而能若是？后学邓实记。"

此书辑录者邓实（1877—1951），字秋枚，别署枚子、野残、鸡鸣、风雨楼主，广东顺德人。致力于珍本古籍收藏，所藏多秘籍。20世纪初，与黄节（晦闻）和画家黄宾虹于上海创办"神州国光社"，利用当时最新潮的珂罗版印刷技术影印历代遗存书画真迹，大受读者欢迎。《阮芸台珠湖草堂图》时为秀水吴氏所藏，如今去向不明。此书有清宣统元年上海神州国光社珂罗版版本，广陵书社版《扬州文库》据上海图书馆藏本影印[1]，今据此整理，并略加解释。

一、古图与今画交相辉映

"珠湖草堂图"，由著名书法家梁同书题写。梁同书（1723—1815），字符颖，号山舟，晚号不翁、频罗庵主，九十岁后号新吾长翁，浙江杭州人。乾隆十七年（1752）特赐进士，官侍讲。嘉庆十二年（1807）重宴鹿鸣，加学士衔。梁同书是乾嘉时期的帖学名家，与翁方纲、刘墉、王文治并称"清四大家"。细细端详"珠湖草堂图"5个大字，用笔苍穆，结构谨严，颜面柳底，有磅礴的气势。

被指为元代画家赵善长的原画，经翻拍印刷之后，三帧画面均模糊不清，景物依稀可辨。"柴门临水，帆影依山"，所言不虚。背依山峦，有茂林修竹。约略可见树林深处草庐数盈，临水而建，主人徜徉其间，胜似闲庭信步。

此外集中还有一图，为阮元弟子张鉴在扬州古城阮氏家庙的隋文选楼里绘就，这是一幅名副其实的《珠湖草堂图》：湖畔垂柳依依，小桥流水，乔木高耸，一渠环绕湖庄，另有草屋数间。画家张鉴题记云："中丞师召舟图，灵意而未尽厥旨，因指授规矩，俾鉴逐竞，点染成出。鉴于六法无所通解，偶忆文衡山拙政园图，遂仿佛其趣。若夫写湖山之清淑、图草木之光辉，尚有俟于能者。嘉庆丙寅中秋，弟子张鉴谨识于隋文选楼之东偏。"阮元在此画上题跋："此图方位不错，惟树木着笔太少，不得繁林翳荟、绕屋园渠之象。"既对张鉴这幅珠湖草堂图予以充分肯定，又指出其不足。从这里可以看出，阮元对珠湖草堂了如指掌，细节印象深刻，思念之情结难解。这也是他退休之后修筑万柳堂的深层原因。

二、阮元题跋至再至三

与其说阮元看中元代画家这幅图，不如说阮元对珠湖草堂的感情深厚。元末明初画家所绘画卷与珠湖草堂的意境相似，激发了阮元对珠湖草堂的一往深情。于是他一而再、再而三地在《珠湖草堂图》上留痕题跋。

---

[1]　邓实辑：《阮芸台珠湖草堂图》，《扬州文库》第45册，广陵书社2015年版，第499—509页。如无特殊说明，本文引文均出自该书。

此图前有八二老人题跋："此卷曩客汉江,见于莲舫馆中,后有屠钱王侯诸跋,定为元人赵善长真迹。今归江侍御,重装示余于悦心书屋。展对之际,如逢故人。惜四跋不传耳!侍御请志于尾,因题数语以记奇观。时己酉十月八二老人王力行。"

关于八二老人王力行,笔者从阮元的朋友圈入手,尚未发现此人的资料,录此备考。

嘉庆七年(1802),阮元得画之后于立夏之日第一次题跋:

> 此画气韵深静,乃元明间人所作。"赵元"二字,审是近人伪署,非真款也。此卷旧藏吾乡江秋史侍御(德量)家,后归曲阜颜运生。今运生寄以赠余,时嘉庆七年立夏日,扬州阮元记。

阮元的题跋确定了此画卷是元末明初的画家所绘,究竟是不是赵善长的作品?阮元认为落款是"近人伪署"。赵原,元末明初画家。原名赵元,字善长,号丹林,山东人,寓吴(今江苏苏州),善诗文书画,工山水,善用枯笔浓墨。现在能看到的赵原作品屈指可数,即使是伪作也极少。此画是不是赵善长的作品,并无定论。结合八二老人的题跋,可知此画流传有序:曾在汉江莲舫馆中见过,后为仪征江德量御史收藏,再被曲阜颜运生收藏,颜运生则将其赠送给了阮元。

江德量(1752—1793),清代仪征人,字成嘉,一字量殊,号秋史、江恂子。乾隆四十五年(1780)进士,授编修,改江西道御史。善书,精小学,博通掌故。其隶书卓然成家,尤工八分。工刻印,兼能绘人物、花卉,以北宋人为法。收藏旧拓碑版及宋本书甚富。

颜运生,即颜崇榘(1741—1811),字运生,号心斋,山东曲阜人。清代著名诗人、书法家颜光敏的曾孙,乾隆三十五年(1770)恩科举人,官任兴化知县。喜欢金石考订,痴迷古墨收藏。乾隆五十八年六月,阮元任山东学政,与颜崇榘有"传笺联句"诗文酬唱,更有同赏金石活动。《小沧浪笔谈》有涉及颜崇榘的记载。

再看阮元的第二次题跋:

　　吾家旧住扬州城北四十里之公道桥，为高邮氾社湖西岸。湖水沦涟，芰荷千顷，稻膡渔舍，颇无偌尘。家有珠湖草堂，为王考琢庵将军咏游之地，欲图之会好画手。今展此卷，柴门胜水，帆影诸山，酷肖吾乡风景。细审题款，本属伪托。安知非数百年前名手为吾画此草堂耶？因即名之为《珠湖草堂图》，可谓武断于乡曲矣。阮元跋。

　　这次题跋，主要交代珠湖草堂的前世今生，以及自己阅览此画后的感慨。
　　第三次是阮元的题诗《辛酉忆珠湖草堂诗》：

　　月落湖水平，珠光弄残夜。夕霏已媚人，况是斜阳下。吾家氾社西，临水有茅舍。当年达人归，行吟得清暇。投壶登小楼，射鸭来虚榭。柳细早分凉，荷香始知夏。我岂不怀乡，尘鞅安可谢？武林好山水，未宜税烟驾。终念甘泉山，青光向湖泻。阮元草稿。

　　这首诗后来于嘉庆八年（1803）正月，再次题写在王学浩所绘《珠湖草堂图》立轴上，诗题改为《属王椒畦同年画珠湖草堂图即题（庚申）》。
　　第四次是阮元题诗《癸亥入觐，过扬州小住草堂，分题八首》：

珠湖草堂

　　将军旧游地，草堂成小筑。氾社走明珠，三面绕林屋。开窗弄夕霏，光晖留草木。

三十六陂亭

　　陂塘三十六，曾说古扬州。一角黄子湖，最向东北流。虚亭人不到，五月凉如秋。

湖光山色楼

　　高楼临柴门，六尺南窗小。廿里甘泉山，隔湖出林表。远峰更江南，雨余青了了。

渔渠

　　曲渠如碧环，循行六百步。晚来撤板桥，不接村前路。中多径尺鱼，鲁望有渔具。

黄鸟丘

一壑复一丘,自谓或过之。偶闻黄鸟声,瞿然生远思。升高何所赋,三复绵蛮诗。

龟莲沼

芳沼射堂西,绿树繁阴接。叠石作坡陀,采莲不用楫。昨夜梦灵龟,游上青莲叶。

菱麋

采菱复采菱,乃在湖之湄。春水生菱叶,秋风摘菱丝。芙蓉渺何所,隔水露筋祠。

射鸭船

扁舟竹枝弓,小篷打双桨。南湖与北湖,随风任来往。落日归草堂,悠然洽清赏。

伯元草稿

阮元一而再、再而三地题跋题诗,不但交代了画卷的由来,还交代了画卷命名的缘由:"可谓武断于乡曲矣。"看似无理,实则有情。继而为珠湖草堂赋诗,有单首长诗,也有分咏八景的组诗,可见阮元对珠湖草堂的深厚感情。

三、文朋诗友和作多

阮元以得画为由头,多次在画卷上题跋题诗,实际上发起了一次以珠湖草堂吟咏为主题的诗词唱和活动。除了郭麐、袁廷寿分别题诗一首,其他参与者均是吟咏的珠湖草堂八景,内容丰富,蔚为大观。

郭麐《芸台老夫子命题》云:"珠湖本无珠,天水自不夜。骊龙狎纬萧,抱宝睡其下。竹西歌吹地,相去止一舍。萧然故将军,得此物外暇。戗铃见鱼鸟,结构入台榭。稜稜田有秋,渠渠屋宜夏。先畴念高曾,代绪陋王谢。所恐许国身,未易遂息驾。展卷为沉吟,泼眼清光泻。"

有浙西词派殿军之称的郭麐(1767—1831),字群伯,号频伽,因右眉全白,又号白眉生,江苏吴江人。清代诗论家、诗人。在姚鼐门下游学,特别受到阮元的赏识,文章观念与阮元多有近似之处,唱和颇多。

　　袁廷寿的题诗为《芸台先生命题，即次原韵请正》："旧闻甓社湖，光怪出深夜。今知公读书，明珠屡上下。大树忆将军，竹林结庐舍。功成长揖归，即事欣多暇。看山有高楼，延月增曲榭。一岁更宜秋，六月并无夏。遗范太丘陈，林雨东山谢。"

　　袁廷寿（1762—1809），原名廷梼，字又恺（凯），又字寿阶（亦写作授阶、绥阶、寿皆等）。江苏吴县（今属苏州）人。清乾嘉间苏州著名藏书家，与黄丕烈、顾之逵、周锡瓒并称"藏书四友"。曾入阮元幕中。

　　弟子张鉴称"中丞夫子大人命赋"，于是赋有《湖庄集咏八首》。

珠湖草堂

　　沙上半圭田，春苗绿如发。雨后开牛宫，众芳殊未歇。中有读书庐，夜凉拾海月。

三十六陂亭

　　何许大雷宫，陂陂足烟水。小屋低于船，泊宅自兹始。吾家笠泽南，惆怅鸱皮子。

湖光山色楼

　　晴湖净难唾，春山远如浴。谱入韶濩音，小楼雨初足。牵率曲阑平，衣裳滴寒绿。

渔渠

　　足梁不可寻，杳杳白淙雨。日暮拾鱼人，吹镫隔秋浦。安得结圆茆，沿流采芳杜。

黄鸟丘

　　山农穜君迁，上见黄栗留。持此帛蛮声，感彼春风道。丘中有素琴，岁暮役车休。

龟莲沼

　　盎盎一池水，春来没车毂。半棱紫荷田，苔农上茆屋。时有六眸龟，天寒出巢垒。

菱糜

　　采菱湖之湄，寒流见斜领。时值白宾花，夕阳淡无影。远道不可期，秋心一相警。

射鸭船

南邻采茭船,船尾挂圆笠。买得竹枝弓,茭庐山雨湿。射鸭晚归来,西风打头急。

张鉴(1768—1850),字春冶,一字荀鹤,号秋水。浙江湖州府乌程县(一说归安县)人。肄业于阮元西湖诂经精舍,为阮元任浙江巡府时幕僚,参编《经籍籑诂》,协助阮元谋划宁波海防赈灾诸事。

黄文旸,甘泉(今属江苏扬州)人。虽屡试不第,终以贡生,但博学多才,淹贯经史,其诗文词曲名声卓著,颇为姚鼐、曾燠、阮元等名流所重。乾隆时被聘为两淮盐运使词曲局总裁。黄文旸以六十八岁高龄入阮元幕几近一年,可见关系非同一般。德高望重的他也创作了《湖庄八景诗》,殊为难得。

珠湖草堂

丕基世德本无涯,乔木阴阴表故家。报瑞不须烦老蚌,玉珠原自有灵蛇。波光落户摇帘影,山色当窗上画义。桃李甘棠皆手种,一杯偏喜话桑麻。

三十六陂亭

叠叠摇陂接水光,高亭四面对沧浪。行莲白露芦花冷,影乱黄云晚稻香。俯槛大观环浦溆,凭栏小样写潇湘(光禄公所建,公游楚最久)。当年选胜非无意,知是江湖兴未忘。

湖光山色楼

堪与此地祀苏欧,山色湖光共一楼。秀韵照人诗入座,清心写影月悬秋。且开青眼舒长啸,未必苍生让卧游。百尺嵚崟标品格,从容指顾最风流。

渔渠

岂为思鲈返故庐?特怜赪尾凿深渠。游濠偕客同知乐,洗砚呼僮自著书。雅化湖山归管领(中丞抚浙,有小印曰"管领湖山"),征才淮海费踌躇(中丞搜罗国朝以来扬郡前贤之诗,撰《淮海英灵集》)。在川谁有渊鱼羡,导引清流量本虚。

黄鸟丘

连枝接叶绕亭西,古阜林深绿渐齐。晓日听莺携斗酒,春风种柳忆苏堤(中丞于湖堤种柳三千株)。不将旧调夸流啭,似献新词待品题。何处友声相应和? 渔歌樵唱共高低。

龟莲沼

浅沼无波水更清,灵龟爱向此中行。芰荷叶密群相傍,鸥鹭心闲两不惊。长为就阴缘曲岸,有时丽日喜新晴。泥涂曳尾吾衰甚,导引从他学养生。

菱湄

池底何须用锦铺,菱盘叠叠襟雕菰。甘香足傲鸡头米,红翠平遮莺脰湖。照面花繁明似镜,汤歌船过小如凫。他年绿野堂开日,白发当阶对玉壶。

射鸭船

一水盈盈爱往还,时摇小艇看云山。戮鲸东海千军勋,射鸭南湖几日闲。老我久无骑鹤愿,伴鸥苦忆打鱼湾。何时得共仙舟坐? 不羡蓬瀛学驻颜。

甘泉黄文旸

黄文旸的妻子张因(1742—1807),甘泉(今属江苏扬州)人,字净因,一字淑华,人称净因道人。张因知书达理,兼工绘事,精天文之学,时人多有美称。著书丰富,今存《绿秋书屋遗稿》一卷。张因也参与了唱和活动,有咏珠湖草堂八景诗。

珠湖草堂

胡干我故里,不到已多年。今读湖庄景,离思觉怆然。高堂环绿水,榆柳拂晴烟。夜静看珠现,清辉似月圆。

三十六陂亭

陂塘三十六,水暖鸳鸯浴。高阜有虚亭,阴阴荫乔木。暇日坐南窗,野景殊堪瞩。拂面清风来,稻花香馥馥。

湖光山色楼

隔岸湖光好,当户起层楼。远见岚气郁,遥观波影幽。帆樯自南北,
鸥鹭任翔浮。徘徊瞻眺久,晴霞映树头。

渔渠

曲水绕庄门,一泓清泠碧。春深藻叶香,秋至蘋花白。数罾不入池,
修鳞长逾尺。游泳桥西东,洋洋看自适。

黄鸟丘

土高草木长,树深鸟雀巢。爰有出谷莺,岁岁巢林梢。金衣拂翠柳,
时闻声交交。载酒坐绿阴,何必游芳郊。

龟莲沼

天上瑶光精,地下甲虫长。朝游嘉树林,暮集芳莲上。莲叶高低生,
沼水清泱泱。出没旋波中,年深有灵爽。

菱湄

烟草迷茫处,天空碧四围。南湖种菱女,岁歉常苦饥。水浅菱叶肥,
水深林实稀。朝朝临晓出,暮暮载月归。

射鸭船

小艇轻于叶,来往祠堂畔。渡口利行人,何忧涉渺漫?舟动浪花生,
机发水鸟散。射得绿头凫,归来泊南岸。

净因黄张因题

阮元的助手阮亨(1783—1859),字梅叔,号仲嘉。阮金堂之孙,阮承春次
子,过继给阮元的二伯父阮承义为子。品学端方,诗文精敏。嘉庆二十三年
(1818)副贡。阮亨曾随阮元幕于浙江,校有《广陵名胜图》《皋亭唱和集》《广
陵诗事补》等。阮元撰《广陵诗事》,草稿经阮亨等抄毕后付刻。嘉庆四年至
十年,阮元在浙江剿灭海盗,诸多公文由阮亨编辑为《洋程笔记》二卷。著有
《瀛舟笔谈》,记录阮元抚浙时政事、学术、文章和交谊。阮亨也有分咏珠湖草
堂八景之诗。

珠湖草堂

草木淮南秋,珠光照清夜。达人归草堂,蟾影碧空泻。

三十六陂亭

一亭枕梁波，浪花飞潆潆。青山隔岸来，拄笏延朝共。

湖光山色楼

新水拍天流，岚光当户滴。高人不敢吟，平远入横邃。

渔梁

濠梁清兴多，一水环庄绿。不待秋风生，莼鲈思已足。

黄鸟丘

搏黍本无知，丘隅止独时。双柑携酒听，深柳一声迟。

龟莲沼

风定落华香，芳塘明似镜。灵龟曳尾游，莲叶波心映。

菱糜

冲风短棹开，水草已如积。我欲采菱花，一奁秋水碧。

射鸭船

片帆风里回，鸥鹭心相狎。安得濯尘缨，驾舟来射鸭。

　　　　　　　　　　　　　　　　　　　　　　　　　　　亨谨题

　　阮元嗣子阮常生(1788—1833)，一作阮长生，字彬甫、寿昌，号小云，仪征人。官至清河道道员，道光十三年(1833)在任上去世，年仅46岁。他是太学生阮慕陈(嗣琳)的长子，乾隆五十八年(1793)，阮元发妻江夫人去世，阮元父亲阮承信将同族的阮常生过继为江夫人的儿子，这样阮常生就成了阮元的长子。画卷中题诗署名长生。

珠湖草堂

　　湖上购茅堂，郁郁集云木。秋来水茫茫，珠光不盈掬。农人多饥寒，幸哉此麦熟。更喜秋苗生，一犁春雨足。且待八月间，家庙荐新谷。

三十六陂亭

　　前年我到家，亭亭水如谷。去年复归来，扁舟入林屋。今年湖始平，水归三十六。亭上且裹裹，陂陂柳条绿。渺渺何所之？清华湛水木。

湖光山色楼

　　高楼何崔嵬？耸然翼平畴。湖光东北来，山色西南浮。开窗一回望，尽向檐前收。夜深月满湖,晓起云生楼,仿佛古雷塘,重槛依松楸。

渔渠

九龙冈北去,八里有荒庄。湖水环十亩,人家水中央。亭院倒清影,四周绕绿杨。约略横门外,落花流清香。鱼戏唼花蕊,吊丝轻且长。

黄鸟丘

乔木何依依,蓊郁隔溪湾。年年黄栗留,百转巢其间。远者音睍睆,近者声缗蛮。羡杀得所止,既静且幽闲。何时足清听,应携酒与柑。

龟莲沼

一渠水清浅,萍藻生其中。五月六月时,莲叶青蓬蓬。时见灵寿子,游戏桥西东。出没不可数,鳞鳞鱼滕从。波纹识水面,苹末生清风。

菱靡

水草何交加?草深不知处。有人驾轻舟,采菱出前渡。采采复采采,夕阳淡将暮。采之欲遗谁?可怜隔烟树。此心共谁知?水边鸥与鹭。

射鸭船

池塘有小舟,往来湖之滨。乘风到草堂,午梦犹未醒。芦苇送秋意,野鹜呼前津。吟诗慕东野,欲去且逡巡。归棹日已晚,诗思杳无因。

长生谨题

四、阮门女子唱和兴

酬唱应和既是生活内容之一,也是提升文学技巧的方式之一。《阮芸台珠湖草堂》画卷题咏唱和中有一个值得注意的现象,就是阮氏女子唱和之作亦盛。清代阮元家族的女性,是扬州才女的杰出代表,能诗善画。

孔璐华是孔子第73代孙,衍圣公孔昭焕孙女,后嫁入"簪缨之族"的阮家。阮元于嘉庆元年(1796)在杭州迎娶孔璐华。嘉庆六年生子阮凯(1801—1803),惜早殇。嘉庆八年,生子阮孔厚。著有诗集《唐宋旧经楼诗稿》7卷,共四百多首,多是嫁给阮元后所作。她的诗歌中透露出从容安闲,诗风温柔敦厚、醇雅,情感内敛。

珠湖草堂

将军旧游处，茅舍近田畴。绿树皆临水，青山正对楼。美珠来水上，看月过桥头。多被阳侯虐，连年有横流。

三十六陂亭

一笠庐亭子，轩窗面面开。山光齐缥缈，水影共徘徊。港曲波潆砌，风清月满台。鸳鸯三十六，应向此亭来。

湖光山色楼

山色当楼照，登临望不迷。树高分绿影，屋小傍清溪。渺渺烟波远，重重翠岫低。凭栏何旷阔，吟到夕阳西。

黄鸟丘

黄鸟巢高树，谁知邱壑深。翩翩穿石径，恰恰出芳林。睍睆分春眼，绵蛮留古音。羡君有所止，更见绿成阴。

渔渠

林下风光好，清溪屋外围。田堤成柳岸，一水绕柴扉。叶叶客舟过，声声渔笛归。我来看晒网，闲立趁斜晖。

龟莲沼

莲沼西林下，朝霞菡萏红。亭亭初出水，楚楚独摇风。翠鸟来花上，倏鱼戏叶东。灵龟何处有？应在碧溪中。

菱湄

湖湄多水草，菱叶镜光平。丝弱随风引，花低逐浪生。烟浓牵艇远，日落荡舟轻。如此清泠地，何堪洪水争？

射鸭船

一叶小莲舟，乘风逐野鸥。曲溪红蓼岸，古渡白苹洲。已觉烟波远，还知水月秋。角弓盘猎马，那似竹枝柔？

经楼

对比题咏诗原稿与收入诗集《唐宋旧经楼诗稿》的定稿[1]，发现二者存在差异。诗人删订修改后的定稿，诗歌内容、用字经过推敲，更为雅致。现将差

---

[1] 孔璐华：《唐宋旧经楼诗稿》，《扬州文库》第 92 册，第 26—27 页。

异之处列出,便于对比研究。

表1 孔璐华题珠湖草堂八景诗修改前后比较

序号	标题	题图稿	定稿	题记
1	珠湖草堂	美珠来水上,看月过桥头。多被阳侯虐,连年有横流。	布帆来户外,木屐过桥头。甓社湖波远,珠光八百里流。	招勇将军旧游之地,在黄子湖孙渡桥东八里。
2	三十六陂亭	一笠庐亭子,轩窗面面开。	茅舍晴烟绕,轩窗面面开。	堂后高亭,平畴湖水皆可见。
3	湖光山色楼	渺渺烟波远,重重翠岫低。	渺渺篷帆远,重重翠黛低。	庄门小楼隔湖正对甘泉山色。
4	渔渠	林下风光好,清溪屋外围。田堤成柳岸,一水绕柴扉。	林下风光好,清溪四面围。晴烟依柳岸,绿水绕柴扉。	巨渠环庄,多鱼可捕。
5	黄鸟丘/隅	—	—	亭西石阜榆柳丛杂,岁有巢莺。
6	龟莲沼	莲沼西林下,朝霞菡萏红。亭亭初出水,楚楚独摇风。翠鸟来花上,倏鱼戏叶东。	莲沼西林下,清香更不同。亭亭常映水,楚楚独摇风。小鸟来花上,游鱼戏叶东。	隅下曲池多龟少莲。
7	菱麋/湄	湖湄多水草,菱叶镜光平……烟浓牵篸远,日落荡舟轻。如此清泠地,何堪洪水争?	湖湄多水草,菱采镜光平……烟迷牵篸远,日落荡舟轻。更听渔歌起,悠然入耳清。	湖南水草多处种菱可采。
8	射鸭船	曲溪红蓼岸,古渡白苹洲。	前溪红蓼岸,古渡白苹洲。	小舟与隔湖避风庵往来,唤渡曰"射鸭"者,取孟郊诗句也。

刘文如(1777—1847),字书之,号静香居士,是阮元原配江夫人的丫头。随江夫人入嫁,婚后三年,江夫人因病去世。在父亲阮承信的要求下,阮元才把十六岁的刘文如纳为侧室。刘文如也写诗,但保存下来的不多。她的主要成就是对四史中存疑的年份进行研究,著有《四史疑年录》。与阮元生有一儿一女,儿子阮祜被道光点为刑部山西司郎中。咸丰时,被任命为四川潼川知府。女儿阮正嫁给了吴刺史公谨崧圃阁老的儿子。

珠湖草堂

草堂将军旧地，珠光夜夜怀川。一片淮南草木，爱看明月连连。

三十六陂塘

无数陂塘截水，几多波浪涌空？车到珠湖南北，人来亭子西东。

湖光山色楼

楼外重重湖水，湖前隐隐青山。人在北湖楼上，楼居山水之间。

渔渠

芦笛声声吹午，绿波曲曲环庄。八尺板桥横跨，一渠鱼影清凉。

黄鸟丘

高阜依依榆柳，黄鹂百转春时。何必双柑丰酒？但听睍睆吟诗。

龟莲沼

翠盖田田水面，花开露浥清香。叶动灵龟曳尼，几时梦入蒙庄。

菱湄

素面谁家好女？采菱竟日湖头。桥外夕阳淡淡，欲归还驾兰舟。

射鸭船

风里片帆隐隐，小舟闲系祠堂。渡口行人遥识，闲看射鸭湖庄。

书之

刘文如的这八首题咏诗，尚未见到其他版本，无从比对。

谢雪（1782—1836），字月庄，号蓉庄，江苏长洲（今属苏州）人。嘉庆二年（1797）闰六月，15岁的谢雪被阮元纳为侍妾，后封为恭人。谢雪娴于诗，善绘事，尤工花卉。有《咏絮亭诗草》四卷。谢雪所生子阮福，官至户部郎中、甘肃平凉知府、湖北宜昌、德安知府，加三品衔。

珠湖草堂

草堂在湖际，榆柳绿成行。湖东连甓社，夜夜走珠光。皎如秋空月，清辉媚此堂。

三十六陂亭

陂亭多野水，故故鸳鸯飞。窗北碧波绕，檐外绿阴围。烟波何渺渺，倚阑吟落晖。

湖光山色楼

层楼高六柱,凭窗临远湖。波光开晓镜,山色连平芜。帆樯出复没,隐隐隔菰蒲。

渔渠

圆渠庄外抱,轻鲦戏波清。游泳傍红蓼,浮沉依绿萍。闲来步濠梁,颇适观鱼情。

黄鸟丘

一丘间一壑,密树接浓阴。黄鸟何交交,睍睆流好音。偶然见金衣,忽又无处寻。

龟莲沼

曲沼小隅下,映水菡萏红。日午浮暖香,摇影何玲珑。灵龟几百岁,轻游青盖中。

菱湄

水草交野岸,菱花间绿蘋。谁家红袖女?应是采菱人。归去共携手,斜阳明水滨。

射鸭船

小舟随风移,轻弓试竹枝。忽射惊鸥散,飞度水之湄。打桨复归去,草堂卧读诗。

月庄

将谢雪这首图上题咏与收入诗集的版本比对[1],发现"黄鸟丘"改成了"黄鸟隅",此外,在每景题目之后都加了题记,作为说明。现将题记汇总如下:

珠湖草堂:招勇将军旧游之地,今为祭田庄,在黄子湖孙渡桥东八里。

三十六陂亭:堂后高亭,平畴湖水皆可见,乃光禄公所建。

湖光山色楼:庄门小楼,隔湖正对甘泉山色。

---

〔1〕 谢雪:《咏絮亭诗草》,《扬州文库》第93册,第21—22页。

渔渠：巨渠环庄，多鱼，可捕而观之。

黄鸟隅：亭西石皋，榆柳丛杂，岁有巢莺。

龟莲沼：隅下曲池多龟少莲。

菱麋：湖南水草多处，种菱可采。

射鸭船：小舟与隔湖避风庵往来，唤渡曰"射鸭"者，取孟郊诗句也。

唐庆云（1788—1832），字古霞，吴县人（今江苏省苏州市）。嘉庆七年（1802），唐氏15岁时被阮元纳为侍妾，无子女。唐庆云工诗善画，著有诗集《女萝亭诗稿》六卷。

珠湖草堂

绿阴深绕草堂幽，夏月农家田事稠。波影珠光风景好，特来小住此间游。

三十六陂亭

陂亭却旁小湖边，野景清幽望渺然。暇日偶来亭上坐，鸠声啼碎夕阳天。

湖光山色楼

小楼窗户对湖开，万绿平畴叠翠来。为爱甘泉山色好，凭阑欲去又徘徊。

渔渠

苍茫烟水夕阳时，远近渔舟傍岸移。网得鲜鳞堪作脍，好同新麦荐先祠。

黄鸟隅

层坡垒土望如山，榆柳成围翠影环。羡尔春深巢自稳，双柑来听语绵蛮。

菱湄

南湖水草护菱洲，菱叶菱花散早秋。隔岸谁家采菱女，夕阳来荡一轻舟。

龟莲沼

西林小沼最清华，种得红蕖似碧霞。闻道灵龟巢叶上，看他六月伴莲花。

射鸭船

隔湖遥见一舟开，隐隐南溪转北回。谁把竹枝弓小试，忽惊野鸭乱飞来。

古霞

唐庆云这八首图上题咏诗，与收入诗集的版本相比[1]，情况与谢雪相似。"黄鸟丘"改成"黄鸟隅"。渔渠、菱湄2个景点未加题记，其余6个景点在题目之后加了题记，文字与谢雪所述大同小异。

刘繁荣（1791—1805），字涧芳，江苏宝应人。学者刘台拱女，阮元嗣长子阮常生妻。善于绘事，工吟咏。有诗集《青藜馆诗钞》。

珠湖草堂

将军旧宅依沧浪，晴云拂槛波绕廊。开窗偶向草堂坐，清风扑面稻花香。更好夜来万籁歇，水上骊珠天上月。月珠皎洁两相辉，照得满湖疑是雪。

三十六陂亭

坡塘六六柳阴多，小亭翼然临清波。阑干几曲夕阳外，连天嫩碧皆新禾。一片明湖清见底，鸳鸯野鸭随波起。遥看远浦下扁舟，露筋祠在烟云里。

湖光山色楼

小楼窗槛生浮云，湘帘卷起云氛氲。甘泉山高送寒碧，晴湖千顷流斜曛。直上登临一回顾，水色斜分山色聚。西风何处棹歌声，蒲帆几点林梢露。

渔渠

一湾曲水环如璧，隔断行人境幽僻。春到鱼腮浪走花，秋生芦叶风摇碧。绿柳阴中隐板桥，人过桥上柳齐腰。闲来垂钓溪边立，一种幽情解寂寥。

---

[1] 唐庆云：《女萝亭诗稿》，《扬州文库》第93册，第18页。

黄鸟隅

阴阴绿树曲溪湾，压地浓云掩竹关。每到年年二三月，交交黄鸟鸣其间。好音宛转穿林薮，催起农人作南亩。午梦醒来坐草堂，清听何须携斗酒。

龟莲沼

曲水池塘深数尺，莲花倒浸波光赤。时有南风带雨来，吹翻莲叶珠难拾。偶然驾得采莲舟，蓬蓬莲叶过人头。低头欲摘青莲子，水面灵龟曳尾游。

菱湄

陂湖千顷珠生光，菱花菱叶波苍茫。秋风起兮菱叶老，秋月淡兮菱花香。采菱采菱湖之曲，一叶轻舟与波逐。何人归棹夕阳斜，带得蓼花红簌簌。

射鸭船

十里湖波流淡荡，轻舟一叶闲来往。夜泊桥边系柳阴，朝渡行人打双桨。无心点点湖中鸥，见惯行人不避舟。弯得竹枝弓小试，一齐飞过白苹洲。

庚午秋日曾孙妇刘蘩荣敬题

刘蘩荣的这组七律题咏，后来有所修改[1]。兹将题画诗与收入集子的版本不同之处列表如下：

表2　刘蘩荣珠湖草堂八景诗修改前后比较

序号	标题	题图稿	修改稿
1	珠湖草堂	清风扑面稻花香 更好夜来万籁歇 月珠皎洁两相辉 照得满湖疑是雪	清风扑面闻花香 夜来万籁一时歇 珠光月色两相辉 照得满湖千顷雪
2	三十六陂亭	连天嫩碧皆新禾	连天嫩绿皆新禾

---

[1] 刘蘩荣：《青藜阁诗集》，清道光四年刻本。

（续表）

序号	标题	题图稿	修改稿
3	湖光山色楼	小楼窗槛生浮云 晴湖千顷流斜曛 直上登临一回顾	高楼窗槛生浮云 晴湖千里流斜曛 一角夕阳重回顾
4	渔渠	一湾曲水环如璧 秋生芦叶风摇碧 绿柳阴中隐板桥 一种幽情解寂寥	一湾绿水环如璧 秋生芦管风摇碧 杨柳阴中隐板桥 一种幽情在寂寥
5	黄鸟隅	阴阴绿树曲溪湾	绿阴回合曲溪弯
6	龟莲沼	偶然驾得采莲舟 蓬蓬莲叶过人头 水面灵龟曳尾游	偶然棹得采莲舟 亭亭莲叶过人头 叶底灵龟曳尾游
7	菱湄	陂湖千顷珠生光 菱花菱叶波苍茫	平湖千顷珠生光 菱花菱叶交苍茫
8	射鸭船	轻舟一叶闲来往 夜泊桥边系柳阴 朝渡行人打双桨	扁舟一叶闲来往 夜泊红桥系柳阴 行人朝渡打双桨

　　通过复盘《阮芸台珠湖草堂图》的内容，我们梳理清楚了《珠湖草堂图》的前世今生，厘清其递藏传承关系，更为北湖珠湖草堂保存了一份珍贵的史料。欣赏图中诗人吟咏珠湖草堂八景之作，我们充分领略了珠湖草堂的人文历史和北湖的田园风光。通过阮元发起的借图唱和活动，我们领略了阮元朋友圈深厚的人文积淀。特别是阮门女子的诗作，通过修改前后作品的比较，可以充分感受女诗人在创作上精益求精的态度、涵咏古典诗词的意境之美。画美，景美，诗美，人美，处处展现的是北湖之美，是江河交汇地的扬州之美。

作者单位：扬州报业传媒集团

论 20 世纪 80 年代扬州评话新书的创编

曹 楠 黄 诚

摘　要：20世纪80年代是扬州评话恢复与新书创编的活跃期，名篇佳作迭出，在当代扬州评话史、当代文学史上都有重要的地位。以该时段扬州评话新书中的代表性文本为研究对象，在细读《挺进苏北》《广陵禁烟记》《未过门的哑巴媳妇》等文本的基础上，概述其总体风貌，论述其书写革命史、演绎地方史及展现改革开放时代风貌的题材类型及其特点，阐释其守正创新的艺术特色，以期推动当代扬州评话史研究，进而评估作为文本形态的新书创作在当代文学史上的地位。

关键词：20世纪80年代；扬州评话新书创编；题材类型；艺术特色；价值评估

1976 年 10 月，扬州评话获得了新生。相关部门积极整理旧书、编创新书，组织会演交流，加强扬州评话的研究，扬州评话的创编、演出和研究很快恢复元气，被中断的传统书目整理工作迅速恢复，《三顾茅庐》等连载，《武松》《扬州评话选》《火烧赤壁》《宋江》《皮五辣子》等出版或再版，成绩斐然。传统书目的整理出版，不仅为扬州评话艺术的传承保留了底本，而且为新书的编创积累了经验，为扬州评话守正创新打下了坚实基础。为适应时代需要，扬州评话创编队伍积极承袭评书讲史传统，大写革命历史传奇；从扬州地方历史出发，演绎扬州地方史；发掘新时期人民生活中的新风尚，展现社会主义先进文化与改革开放的时代风貌；体现出 20 世纪 80 年代扬州评话新书创编的新收获。

一、新书创编概说

1977 年，陈云同志在评弹座谈会上指出，"要反映现实斗争，说好现代题材的新书。这是时代的需要，革命的需要"；1978 年，他又在关于评话的通信中再次强调,"坚持说新书,仍然是我们必须坚持的方针"。"说新书"不仅是陈云同志对评弹的要求,而且是对评话等传统曲艺的书(曲)目编创的总体性指导意见。扬州评话作家认真贯彻落实陈云同志讲话精神,积极推出新书目。就题材而言,主要有如下类型:一是革命历史题材。该类题材既讴歌了陈毅、粟裕等老一辈无产阶级革命家,也塑造了如郑三江、邵铁成、朱正清等一批对党忠诚、立场坚定、智勇双全的共产党人形象。革命先烈的英雄事迹,一方面使广大人民群众重温革命史,感受共产党人崇高精神风貌,另一方面有力配合了"文革"后批判"四人帮"和"拨乱反正"运动展开。"歌颂忠心耿耿的老一辈无产阶级革命家,正是对'四人帮'这伙党奸、国贼的严正声讨与无情批判"[1],这一点深刻地体现在 1977 年,刘立人、汪复昌、姜锋、李信堂、惠兆龙集体创编的《棋高一着》上。该书讲述陈毅在黄桥战役中认真贯彻党中央的抗战方针,积极发动群众、团结爱国进步人士,有理有利有节地反击国民党反动派积极反共、消极抗战的丑恶行径,展现了陈毅同志智勇双全的儒将形象。《棋高一着》采取横断面式结构,截取黄桥战役的一个片段反映黄桥战役的全局。作品没有将重点放在战争的描写上,而是聚焦陈毅与吕鉴唐在望海楼下棋观战谈兵,"武戏文唱",别具一格。如以棋局讲"黄桥之战"的战略意义:黄桥之战关系到能不能渡江北上、打开苏北抗战的局面,与山东八路军打通联系,把抗日根据地联成一片,对华东日寇形成包围之势。再如陈毅通过弈理"金边银角烂肚皮"分析了敌军外强中干的劣势:李明扬鲁苏皖部队及保安旅等杂牌军与中央军之间勾心斗角,只要有效利用矛盾,分化敌军,牵制两边,攻打一路,李守维的中路军,"岂不成了一摊烂肚皮吗?"借吕鉴唐的眼,写出镇上不计其数的烧饼作坊为赶制劳军烧饼紧张忙碌的场景,显示出人民是黄桥战役取胜的伟力,"我军有了这支千百万真心实意拥护革命的人民群众……顽固派胆敢进犯黄桥,必然会淹没在人民战争的汪洋大海之中"。此外,中央的指示电报传来,陈毅毅然决定服从毛主席的正确指示。一场弈棋、一封电报和一派忙碌的劳军景象,将我军"棋高一着"的人民战争思想表现得淋漓尽致;城头对弈观景,气定神闲,成竹在胸,陈毅将军的儒将形象跃然纸上,抽象的人

〔1〕　刘立人、汪复昌、姜锋:《严冬过尽绽春蕾——略谈扬州评话〈棋高一着〉的创作》,《新说书丛刊》第 1 辑,上海文艺出版社 1979 年版,第 386 页。

民战争的战略战术思想变得具体可感,艺术上亦"棋高一着"!《棋高一着》演出后,获得好评,在1977年12月江苏创作剧目会演同时获得创作奖与演出奖。由于陈毅长期在华东地区参加革命和建设工作,又是一代儒将,幽默风趣,富于生活情趣,在民间流传着诸多陈毅将军的传奇性革命故事,为评话创作准备了大量的素材,因此,《棋高一着》之后,一批以陈毅事迹为题材的评书大量涌现,如费力、刘立人、汪复昌根据话剧《陈毅市长》第五场改编的《市长访贤》;夏耘等的《陈毅拜客》《茅山接应》;夏耘的《血战来龙庵》等。特别是《陈毅拜客》等后来经过夏耘等人的不断拓展扩充,结集为40回本的长篇扬州评话《挺进苏北》,成为20世纪80年代扬州评话中陈毅题材的代表力作。

革命史题材的评话还有吴林森、吴林源的《还我头来》,陆登标的《牵羊让路》及姜锋、李信堂的《江心洲》等。

第二类是反映现实生活中人民的精神新风貌。代表作如李信堂的《江边卫士》、兰远的《未过门的哑巴媳妇》。《江边卫士》通过老所长救孕妇、抓扒手的故事,塑造了一个坚守岗位20年,以所为家,即便是在"文革"中被打成"反革命政治扒手"挂牌示众,依然不忘本职工作,在码头上维持秩序的人民警察形象。在评话中,老所长对生命的关心,对国家荣誉的维护,抓小偷所展现出的高超业务能力,生动阐释了新中国人民警察的精神风貌。评话通过离开故国三十年的华侨陈德富之口赞扬新中国和新中国的人民警察:"旧中国的警察敲诈百姓,如狼似虎;新中国的警察服务人民,鞠躬尽瘁。新旧中国天壤之别,真是两种社会两重天!"

如果说《江边卫士》是聚焦新中国人民警察的精神风貌,那么《未过门的哑巴媳妇》则通过婚姻观的改变反映新时代的新风尚,讲述了部队技术人员张三宝父母第一次接待未过门儿媳妇晓燕时,因误会晓燕为哑巴而发生的种种啼笑皆非的故事。张父、张母得知晓燕是"哑巴"时,非常失望,但是很快发现晓燕是人品和技能兼美的女子,感慨"前几年由于'四人帮'的干扰破坏,社会风气变坏了,出现了不少高价姑娘和高价小伙子",由衷地认为心灵美才是择偶最重要的标准。晓燕是模范医务工作者,预备党员,素质高,而且是儿子选的,接受晓燕就是尊重儿子的选择。张父和张母以心灵和素质为标准,尊重子女的婚姻自由,反映了新时期社会生活的新风尚。小说不以情节冲突取胜,而以生活情调见长。母子围绕对象问题的对话风趣幽默,老两口之间为了与"哑巴"儿媳妇沟通而练习手语时的滑稽可爱,晓燕进门后与张母之间手语对话的温馨幽默,都显示出浓浓的市民生活趣味。语言运用更是多用圆口,灵活生动,极富生活气息。如张母为迎接没过门媳妇而准备食材时的描写:"先泡金针和木耳,再抓母鸡和肥鸭,糖醋鱼,油爆虾,水桶里再泡个大西瓜。今天不把旁人请,专等儿媳来喊妈。"写出张母心中的"美"。再如当误会解除时,对四个人笑声的摹写,写出了不同人不同的"乐"。

第三类题材是揭露国民党的腐败统治,侧面反映中国共产党领导人民取得政权是历史的必然。《牵羊让路》中,羊团总的腐化堕落被刻画得细致入微;《还我头来》中,国民党反动派的凶残狠毒被暴露无遗;《挺进苏北》中,韩德勤及其爪牙贪污腐化、勾结敌伪,专与进步势力为敌的恶行被表现得淋漓尽致。如果说以上作品都是局部写国民党统治的腐化和反动的话,那么《广陵禁烟记》就是通过麻震江的扬州禁烟运动折射出国民党从中央到地方的全面腐败,证明其必然走向灭亡的命运,是此类题材的代表作。

此外,许风仪《郑板桥卖画》展现了扬州评话在历史题材创作方面的新收获。评话中,郑板桥整治欺侮穷学生、误人子弟的冬烘先生孙秀才,惩治劣绅王全德、搭救被侮辱的寡妇,不顾家中无粮,还用卖画的钱救济贫病交加的贾广四,展现出嫉恶如仇、济贫救困的知识分子风骨。

二、《挺进苏北》

《挺进苏北》由夏耘、姜锋、许风仪、朱福烓四人集体创作,夏耘(1928—2003)为执笔者。夏耘,中国曲艺家协会会员,享受政府特殊津贴专家,扬州文化艺术研究室编剧、曲艺家。许风仪曾任扬州政协文史委副主任,副研究员、作家,创作有长篇小说《怪人郑板桥》,中篇小说《琼花梦》《燕归来》等。朱福烓(1937—2023),江苏扬州人,文史专家、作家,著有《扬州史话》《扬州八怪传》《扬州风物志》《鉴真》等。姜锋为评话演员。他们一起创作了《陈毅拜客》《挺进苏北》等以陈毅为主要题材的评话剧本。其中,《挺进苏北》1981年 8 月被江苏省文化厅、中国曲协江苏分会评为长篇优秀作品一等奖。

(一)"统战圣手"与儒将风范

《挺进苏北》以 1940 年陈毅率领新四军开辟苏北抗日根据地的革命斗争

为主要内容。当时，新四军处在苏北地区敌我友并立、斗争形势复杂的环境中，一方面要打击日寇的嚣张气焰，一方面要与以国民政府江苏省主席韩德勤为首的反动势力破坏抗日统一战线的行为作斗争，挺进苏北困难重重。陈毅同志积极贯彻党中央"发展进步势力，争取中间势力，孤立顽固势力"的方针，发动人民群众，团结像韩紫石等爱国进步力量，争取像李明扬、李长江、陈泰运等中间势力，有理、有利、有节地回击韩德勤为首的反动势力，取得了大桥之战、保卫郭村及黄桥战役的一系列胜利，给反动势力以沉重打击的同时，维护巩固了抗日统一战线，壮大了抗战力量，使苏北八路军顺利会师，实现了挺进苏北的战略部署。正如《挺进苏北·后记》所言，陈毅率领新四军来苏北，既不是为了争地盘，也不是为了制造摩擦，他"执行党的统一战线策略，开展反摩擦斗争，归根结底，都是为了抗日"，因此，评话的主题是通过陈毅的统战艺术和战略部署表现"陈毅同志以统一战线配合武装斗争的思想和行动"。[1]作品虽然有大量的战争场景描写，但重心不在战争书写上，而是重点描写陈毅贯彻中央关于抗日统一战线的方针，艺术地再现陈毅"统战圣手"与一代儒将的光辉形象。

在老一辈无产阶级革命家中，陈毅同志性格开朗，风趣幽默，能诗善文，有高超的政治艺术和杰出的统战才华，是著名的"统战圣手"，这一点在《挺进苏北》中得到充分展现。统一战线是中国共产党的三大法宝之一，在抗日民族统一战线中，其具体内涵为"发展进步势力，争取中间势力，孤立顽固势力"。苏北地区政情、敌情复杂，韩德勤统率十万大军，新四军只有区区七千多人，敌我力量悬殊。陈毅认清敌我态势，争取杂牌军如李明扬、李长江的鲁苏皖部队和陈泰运的税警团及保安旅在黄桥大战中保持中立，又积极发动人民群众，团结如开明绅士韩紫石、爱国僧人仁静等爱国势力，成功孤立韩德勤的中央军，有力地配合了黄桥战役等武装斗争的胜利。甘露寺访空静、乔园访二李和海安请韩紫石出山等情节展现出陈毅高超的统战艺术。如乔园访二李时，陈毅从李明扬为庆贺李长江生日所作一幅对联读出李明扬的心境和处境。对联内容是："庆贺长江弟，追悼中山孙，歌于斯，泣于斯，一日之间哀乐异；冷落草头将，热闹水边王，和为贵？战为贵？千秋以后忠奸分。"根据对联，陈毅分别对

---

〔1〕 夏耘：《挺进苏北·后记》，《挺进苏北》，中国曲艺出版社1982年版，第585页。

二李采取了不同的统战策略，打消二者顾虑，稳住了二李，孤立了韩顽，发展和巩固了抗日统一战线，从战略和战局上扭转了敌众我寡的态势，为黄桥战役的胜利奠定了基础。

面对李明扬、李长江等友军，陈毅着重从战略和利害角度入手，展示出政治家的统战艺术，面对开明士绅和爱国僧侣，陈毅不仅晓以利害，而且以文会友、以诗交心，体现出儒将的风范。如陈毅金山访空静，以对对子的方式互露心声，在对对子中完成了统战爱国僧人的目的。游山联对，本是文人雅事，陈毅将其活用为统战艺术，通过对子彼此一步步打消疑虑，一步步产生情感共鸣，一步步达成共识，足见陈毅的文采风流与政治智慧。海安访韩紫石并赠其竹骨折扇及诗、与仁静谈论佛法，皆是将统战与文人情趣相结合的典范。与韩紫石弈棋论战局，相互唱和，既是武戏文唱，又见儒将风范。

除陈毅，作品还塑造了一批鲜活的人物形象，如李明扬的老谋深算与两面性，李长江的胸无城府与鲁莽凶狠，韩德勤的狡诈与反动，李守维的贪婪与颟顸，韩紫石作为开明绅士的孤忠高洁和爱国忧愤，交通员张有福的机智勇敢，参议姚彬的虚伪、阴险与卑劣，仲桂芳的泼辣与好爽等，都写得有血有肉，丰富了革命历史题材评话的人物形象。

（二）艺术成就

坚持历史真实与艺术真实的统一原则。《挺进苏北》是革命历史题材，情节是真实发生的历史事件，为解决好艺术虚构和尊重历史事实的矛盾，他们采取了"上面的不能假，下面的不能真"的原则。主要历史事件和人物必须做到历史真实，而基层人物与生活细节可以适当虚构，做到艺术真实。为了尊重历史事实，作者在写作前准备了大量的素材，阅读相关史料，查看回忆录和传记，掌握时代背景和主要史实，摸清挺进苏北的基本情况及陈毅主要活动，然后实地考察，对江都、泰州等陈毅及新四军活动的场所和行军路线了然于心，采访挺进苏北的亲历者及其家属，搜集"下面的"人物事迹和相关的电报、信函及文件，为"历史的真实"夯实素材基础。对于主要的历史事件，尊重历史事实；对于主要人物陈毅，其性格、气度及主要事迹都必须真实，儒雅幽默符合陈毅的形象特征，"统战圣手"、儒将符合他的身份特征。但是为了塑造人物，也有适当的虚构，如第二回中的过江是历史的真实，受到日本人盘查属虚构；带马过江是真实，东洋马叫是虚构。惟其如此，才能让情节波澜起伏，才能使平淡的故事具有传奇性，才能在紧张的情节中显示陈毅的大智大勇，才能更好地"表现主题和衬托主要人物"[1]。如写李守维体胖是真，但其膘肥体壮的坐骑"脊梁骨被压得像弯弓似的"是虚构；李守维贪婪是真，但他逃命和坠河时还死死拽住搜刮来的半布袋银元则是虚构，这种虚构是漫画式的夸张，呼应李守维带兵攻黄桥时的冒进，使其"贪""蠢"如猪的形象跃然纸上，可恨可笑，极具滑稽与讽刺意味。由于历史事件和人物都距离创作时间不远，素材易得，但对于纪实和虚构的把握是处理此类素材的难点。《挺进苏北》采用"上面的不能假，下面的不能真"的处理原则，对该类题材的创作作出了可贵的探索。

统一战线与武装斗争的双线交织。《挺进苏北》全书四十回，可分三个单元：前五回，写大桥之战；六至二十四回，写保卫郭村之战；二十五至四十回，写黄桥决战。每一个情节单元相对独立，通过挺进苏北贯穿在一起，从大桥之战到黄桥决战，也是反动派制造摩擦与新四军矛盾一步步激化的过程。因此从情节上看，其结构可以看作以挺进苏北为主线，以三大战役为情节单元架构全文的。情节结构形式是为了更好地展现主题。《挺进苏北》的主题是表现"陈毅同志以统一战线配合武装斗争的思想和行为"。如果从主题着眼，其结构可以看作是统一战线与武装斗争的双线交织，相互配合，共同展现陈毅同志的光荣革命事迹和无产阶级革命家的光辉形象。如第一情节单元中，大桥之战仅一回书，而甘露寺进香、过江访严修武、乔园访二李等统战工作占了四回的篇幅，正是联合二李，大桥之战才得以顺利展开并首战告捷，由此开启挺进苏北的序幕。在第二情节单元中，新四军茅山接应，为二李运输枪械，统一战线得到巩固，但以韩德勤为首的反动势力积极破坏统一战线，因此有了反击李长江的郭村保卫战，郭村保卫战的实质是以斗争维护统一战线，其结果是维护并进一步巩固了统一战线，推进了挺进苏北的战略部署。第三个情节单元中，先是写与税警团及保安旅的战与和，实际上与郭村保卫战一致，是以斗争求团结的统战行动，这一系列武装斗争分化瓦解了韩德勤的十万大军，实现了敌我双方在力量对比上的微妙变化；海安访韩紫石促成的和平运动则争取了进步势力和民心，为黄桥之战赢得民心基础；最后黄桥战役的胜利及挺进苏北的战

---

[1]　夏耘:《革命历史题材创作中的艺术虚构——创作〈挺进苏北〉一得》,《曲艺》1981年12期。

略成功实现就顺理成章了。统一战线的建立与维护是武装斗争胜利的法宝之一,武装斗争又进一步巩固了抗日民族统一战线,二者相互配合,共同推进挺进苏北、抗击日寇的战略目的;体现在情节上,则表现为陈毅的统战工作与领导武装斗争的双线交织,二者交织运行,立体地呈现出陈毅同志"统战圣手"、军事家和诗人的光辉形象。

语言上,方口与圆口相统一。"方口"与"圆口"是扬州评话说表的特点。"方口"语句整齐,富于节奏感;圆口富于生活气息,灵活多变。《挺进苏北》是表现革命历史的书目,题材严正,陈毅是忠诚的无产阶级革命家,又是性情潇洒、语言幽默的儒将和"统战圣手",其面对的场合多样、针对的人群和处理的工作各异,语言风格多样化,因此,采用方口与圆口结合,方能生动形象地表现陈毅的身份特征和性格特点。在讲政策、作动员、表明立场时,以方口为主,体现革命事业的神圣性,但方中用圆,又能避免说教与呆板;在缓和气氛、拉近距离、交流感情时,以圆口为主,但又以方为底色,幽默而落入"油滑",风趣而流入"滑稽"。为了联合开明士绅抵制韩德勤不断制造的摩擦,陈毅带海安访韩紫石,"共商抗日大计",而韩紫石拿出五百大洋,名为劳军,实则拒绝。为了说动韩紫石出山,陈毅和韩紫石有一番对话,可谓方中有圆、圆中有方,体现出高超的语言艺术。对话中,陈毅以生活化的语言来调节尴尬的气氛,幽默风趣地表达自己请韩紫石出山的主张;当气氛缓和之后,陈毅立即义正辞严破除韩紫石心中国共的门户之见,宣扬统一战线的主张,言辞有理有节,铿锵有力,每一字每一句敲到韩紫石的心坎上,将其内心的障碍一锤一锤地敲碎,使其加入抗日民族统一战线。这段对话可谓方口与圆口结合的典范。

如果说陈毅说服韩紫石是以方口、圆口结合正面展现陈毅作为"统战圣手"高妙的语言艺术的话,那么,韩德勤"棋语"分析陈毅让姜堰时的描写,则是以方口与圆口的结合运用侧面衬托陈毅作为"统战圣手"的人格魅力。此外,陈毅在黄桥之战前的战略动员、乔园访二李、仲桂芳打麻将稳定中立方军心等情节,皆是方口和圆口相结合运用的例子。

诗文和对联等传统文体的穿插,增加了语言的雅致;扬州方言的运用富有地域色彩,这些也是该评话在语言上的特色。

三、《广陵禁烟记》

李真（1929—2009），江苏扬州人，享受国务院特殊津贴专家，中国曲艺家协会会员，曾任江苏省曲艺家协会副秘书长，扬州市文化局编剧。李真长期从事扬州评话编创与研究工作，20世纪50年代至80年代，先后参与编辑或主编了《扬州评话选》《中国评书精华（神怪卷）》等评书，整理出版了传统长篇评话《火烧博望坡》《火烧赤壁》（与张棣华合作）、《皮五辣子》（合作整理）等评话曲目；创作出版长篇评话《广陵禁烟记》《王少堂》（与徐德明合作）及短篇评话《国门猎狼》等。其中，《广陵禁烟记》选回《吞钩》获1986年文化部举办的全国曲艺新书（曲）目创作一等奖；《王少堂》获第五届中国曲艺牡丹奖文学奖。1989年后，又与徐德明合作撰写了《王少堂传》《朱自清传》等传记文学。评话理论著述有专著《笑谈古今事：扬州评话艺术》（与徐德明合作）及《话本结构浅谈》、《扬州评话艺术特色浅谈》、《扬州评话的渊源和流派》（与汪复昌合作）等一系列论文。李真创、编、论兼精，其评话创作及评话理论研究在扬州评话史上有重要的地位。这些成绩的取得，与他和王派《水浒》深厚的渊源分不开。

由于工作关系，李真亲炙评话大师王少堂四载，闻得了评话表演和话本创作之道，即"科、趣、识、味、肥、肉"等"表演艺术的要诀"与"创作话本的内容"，为创作评话打下了坚实的理论基础。1962年，李真与王丽堂合作改编《夺印》，"王丽堂从头至尾说一段，我把书词记下来修改，再让丽堂搬到台上说"，演与创合作，为李真积累了评话创作的实践经验，加深了对王派《水浒》之道的领悟。改革开放以后，他创作长篇评话《广陵禁烟记》，是以向王少堂"还书"的方式践行了王派《水浒》之"道"。《广陵禁烟记》好评如潮，荣获大奖，可以说是这位未经"过海"的王派《水浒》传人"得道"的印证。[1]

（一）20世纪30年代的官场现形记

《广陵禁烟记》主要讲述了1935年扬州的一场禁烟运动。家境贫寒的麻震江通过文官考试，因成绩优异被推荐到一等大县江都出任县长。麻震江初到扬州，年轻气盛，满腔抱负，企图以禁烟为抓手推进新生活运动，提倡礼、义、

---

[1] 李真：《王派〈水浒〉未经"过海"的传承人》，《曲艺》2007年第4期。

廉、耻，提振颓风，革新民气，报效党国，以求上进。麻震江深感扬州官场黑幕重重，主动求国民党中央委员汪伯龄作后盾。汪伯龄是扬州城的头号大亨，不仅是国民党现任中央党部执行委员、长江要塞司令、江苏省政府委员兼建设厅厅长，而且革命资历老，是早期同盟会会员，黄埔军校教授部部长，蒋介石的拜把兄弟。在汪伯龄的支持下，麻震江雷厉风行，举办禁烟戒毒所，搜捕烟鬼烟贩，一夜之间抓捕了二百三十一个烟鬼，检验毒瘾，强令戒烟，扬州禁烟形势顿时大好；为杜绝毒渊烟薮，麻震江一鼓作气，巧计抓捕大烟贩子班兴，在汪伯龄的支持下，顶住上海大亨栾五的压力，将班兴就地正法，把禁烟运动推向高潮。正当麻震江想把禁烟之火烧向官场，借此整顿吏治、挖掉烟毒的政痔之根时，汪伯龄原形毕露，麻震江突然发现，原来禁烟运动的后台才是扬州最大的烟鬼、最大的毒贩。抓烟贩、办戒毒所，不过是汪伯龄诱自己上钩而导演的一场闹剧；杀班兴、拒栾五，不过是汪伯龄假麻震江强硬的禁烟手段而抢夺鸦片市场的伎俩。汪伯龄威逼利诱，不仅将麻震江禁烟的满腔热情烧得一干二净，而且将禁烟运动变成敲诈钱财的生意，麻震江自己也逐步沦为汪伯龄镇压共产党领导民众运动的走狗酷吏。一场旨在贯彻"新生活运动"、褐橥"礼义廉耻"的禁烟运动恰恰一层层揭开了扬州官场的层层黑幕，撕掉了国民政府官场的假面具，露出寡廉鲜耻真嘴脸。

随着禁毒运动一步步开展，扬州各级官吏纷纷登台亮相，上至中央委员，下至狱警，个个借禁毒敲诈百姓，逞其私欲，丑态百出。汪伯龄不仅吸烟，而且贩毒，是扬州禁烟最大的毒瘤。他既是江都县国民政府的太上皇，还是"禁"烟运动总指挥，麻震江看似精明强干，其实不过是他的提线木偶，被其玩弄于股掌之中，是他打击异己和屠杀进步运动的工具而已。除了操纵官场和鸦片市场，汪伯龄还私德不修，品行卑劣。他与女佣小莲子公开勾搭成奸，丑态百出；无理霸占蓝玉珍，道德败坏让人作呕。正是因为汪伯龄的罪恶，他的家奴走狗才能狐假虎威、无恶不作。书记长常传济公报私仇，将与鸦片毫无瓜葛的评话艺人黄少棠抓进监狱；蔡小侯身为警察局长，不仅私通烟贩，而且伙同烟犯串供作弊；牛有余担任贫儿院长时，强暴院中幼女，贪污院中财物，被委任禁烟科科长后，巧立名目，敲诈商家，假禁烟"卷地皮"；监狱门警钮进财借着禁烟跑到棚户区敲骨吸髓……把持扬州的汪伯龄一头连着小吏杂佐，一头通着南京国民政府高层乃至蒋介石，他的恶行劣迹，展示出国民政府全面腐败的现实。汪伯龄直通上层,通过他的言行,可以窥知国民党高层如陈立夫、顾祝同等人尔虞我诈、任人唯私、贪污腐败、私德败坏的乱象,评话以艺术的方式揭示汪伯龄抽烟不仅为蒋介石特许,而且是蒋介石亲自将第一口烟送到他口中,这个艺术的虚构,将烟毒与国民党吏治腐败的根源指向最高统治者蒋介石。《广陵禁烟记》通过禁烟及各级国民政府群丑劣行,演绎了一部民国官场现形记! 他们的腐化堕落敲响了国民政府灭亡的丧钟! 前15回是揭露扬州官场腐败、属于晚清黑幕小说流风余韵;后三回写在以孙志文为代表的共产党人的领导下,棚户的贫民、船娘及四乡八镇的农民纷纷觉醒,走上街头,团结斗争,惩治奸邪……不仅克服黑幕小说只揭发伏藏而无出路的弊病,而且指出黑幕重重的扬州充满着光明的未来,正如结尾诗"莫道乌云终蔽日,严冬过后有春天"所言,升华了主题——揭露国民党的腐败统治,指出共产党领导人民革命的正义性和必胜性!

(二)评话艺术的守正创新

作为王派《水浒》的传人,虽未经"过海",但李真已甚得扬州评话的个中三昧,为了继承和发展少堂老人所传之"道",他在处理《广陵禁烟记》的结构、矛盾设置和人物塑造时,不仅具有理论的自觉,而且在创作实践中自觉借鉴传统、大胆创新,成就了《广陵禁烟记》艺术上的特色。

"冰糖葫芦式"结构的活用。李真充分研究了扬州评话的结构艺术,认为扬州评话有四种结构模式:一是《武松》的"冰糖葫芦式";二是《宋江》的"火炬式";三是《火烧赤壁》的"两根副线不断与主轴合拢、分离的结构形式";四是《皮五辣子》"不拘格式,但分回结构却又比较严谨"[1]的结构。经过比较,他觉得《武松》的"冰糖葫芦式"结构宜于架构《广陵禁烟记》,他说:

> 《武松》全书十回,是以武松这个人的行动线串书的。但它还有另一个特点,那就是主要人物武松……贯穿全书,但在每回书中,与他对立的人,却一再变换……这种随着时间推移、地点转换而变更对立面的整体布局,倒很适合于《广陵禁烟记》所要表达的内容。这部书中的麻县长,在其性格发展过程中,没有一个对立面是与他斗争到底的,他的形象是通

---

[1] 李真:《话本结构浅谈》,《曲艺》1988年第7期。

过与三方面的人物矛盾冲突完成的。所不同的是,武松每变换一次矛盾
对立面,他的无畏精神和凛然正气,就向上走一级台阶,直到他上二龙山,
完成揭示官逼民反的主题任务。我把这种方法,叫做上楼梯式。《广陵禁
烟记》里的麻县长,正与之相反,是下楼梯式……确定了这个认识后,我
便着手用《武松》的"穿糖球"式(北方称为冰糖葫芦)方法,来结构我要
写的书。[1]

　　为此,作者将评话分成三个"冰糖葫芦",即三个情节板块:一是以抓捕
烟鬼烟贩和枪毙青帮毒枭班兴为核心的情节板块。麻震江在汪伯龄的支持下,
连环妙计与雷霆手段并用,枪毙班兴,该对立面至此消失,塑造出麻震江意气
风发、有勇有谋、敢作为能作为的禁烟县长形象。第二板块主要矛盾集中在麻
震江与马寡妇及其背后的杂佐小吏之间,此时的麻震江尽管执意将查禁烟土
与整顿吏治结合起来,但已经显得力不从心,左支右绌,进退失据;第三板块
则是直接面对汪伯龄的"权"诱与"利"导,麻震江不战而降,不仅"功名碰壁
弯腰",而且蜕变为"学不人形且放狼嚎"、反共反人民的酷吏。纵观三条线,
麻震江面对的矛盾冲突越来越激烈,对立面的力量越来越强大,他的意志和抗
争却越来越弱,其形象也越来越矮化。李真在继承这种"冰糖葫芦式"结构时,
也有创新和发展。《武松》中的情节单元,虽由武松作为主线串在一起,共同
塑造武松的英雄形象,但是情节单元之间联系较为松散;而《广陵禁烟记》从
抓烟鬼,杀班兴,审马二寡妇,挖出官府势力,刨出汪伯龄,直到镇压民众运动,
始终紧扣禁烟事件;人物形象的"下楼梯式"变化也都与禁烟的深入密切相
关,因此较之《武松》,其结构更紧凑、内在精神更一致。作为话本小说,《广陵
禁烟记》所谓"冰糖葫芦式"结构与晚清以降《官场现形记》等谴责小说中的
一线串珠式结构都是情节单元式结构,但就事件上的联系性及其内在精神上
的一致性而言,《官场现形记》等无法望其项背。因此,从该类小说结构的发
展上看,《广陵禁烟记》无疑是一种进步。
　　矛盾设置的"起肥"与人物塑造"堆肉"。李真根据自己对评话矛盾设置
的理解认为,"起肥"是一种结构布局的设计,通过矛盾冲突的组织"去修改和

---

〔1〕　李真:《借鉴传统学写新书》,《曲艺》1984 年第 4 期。

完善整体布局，使它成为有骨架的实体"，"堆肉"是"指要逐步完成形象的塑造，是让人物慢慢显现"[1]。在矛盾冲突中塑造人物显现人物，在"起肥"中为人物"堆肉"，二者结合，人物在矛盾冲突中逐步立起来，人物在立起来的过程中又推动矛盾发展，在相互配合中表现主题。在《广陵禁烟记》的三次矛盾冲突中，麻震江的形象慢慢被"堆"起来。第一回合的矛盾主要为麻震江与以毒枭班兴为首的禁毒与贩毒之间的冲突，麻震江立志禁烟，拜访汪伯龄，怒斥汪化灰，罢免牛有余，同情诉哀曲的疯妇，禁毒取得初步胜利，麻震江身上表现出"点儿正气，外带几分稚气和傲气"；假借演习带兵抓烟鬼，作品又"给他一点儿虎气，少许才气"；借计杀班兴，再推他一把，"给他点胆气和威气"。第二回合中，他假禁烟以肃清吏治的行动因马二寡妇、蔡小侯、方胖子及常传济等人串供而左支右绌，又被汪伯龄一纸公文和五千元弄得自动放弃，胆气和威气不再，多了"晦气、丧气"；到最后面对共产党领导的民众运动，他在汪伯龄的指挥下，"露出杀气"。人物形象在矛盾冲突的不断发酵"起肥"中"堆肉"丰满。麻震江的一步步蜕变，矛盾不断发酵转移，一波接一波，波澜起伏。最后我们不禁会问，麻震江的蜕变堕落是谁之过？批判的锋芒指向了腐败的国民政府！社会如此黑暗，希望在哪里？在矛盾转移中，不经意间从共产党领导的民运中看出希望。就这样在矛盾的"起肥"与人物的"堆肉"中凸显主题。

此外，评话是扬州人写扬州事，极富扬州地域色彩。如教场的五行八作，观音山的迷楼，瘦西湖的秀丽风光，茶社的扬州美食，特立独行的诗丐，还有扬州评书艺人精湛的艺术表演和评话艺人的铮铮傲骨。这些描写，使得《广陵禁烟记》处处透着"扬州"味儿！

20世纪80年代新书的编创，成绩斐然，概括起来，有如下特点：一是具有鲜明政治意识和时代性，通过革命历史题材的书写，反映老一辈无产阶级革命者光辉的革命历程，以此抨击"四人帮"在"文革"中扭曲历史、污蔑老一辈革命者的卑鄙行为，具有明确的政治意识，对"拨乱反正"、对重塑革命历史观具有认识价值，对开启新时代具有积极推动意义。书写社会新风尚，有利于新的正确的社会价值观的形成。无论是回望历史，还是表现新时期新事物，都体现

---

[1] 李真：《借鉴传统学写新书》。

出鲜明的政治性和时代感。二是在艺术上渐趋佳境。结构上，无论是长篇还是短制，基本上以事件为线索，以场景组织情节，布置得当，干枝分明，脉络清晰；穿插藏闪，绵密严谨，前后照应，毫无挂漏。在人物塑造上，出现了如陈毅、麻震江、汪伯龄、邵铁成等一批生动鲜活的人物形象，他们不同于传统评话中的武松、宋江、皮五等，以新的时代内涵和文化内涵丰富了扬州评话的人物画廊。三是长篇评话成绩斐然。《挺进苏北》和《广陵禁烟记》以其思想和艺术的成就成为现代评话中的经典，堪称 20 世纪 80 年扬州评话的双璧。该时段的评话创作不仅是对传统评书的创造性继承和创新性发展，而且为 90 年代以至当下的评话创作积累了丰富的经验，在当代扬州评话史上具有开拓创新、承前启后的地位。作为叙事文学的一种特殊形态，如果将该时段的评话新书纳入当代文学史考察，其题材类型、人物形象塑造及独特的叙事特质无不为当代文学增添了新质素，拓展了新时期文学的疆域，丰富了该时段文学的当代性，值得且需要持续的多层面关注研究。

作者单位：扬州大学文学院

文化遗产

扬州古城价值辨析

刘雨平

摘　要: 在梳理相关扬州文化遗产价值的研究和阐述的基础上,采取比较方法从城市演变、城河关系、城郊关系三个维度对扬州古城价值进行辨析,最后将扬州古城的核心价值提炼表述为:扬州——中国古代特有的动态、连续演变城市的真实代表。

关键词: 扬州;历史城区;价值

最近 10 多年来,基于价值的遗产管理已经成为国际遗产界的共识,并在各国实践中不断获得贯彻与深化。自 1982 年扬州被认定为第一批历史文化名城以来,历次历史文化名城保护专项规划中对于扬州名城价值都有一定总结,但是并未对名城的核心载体——历史城区的价值进行过专题研究。2016 年扬州市人大审议通过的《扬州古城保护条例》中,明确界定扬州古城的范围为东至唐子城东护城河、黄金坝路、古运河一线,南至古运河、二道沟、荷花池、宝带河一线,西至宝带河、保障河、唐子城西护城河一线,北至唐子城北护城河、上方寺路一线,总面积约 18.25 平方千米。本次研究所称古城即为扬州历史城区,但应该注意的是,扬州古城有别于一般意义上的历史城区,它包含了现有的传统居住生活区域(明清城区)和遗址区,有一定的特殊性,对其价值进行专题研究,有助于更好地管理这一特殊遗产。

一、相关扬州文化遗产价值的研究和阐述

(一)文化学者对扬州城市文化遗产特征的总结

有众多学者对扬州文化遗产的特征进行了研究和阐述,顾风对扬州文化遗产特征进行了概括性的总结,与扬州名城价值较为贴切,具有一定代表性。他认为扬州是国内为数不多的通史式城市,扬州在整个封建社会时期,

多次繁荣迭现,在中外产生了巨大的影响力。扬州从汉初开始,作为吴国都城,是东南地区最具影响力的经济文化中心;隋代,扬州作为四大行政区之一的大行台,成为东南地区政治、经济、文化中心,杨广即位后开凿大运河贯通南北、连接东西,扬州具有面江、枕淮、临海、跨河的优越交通条件,跃升为陪都;唐"安史之乱"后,随着国家经济中心的南移,扬州成为东南漕运的枢纽和物资集散地,成为长安、洛阳两京之外全国最大的地方城市和国际商业都会;明清扬州作为两淮盐业中心和漕运枢纽再次繁荣,到清代中期更加繁盛。扬州作为兴盛于汉、鼎盛于唐、繁盛于清,持续保持了两千年繁荣的城市,曾经为中国封建社会的发展进步作出巨大的贡献。[1]其主要特点包括:

(1)扬州是始终与大运河同生共长的城市,大运河(扬州段)是大运河大型线性活态文化遗产价值的有力支撑;

(2)扬州城存在着发展空间和时间上的延续性,遗址属于层叠形态,有别于长安、洛阳那些具有跨越式发展特点的城市,从而成为中国历史城市的独特类型;

(3)扬州明清城区历史空间和历史风貌相对真实完整,蕴含着城市600年来的大量历史信息,有着多元的文化价值;

(4)瘦西湖湖上园林群是中国郊外集群式园林的代表,是扬州历史文化遗产中的奇葩,具有多样化的价值。

(二)扬州名城相关价值阐述

1982年扬州被国务院批准公布为第一批24个国家历史文化名城之一,同年编制扬州历史文化名城保护规划,作为城市总体规划的组成与补充。规划第一次提出了"两古一湖"概念,认识到古运河、古城(明清城区)和瘦西湖是扬州名城保护的重点区域,但隋唐以来扬州城市整体历史格局的价值未得到足够重视。第二轮名城保护规划在原先"两古一湖"的基础上,提出了"一条主脉、两大片、三道古城轮廓线"的总体保护结构,特别强调了对历代城河的保护。第四轮历史文化名城保护规划(2013版)提出了历史城市的概念,将隋唐以来的扬州城遗址作为一个整体提出了具体的保护要求,也对名城价值

---

[1]　主要内容摘录自顾风为《世界的扬州·文化遗产丛书》(东南大学出版社2014年版)所作序言。

进行了较为全面的阐述,包括三个方面,一是"历史悠久的商业港埠城市",突出了扬州在古代作为重要交通枢纽所带来的商业繁华;二是"不断演进形成的历史性城市景观",借鉴最新的历史性城市景观概念,突出了扬州城市历史层积的特点;三是"整体格局保存完好的历史名城",对明清城区的特征进行了客观评价。

2022版的历史文化名城保护规划将扬州放在区域和全国尺度上,从对国家经济地理与人文地理的影响、对制度文明的影响、对思想文明的影响等角度观察,提出了三个方面的价值,一是"历史悠久的运河要地",突出表现在扬州见证了大运河对地区发展和空间演变的深刻影响;二是"市井繁华的商业之都",这一价值主要是基于扬州在唐代、明清时期均展示了我国封建社会高度发达的商业文明而提出的;三是"独具魅力的精致名城",扬州城园一体的城市形态、体现地方生活的记忆场所、地方民俗和生活方式等呈现了东方独特的审美和生活情趣。

（三）关于扬州城大遗址的价值阐述

东南大学建筑设计研究院编制的《扬州城遗址(隋至宋)保护规划（2010—2030）》对扬州城遗址的历史、艺术、科学和社会价值进行了阐述,认为扬州城的历史价值主要体现在扬州城遗址所叠加的丰富历史信息和城市发展的空间关系,上自春秋,下至明清及现代,是中国特有的连续、动态历史城市发展的真实代表。规划对扬州城的社会价值也进行了阐述,认为扬州城遗址以及扬州遗址上所叠加的历史信息,是扬州悠久历史和深厚文化积淀的反映,是中国历史文化名城乃至世界历史城市的宝贵财富,是弘扬传统文化、激发爱国热情的重要内容。

规划同时还对照世界遗产OUV标准对扬州城遗址价值进行了阐述,认为扬州城城址符合世界遗产标准中的5项。扬州作为"中国古代城址"的突出代表,可以成为世界文化遗产中"历史城镇和城镇中心"（Historic Towns and Town Centers）类型的重要补充和延伸。扬州古代城址的动态发展、文化景观瘦西湖对唐宋水系的创造性利用、扬州城址上所叠加的特有的流动性文化(如盐商文化)等是对世界文化遗产中历史城镇类的一种有效补充,是有别于欧洲历史城镇的独特财富,也使扬州具备了体现"中国古代城址"在世界范围内独特性的重要地位,可以成为世界城市遗产的重要拓展,具有突出的普遍价值。

（四）关于瘦西湖文化景观价值的阐述

中国建筑设计研究院建筑历史研究所编制的《扬州瘦西湖及盐商园林文化景观保护管理规划（2013—2030）》对瘦西湖及盐商园林文化景观的价值进行了阐述，认为扬州瘦西湖及盐商园林文化景观见证了17—19世纪扬州商业文明及其所产生的独特审美传统，是17—19世纪中国农耕社会晚期商业文明繁荣时期园林景观设计作品的杰出范例，也与17—19世纪中国两淮地区商业文明及其产生的社会文化发展高峰具有直接联系。

（五）小结

前面的论述基本代表了地方文化学者、遗产规划领域专家等对扬州文化遗产价值的认知。与扬州古城相关的一些价值认知存在以下一些共识及问题。

（1）均认识到扬州城市具有动态的、连续演变的特点，但是中国古代城市特别是南方城市，动态连续演变是普遍现象，扬州古城演变的独特性究竟体现在哪里？

（2）扬州城与运河的关系是不可回避的议题，扬州与运河同生共长是不争的事实，城市空间与运河一直存在相互影响的关系，但古城与运河的互动发展在运河沿线是较为普遍的现象，扬州有其自身的特殊性吗？

（3）诸多研究均认可扬州明清城区保护相对完好，瘦西湖湖上园林具有独特的审美价值，是我国封建社会鼎盛期的商业文明和传统审美的独特见证，2022年版的历史文化名城保护规划提出城园一体的城市形态是精致扬州独具魅力的原因之一，但中国古城选址和规划历来强调与山水关系的协调，扬州这一文化景观的独特之处是什么？

综上，经过多年研究，扬州名城以及古城的价值已经在很多方面取得了共识，但这些价值的提炼往往基于扬州城自身的演变历史，缺乏与中国类似城市的比较，因此可能存在一定的以偏概全。本文试图从比较的角度，从城市演变、城河关系以及城郊关系三个维度对扬州古城的价值作进一步辨析。

二、从城市演变看扬州古城

欧洲国家从古罗马、中世纪、文艺复兴、绝对君权时期到近代工业化时期，各个时期城市规划建设理念存在巨大的"跳跃式"变化,因此时代特征非常明显。在我国漫长的封建时期,随着朝代更替,虽然很多城市屡建屡毁,但受到礼制等传统思想的影响,在规划布局上不同程度地保持了一定的延续性,除了北方都城如长安、洛阳、北京等(开封是其中一个较为特殊的案例)在朝代更替时一般舍弃原址另建新城,南方城市一般在原址上不断重建,如苏州、绍兴、杭州、成都等,董鉴泓先生认为其原因在于城市建筑物虽然屡毁于兵火,但河道基础犹存,只需稍加整修仍可使用,河道是城市经济发展和人民生活的主要命脉,因此,南方城市不会像统治中心城市因政治和军事原因随意迁址。[1]总体而言,我国古代城市虽然屡毁屡建情况普遍存在,但大多利用原有残留城墙、水系等在原址建设,且形制相对稳定,保持了较好的动态性和延续性。

　　但开封、苏州这些在原址不断重建的城市往往存在各个时期信息混杂、难以辨识等问题。如开封从魏国的大梁城,到唐朝的汴州城、宋朝的东京城,再到明清的开封城,历代叠加,形成了"城摞城"的奇观,在地面几乎难以看到和分辨各个时代的完整城市格局。苏州在隋唐时期经济发展加快,特别是到唐代中叶已成为全国重要的商业都市,"二八城门开道路,五千兵马引旌旗","城中大河三横四直,郡郭三百余巷",说明此时"水陆相邻,河路平行"的双棋盘式城市格局已定型。宋元时期苏州的发展逐步成熟,"崇文抑武"使苏州开设众多学府,明清苏州发展达到鼎盛,功能布局发生调整,达官贵人聚集在阊门地区,社会上层人士聚居西北部筑园营墅,平民则被挤向东北部,商业中心也向外有所扩张。"阊门内外,居货山积,行人水流,列肆招牌,灿若云锦。"园林也越来越多,号称半城园亭,达到顶峰。苏州特殊的地理位置使得其经济和城市发展相对而言较为平稳,

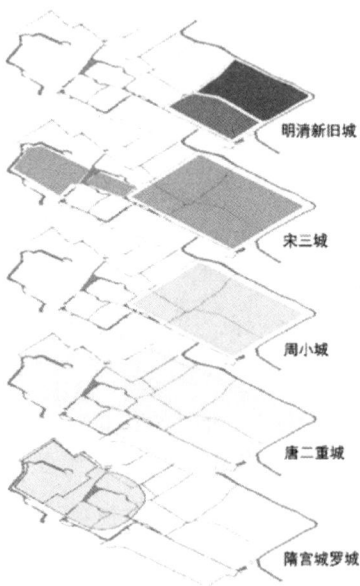

图 1　扬州古城层叠关系

---

〔1〕　董鉴泓:《中国城市建设史》,中国建筑工业出版社 2004 年版。

虽然城市也屡次受毁,但均在原址重建(只在隋末有过短暂迁址),城市空间结构逐步完善,连续性较好,但年代特征相对模糊。

扬州与上述城市相比,有着明显的差异,不仅在从汉代(乃至春秋)到明清漫长的封建时期,城市一直处于变化发展过程中,同时由于江淮地区的自然环境和经济社会变化相对剧烈,各个朝代扬州城市功能、形态发生较大变迁,形成了唐二重城、宋三城、明清新旧城等形态差异明显的城池布局,但受到水网等外部条件的制约,又保持了有机的延续性,至今在城市物质空间中仍然可以清晰辨认各个朝代的痕迹,不仅历史信息丰富,而且层叠关系特别清晰,这在我国古城中是较为罕见的(图1)。

三、从城河关系看扬州古城

我国大运河长达3200公里,沿线有35座城市,与运河其他河段相比,大运河扬州段较为特殊。运河扬州段沟通长江与淮河两大水系,是淮扬运河的重要组成部分。大运河扬州段自邗沟开凿,历经2500余年的动态变迁,不仅为国家政治统一、经济发展、文化交流作出了重要贡献,而且孕育了以扬州为中心的城镇体系,并且至今仍在货物运输、防洪和农田灌溉中发挥重要作用,是一个典型的活态遗产。在《中国大运河申遗文本》中,淮扬运河扬州段遗产区共有6段河道和10个遗产点被列入。淮扬运河扬州段是延续使用时间最长的河段之一,见证了大运河沿线的河湖水系变迁以及运河初期借湖行运、后期与自然水系逐渐脱离的过程。大运河扬州段遗产区,自北至南,由白马湖、宝应湖、高邮湖、邵伯湖等一系列天然湖泊连缀在一起。早期大运河正是充分利用了天然湖泊水域,通过人工挖掘,将这些天然湖泊连缀成一条畅通的水路。作为国家漕粮运输的重要水上通道,大运河扬州段不断完善河道的渠化,形成了河湖并行的独特景观。在沿江地区,随着长江北岸的不断南移,淮扬运河南端逐渐开凿了瓜洲运河等段运河,将淮扬运河南端逐渐南延至瓜洲渡口。在扬州城区附近,随着城区的发展,淮扬运河不断扩建,通航能力不断提高,运河主线逐渐绕开扬州城市最早发展的区域,形成了今天的淮扬运河"扬州古运河"段。运河对扬州城市的发展有着深刻的影响,唐代扬州的繁华与其独特的区位和水运条件是密不可分的,当时扬州为全国的水陆交通枢纽,漕运、盐运及百货的转运中心和对外贸易港口,雄富冠于天下;明清的再度繁华也有赖于其江河交汇的优势,以两淮盐运使司为中心,两淮盐商大都聚居在扬州,使得扬州成为地区的经济中心。

运河对古城空间布局的影响也显而易见,隋唐以前扬州并未脱离蜀冈这一城防要塞,随着运河的贯通、经济的发展和人口的增加,城市开始向蜀冈以南山下的长江冲积平原拓展,唐中期后扬州一度成为仅次于长安和洛阳的大都市,其时运河穿城而过,并成为城市重要的交通通道和商业带,而且扬州城市早就突破里坊制束缚,商业街和夜市已逐渐普遍化,杜牧曾对此有过生动描述:"每重城向夕倡楼之上,常有绛纱灯万数,辉煌罗列空中。"王建诗中也有类似描写,如"夜市千灯照碧云,高楼红袖客纷纷",这些显然是描写商业街和夜市的。张祜诗中写的"十里长街市井连,月明桥上望神仙"、李绅描写的"夜桥灯火连霄汉,水郭帆樯近斗牛"则表明了此时扬州商业街市与运河等河道水系的关系。中唐王播开城外新河,基本稳定了此后 1000 多年来运河城区段的线形(直至 1958 年在城东新开大运河),使得扬州城市变迁始终固定在一个较为确定的边界内。明初,京杭全河通漕,河运再次取代海运成为主要漕运方式,常态化的漕粮运输为运河沿线商品贸易活动提供了便利条件,运河在承担漕运任务的同时,也成为盐业运输要道,扬州的漕运枢纽地位与在盐业运营中不可替代的重要地位逐渐促使其经济再度繁盛。明清时期,在大运河漕运和盐政的带动下,扬州城开始跳出旧城向东部和运河沿岸扩展,扬州城内逐渐形成不同的功能分区,明代万历年间已呈现出"处新城者,尽富商大贾……旧城多缙绅家"的城市格局。清代,这种功能分区特征进一步明晰,旧城定型成为行政管理和文化教育中心,而新城承载了扬州主要的工商业发展,运河走向在很大程度上影响了扬州古城的空间布局。

总体来看,城市与运河的互动发展在我国大运河沿线是普遍现象,如天津、通州的城市选址,德州、临清城址的迁移,济宁、淮安城市的形成等均与运河存在密切的关联,傅崇兰对此曾做过专题研究。[1]早期运河穿城而过并形成水陆商街的现象在其他城市并不鲜见,如王建诗中有汴州"水门向晚茶商闹,桥市通霄酒客行"的描写、常州在隋唐时期形成前河和后河并行

---

〔1〕 傅崇兰:《中国运河城市发展史》,四川人民出版社 1985 年版。

穿城的格局等,而随着城市拓展,市河与运河功能重叠带来的诸多矛盾导致不少沿线城市多次实施运河改道。运河在历史上对城市功能布局和形态的影响也普遍存在,如地处淮扬运河北端的淮安在明清时期不仅是苏北政治中心,也是全国的运河和漕运枢纽,其空间结构因为运河而出现了旧城、新城和夹城三城相连的雄伟景象,由于旧城不能适应城市发展需求,遂在运河边建设新城,后来出于城防需要,又以城墙将旧城和新城相连。但大多数运河城市不仅运河水系在近现代遭到较大破坏,而且古城形态少有保持完整的,如无锡"填河筑路"运动一直持续到1983年,旧城内"一弓九箭"的运河水路格局基本不复存在,更不用说古城的整体形态和风貌了。而扬州除了新中国成立之初填埋了汶河(唐代的官河及十里长街)、头道河等,基本保持了自隋唐以来运河主要水系以及古城与运河的清晰关系,明清新旧城形态完整,街巷体系、功能布局等清晰反映了明清时期因运河而导致的新旧城格局差异,可以说扬州古城较为完整和真实地展示了城市与运河互动发展的关系。

自春秋以来,扬州段运河的开凿与整治以及城市水系的调整几乎没有停止过,形成了运河历史的完整序列,河道动态变迁直接反映了江、淮、湖等自然地理环境的变迁,因此城河互动发展的完整性、真实性除了体现在扬州古城局部区域,大运河扬州段沿线也保留了多样化的历史环境以及多层次的历史城镇,如宝应的湿地、高邮的湖泊、扬州城东部的湖岛区域、运河三湾、瓜洲的江河交汇等,这在我国大运河沿线城市也已不多见了(图2)。

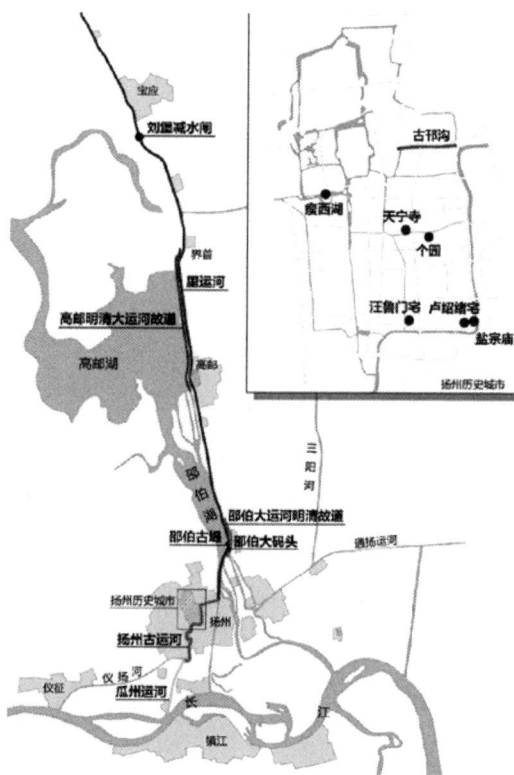

图2　大运河扬州段遗产

四、从城郊关系看扬州古城

扬州北郊园林建设最早可追溯至隋唐时期,后利用历代废弃城壕沿河零星建设私家园林,明代后期已经形成了一定的游览路线。北郊大规模集中兴修园林从清乾隆时期开始,乾隆十五年(1750)为了迎接统治者的首次南巡,扬州地方开始疏浚河道,后在十一年间先后三次疏浚和开挖新河,并陆续修建了卷石洞天、西园曲水、虹桥揽胜、冶春诗社、长堤春柳、荷浦薰风、碧玉交流、四桥烟雨、春台明月、白塔晴云、三过留踪、蜀冈晚照等若干园林景点,极盛时期有一百几十处园林建筑群,形成了规模庞大的北郊园林群以及"一路楼台直到山"的卷轴式园林景观。

很长一段时间内,北郊园林群主要是为了迎接统治者巡幸和供社会上层游玩而存在的。但从乾隆中叶之后,两淮盐务逐渐出现颓势。到了嘉庆、道光之际,扬州盐业经济迅速衰落,北郊园林群缺乏维护、衰败严重,人文景观已经存之不多。到了同治、光绪年间,部分景点得到恢复,但不复往昔盛景。清末,瘦西湖因其众多的历史遗迹和优美的自然风光,已然成为普通大众的开放式游览胜地,易君左在《闲话扬州》中说:"扬州风景的唯一价值是平民的! 就是无论什么人都可以赏玩扬州的风景,毫无拘束……所有名胜古迹都一律开放。"扬州北郊的园林群从最初统治者和社会上层专享的户外休闲娱乐空间演变为平民百姓可以游览的场所,开始与城市组合成有机的整体,成为"绿杨城郭是扬州"城市公共生活空间的延续。

在城郭附近或内部利用自然条件构筑山水园林,扬州并非特例,撇开皇家专属园林如长安曲江池、北京北海公园不谈,杭州、南京、昆明等古城城郭附近或内部也有利用湖泊水面建设园林的做法,就园林本身的特质以及城园关系而言,杭州与扬州可以做一个对比分析。杭州西湖形成时间较早,唐代白居易便开始修堤蓄水以利灌溉,宋朝继前朝修堤坝,并将水利工程和景观营造创造性相结合,形成了独特的文化景观,2011 年成功登录世界遗产名录,是中国传统山水美学的景观典范[1],其景观格局主要表现为"三堤两岛",保存大量的文化史迹,植物配置与瘦西湖一样有桃柳间种的做法,但西湖与瘦西湖在形成

---

〔1〕　陈同滨、傅晶、刘剑:《世界遗产杭州西湖文化景观突出普遍价值研究》,《风景园林》2012年第 2 期。

机制、造园手法和景观特质上还是存在较大的区别,陈薇就此做过专题对比研究[1]。扬州瘦西湖景观是中国古典大型园林景观设计作品的杰出范例,其独具特色的"卷轴画式"景观形态、沿湖密布并面湖开放的园林集群等文化景观要素、精湛的建造技艺及深厚的文化内涵,见证了中国传统农耕社会晚期出现的商业文明繁荣,及其兼具传统文人审美、商业文明特性及皇家气象的独特审美传统。[2]杭州西湖与扬州瘦西湖之间的区别不仅反映在园林本身的景观特质方面,更大的区别是在城园(湖)关系上。杭州自 12 世纪以来就形成了三面环山、一面临城的城湖历史关系并传衍至今,呈现为"杭州西湖文化景观"极为独特的"三面云山一面城"的空间特征,但自隋代到清代,西湖始终偏居城市西侧,民国初年因建设之需,政府方有计划地拆除城墙,融西湖与城市为一体:先拆西墙开路,后拆北和南墙开辟新市场;1959 年建环城东路,东侧最后一段城墙被拆除,由此改变了原有的城市山水格局,城与湖的界限、城与钱塘江的界面才被破除,从城园联系和视觉协调方面而言,扬州与杭州存在较大的区别。

另一个与扬州较为类似的东方城市是日本的京都,这里也可以进行一个比较。至平安建都以来,京都已经有 1200 年的历史,现有的古都风貌是在长期的历史过程中形成的。三面环山和鸭川、桂川二河构成了被称为"山紫水明"的丰富自然环境,加之由世界遗产、独特的街道景观等为代表的历史遗产,构成了独特的京都地域景观,四季变换所营造的多彩景色进一步强化了其特色。京都的景观不仅仅是视觉层面的,自古以来,色、香、味、声等感觉也相互作用、和谐共生。京都古城与周边郊野地区虽然在东山一带与扬州类似,也在祇园、东山寺、清水寺区域形成了城、郊交融的格局,但与扬州有着完全不同的文化景观和气质。

扬州瘦西湖本身便是利用唐、宋城壕改造而成,陈薇称之为"城河湖水一带,绿杨城郭一体"是相当贴切的。[3]扬州城园关系的形成是一个长期演变的

〔1〕 陈薇:《"留得"和"拾得"——两个西湖之中国古典智慧》,《中国园林》2018 年第 6 期。

〔2〕 傅晶、李琛、王敏、闫金强:《基于"完整性"理念的扬州瘦西湖景观整体特征保护策略》,《中国名城》2014 年第 6 期。

〔3〕 陈薇:《城河湖水一带,绿杨城郭一体——扬州瘦西湖研究二则》,《中国园林》2009 年第 11 期。

过程,同时也逐步形成了瘦西湖与明清城区密不可分的关系,尤其到了清代,两者联系更加紧密。从功能布局上看,清代以小秦淮为南北轴线的城市商业带在北郊天宁寺一带与瘦西湖园林群完全相连,逛瘦西湖成为扬州人当时日常休闲消费活动的延续;从视觉空间上看,瘦西湖园林群在北城河一带与明清城区完全呈现"水绿交融""城园一体"的状况,至今仍保留了较好的视觉协调性;从扬州人当下的习俗来看,日常在绿杨村吃早茶、在清明或中秋等时节逛瘦西湖已经成为日常生活的一部分,这种城园关系的紧密性在其他城市并不多见。整体而言,扬州古城与北郊区域经由瘦西湖水系形成了"两堤花柳全依水,一路楼台直到山"的线性序列空间:由绿杨村城园结合部开始,向北经过瘦西湖,然后抵达平山堂,与蜀冈中峰形成山水相连之势,这是扬州城郊关系的独特之处。

五、扬州古城价值提炼

从上述比较分析可以看出扬州古城有以下几个方面的特征:一是扬州与我国大多数地方城市一样动态、连续演变,但由于江淮地区经济社会和自然环境变迁相对剧烈,扬州各个时期城市功能与形态变化明显,历史信息丰富且层叠关系清晰;二是从城河关系来看,扬州与其他运河城市一样呈现城河互动发展的关系,但扬州基本保留了从隋唐至今的运河水系以及多样化的历史环境,较为真实地保留了城河互动发展的物质见证;三是从城郊关系来看,扬州明清城区与瘦西湖湖上园林群不仅保留较为完整,同时在功能上和空间上呈现出"城郊一体、山水相连"的典型特征,展现了东方文明独特的生活习俗和审美传统。

因此扬州古城的核心价值可以进一步提炼表述为:扬州——中国古代特有的动态、连续演变城市的真实代表。

（一）扬州古城最早可追溯到春秋战国时期,是现今保存较为完整的长跨度、多年代叠加且层叠特征极为鲜明的代表性中国城市,其城市布局反映了从战国广陵城到明清扬州城的动态、连续演变过程,形象展现了江淮地区经济社会的变迁

独特的地形地貌决定了扬州长期以来的总体格局,历代城池位置基本不变,蜀冈上下的唐二重城、宋三城、明清扬州城、瘦西湖湖上园林群等形成了历代叠加的历史性城市景观,体现了"中国古代城址"在世界范围内的独特性,对研究中国城市演变规律、古代城市功能与城市形态互动关系等具有重要价值。

（二）大运河淮扬段是我国开凿最早、连续使用时间最长的运河,扬州城的发展始终与运河息息相关,是典型的运河城市,真实体现了城市与运河互动发展的关系

邗沟是中国最早开凿的运河之一,由于其优越的地理区位,扬州成为联系南北的交通要冲,从唐代开始一直是漕运的枢纽,后期还成为重要的盐运中心,对经济社会发展和文化繁荣、文化交流与传播等发挥了极其重要的作用。尽管运河城市大多有着相似的成长经历,但扬州城市和运河同生共长的历史、城河互动的发展关系、真实而完整的历史环境使之成为鲜活而真实的代表。

（三）保存较为完好的明清扬州城与北郊园林群构成了"城郊一体、山水相连"的独特城市景观,是我国17—19世纪发展鼎盛期商业文明的真实见证,也体现了东方文明独特的生活习俗和审美传统

清代两淮盐业成为国家的经济命脉,造就了康乾盛世。扬州城市商品经济的发展超过了前代,交通的逐渐发达和城市工商业经济的逐渐繁荣带来了文化的鼎盛和人们特定生活方式的形成,现在仍可看到的明清街区结构、大量的盐商住宅和私家园林以及瘦西湖湖上园林群独特的"卷轴画"式整体形态、沿湖连缀分布的园林集群等是明清商业文明的真实体现,同时扬州的私家园林布局、景观以及民居建筑风格体现了典型的"南秀北雄"风格,具有鲜明的地域特征。

六、结语

多年以来,扬州市委、市政府高度重视古城保护工作,学界和民间也对古城保护的重要性、必要性形成了广泛共识,但在具体的保护重点、保护对象、保护方法上仍存在较大分歧,其原因是对古城价值的认知存在很大差异,尤其是对扬州古城整体价值的认知不足导致扬州古城保护中出现了不少的失误,如古城整体意象模糊、城郊关系被严重侵蚀、城河关系薄弱等问题较为突出,需

引起社会各界的重视。本文仅采取比较方法从城市演变、城河关系、城郊关系三个维度对扬州古城价值进行辨析，很难说非常全面和准确地表达了扬州古城的价值内涵，希望起到"抛砖引玉"之作用，引发全社会就扬州古城价值开展更深入研究、开展更广泛讨论。

作者单位：扬州大学城市规划与发展研究院

扬州古城多元保护与有机更新模式研究

扬州市社科联课题组　扬州市历史文化名城研究院课题组[1]

扬州古城是扬州历史文化名城的核心空间载体,积淀了丰富的历史信息,有着独特的文化价值。古城的保护与更新工作不仅面临复杂的经济、社会、技术等问题,也是一个长期且循序渐进的过程。在这一过程中,顶层设计、规划统筹、政策引导、项目建设、组织运营等每个环节都不可或缺,但针对古城当前存在的问题,选择或独创合理、可行的保护与更新模式显得尤为关键,可以起到"纲举目张"的作用。[2]

一、过去 40 年扬州古城保护与更新模式探索

从扬州过去 40 年的古城保护与更新历程来看,各个时期古城保护与更新目标、方式均有所不同,形成了不同的模式,也产生了不同的实施效果。

(一)以房带路联动开发模式

1982 年,扬州被国务院命名为首批国家历史文化名城,同时也进入了城市快速发展时期。初期扬州城市建设以明清古城为重点,由政府筹集资金拓宽改造琼花路(现文昌中路的部分)和汶河路,以此带动沿线临街开发,以各个单位为主体建设沿街商业、办公等公共建筑。20 世纪 90 年代后期开始实施"以房带路",以国有和私营开发企业为主体拓宽改造汶河北路、四望亭路和徐凝门路,改造资金来源于沿线商业和住宅开发,实施市场化运作。

20 世纪的以房带路联动开发模式与当时计划经济和"经营城市"时期的城建体制有着必然联系,对于古城总体结构和街巷尺度产生了负面影响,不再适应古城保护的需要。随着土地有偿使用制度的建立和金融体系的完善,城

---

〔1〕　课题组负责人:晏明、刘泓;成员:周欣、邱正锋。
〔2〕　张广汉、陈伯安:《历史城市保护的中国经验——历史文化名城制度 40 年》,《中国名城》2023 年第 2 期。

建资金有了更多的渠道,以房带路联动开发模式退出了历史舞台。

(二)成片开发改造模式

2000年前,明清城区内先后建成近10处行列式居住小区。进入21世纪后,明清城区沿街公共建筑、成片居住区建设终止,由国有企业或采取与私企合作的方式,实施了教场、康山、文昌百汇及珍园等街区或片区的整体改造,搬迁了部分居民或企业,将街区原先的居住、工业等功能转化为文化旅游和商业购物功能。最近十年,成片开发改造重点转向明清城区与瘦西湖景区结合部,建成虹桥坊商业街区,整体改造红园,原长春路与瘦西湖路交会区域实施了连片再开发,建成凤凰水岸花苑。

成片开发改造模式从早期以居住功能为主到后来以商业休闲功能为主,反映了消费市场的巨大变化。早期的房地产开发有效缓解了古城的居住压力,但对古城整体肌理造成了破坏。21世纪开始兴起的休闲商业街区顺应了当时古城旅游热的兴起,对扬州旅游格局优化、古城活力提升起到了明显作用,带动了相关旅游配套设施的建设,项目实施较易推进,可以在短期内产生明显的效果。但也有部分商业街区由于经营、市场等问题,建设半途而废或出现大量闲置。[1]瘦西湖周边商业开发项目在空间上相对集中连片,有利于商业氛围的营造,提升了景区综合服务能力,但大规模改造对原有历史环境造成明显的冲击,"城园一体"的城市特色受到侵蚀,部分历史记忆场所遭到破坏。

(三)功能与环境景观提升模式

2000年后,先后新建、拓宽改造了文昌中路、平山堂东路、高桥路、瘦西湖隧道和万福路、瘦西湖路等,新建了大量停车场库。2007年开始,扬州先后对明清城区主干道进行街景整治和美化亮化,实施街巷外观整饬,建成了多处口袋公园。瘦西湖风景区2006年底启动实施了以提升环境、腾让空间、做大做强景点为重点的综合保护工作,搬迁了保障湖以南的村庄,实施了万花园、宋夹城湿地公园、傍花村等项目,修复了唐子城、宋夹城水系,恢复双峰云栈等景点。

功能与环境景观提升有效改善了古城整体人居环境和道路交通功能,为

---

〔1〕 李渊、黄竞雄、李芝也:《基于共生理论的历史文化街区旅游概念规划研究——以厦门市中山路片区为例》,《中国名城》2020年第9期。

古城文化遗产保护利用和旅游业的发展构建了良好的空间条件。但是统一的"穿衣戴帽"式街景改造在一定程度上模糊了各个时期建筑的历史信息,缺乏外在动力的单纯风貌改造对街区内部活力提升没有太大积极影响,"泛园林化"的环境改造对原有郊野环境有一定负面影响。另外资金投入较大,交通问题依然突出,环境改善与历史环境修复、文化遗产展示有机结合存在难度。[1]

(四)文化导入模式

扬州在全国较早提出了建设文化博览城的目标,成立了扬州文化博览城建设管理利用领导小组,指导相关部门和单位利用修复后的文保单位或新建建筑设置各类文博场馆,加大文化展示和利用力度,探索文化遗产活化利用的新途径。通过利用修缮的名人故居、盐商住宅和宗教场所,兴建了大运河盐商文化展示馆、大运河与海上丝绸之路展示馆以及剪纸、淮扬菜博物馆等文博场馆147处,全面生动展示古城历史文脉。着力复兴名店老字号,对苏唱街扬州浴室、富春茶社、紫罗兰理发店等历史建筑和老字号进行提升。结合考古发掘和保护,先后建成了扬州城东门、北门遗址公园和南门遗址展示馆等文化工程,加快推进隋炀帝墓考古遗址公园、扬州城国家考古遗址公园建设。实施名城系统解读工程,通过立碑树牌等方式对古城500多处文物古迹、名人故居、古树名木、特色街巷等进行充分展示。重点加强非物质文化遗产传承保护,已有231个项目被列入市级非遗目录,其中通草花、扬州"三把刀"等61个项目被列入省非遗名录,扬剧、扬州玉雕等19个项目被列入国家非遗名录。

导入文化功能是促进文保单位活化利用、提升城市文化魅力的有效途径,有利于提升古城的文化内涵,带动文旅和休闲产业发展。[2]但是扬州文博场馆大多采用静态展示方式,而且布局零散,与旅游、休闲等设施之间缺乏空间联系,没有产生显著的社会影响。发挥文化的"触媒"作用仍存在技术难度,需要在制度、政策和技术手段上勇于创新。

---

〔1〕 王宏、崔东旭:《历史古城机动化侵入与功能更替研究——以济南古城区泉城路为例》,《中国名城》2020年第6期。

〔2〕 许家伟:《新媒体语境下历史文化名城形象的传播转向、营造转型与重构转换》,《中国名城》2023年第12期。

（五）政府引导、居民与市场自主参与模式

2006年7月，扬州市政府和德国技术公司选择东关历史街区文化里作为"民居改善试点地段"，开展社区行动计划，通过政府资金补贴、居民协商形成改造方案等方式实施街区的自主更新。在彩衣街、国庆路、仁丰里的改造过程中，以不搬迁居民、不改变形态为前提，对占压道路红线的民居进行部分退让，对经过批准整治、修缮的私房产权人给予适当资金补贴，鼓励居民积极参与民居修缮，调动了沿街居民参与街区改造的积极性。2011年制定出台《扬州古城传统民居修缮实施意见》（2021年重新修订）、《古城区房屋修缮技术规范》等文件，制定激励政策，引导古城居民自主修缮传统民居。特别是仁丰里社区在以社区主导的文化导入模式对街道环境实施渐进式改造的同时，注重导入活态的文化项目，以汶河街道办为主体成立文化投资有限公司，从各个渠道收储老旧闲置的沿街门面及民房，然后返租给个人、商家开设与非遗、文创相关的工作室等，引导文化产业发展，形成了较好的集聚效应，带动了民宿客栈、休闲商业等业态的发展，原住民也获得了一定的资产性收益。目前已对古城近400户私有住房和近1000户、6万多平方米的直管公房进行修缮，先后建成60多户"新传统民居"和100多个"新私家庭园"。

由政府引导、居民与市场自主参与的模式在维持古城烟火气息的同时，有利于调动各方积极性，减少政府投资压力，改善了古城物质环境，引入了更多的功能业态。以皮市街、彩衣街为主体的网红街集中了大量自发形成的文创休闲设施，独立咖啡馆、特色茶馆、民宿客栈等在古城大量涌现，为古城带来了新的活力。但这种模式组织复杂，实施时间长，面临政策障碍，市场监管有难度，其潜力尚未完全释放。

（六）其他模式

另外，扬州近年来还尝试由政府或国企负责对古城内国有闲置资产进行改造，导入社会资本、专业机构实施运营的"公私合作模式"，如瘦西湖景区的国医书院、唐城水韵度假酒店，明清城区的老新华书店等。

总体而言，过去40年扬州在古城保护和更新方面探索了多种模式，有利有弊。目前比较认可的、能作为成熟经验并值得推广的主要有两种模式：一是"政府主导、国企运作、社会支持、全民参与、专家支撑"的东关历史文化街区文化导入模式，适合范围较大的历史文化街区的保护与有机更新；二是"政

府引导,居民与市场自主参与"的仁丰里历史文化街区自我更新模式,适合历史文化街区内单个地段小范围微更新。对于保护模式中存在的问题,需要用动态发展的眼光破解难点、焦点,扬长避短,通过资金来源、开发模式、社区培育、组织架构乃至操作策略的创新,使扬州古城保护增质提效,探索出更适合、更有效的扬州古城保护和有机更新模式。

二、新的形势与挑战

经过 40 年的保护与更新,扬州历史城市空间和文化遗产得到较好保护与修复,城市基础设施得到加强,人居环境明显改善,文旅产业发展势头良好。但也面临新的形势与挑战。

(一)文化遗产活化利用方式单一

突出表现为各级文保单位大多空关或者以静态文化展示为主,与文化旅游、街区更新缺乏有机联系。扬州城大遗址的保护与展示缺乏有效手段,历代叠加的城市历史景观难以感知,唐子城区域保护与发展矛盾突出。

(二)产业发展机遇挑战并存

扬州目前的旅游产品仍以观光游为主,产品单一,空间上主要集中在以迎宾馆为中心的 2 公里半径内,景点过于紧凑。以东关街为代表的文旅街区运营状况参差不齐,传统文昌商圈业态老旧,正在陷入衰退。各类新型文化创意、文旅休闲业态虽发展势头强劲,有很大的市场需求,但受到政策、空间、技术等方面的很多制约。

(三)人居环境、基础设施有待改善

古城市政基础设施和公共服务设施欠账较多,存在排水难、用气难、通行难、停车难等诸多问题。旅游交通与城市交通冲突较大,慢行交通系统不够完善,影响古城旅游体验。

(四)大量闲置资产难以盘活

古城范围内现存超过 45 万平方米的公房(包括直管公房和单位自建公房),因主体权属复杂、政策法规制约,70% 以上的资产确权、产权办理和盘活利用推进困难,其中有三分之一的公房被迫空关,"沉睡资产"难以苏醒和活跃。

（五）体制机制不够健全

21世纪头十年，扬州先后成立"扬州市历史文化名城保护与利用、改造与复兴工作领导小组"、瘦西湖景区管委会、扬州市古城保护办公室等机构，对统筹古城保护与更新工作发挥了重要作用。但目前扬州在古城保护与有机更新的顶层决策和统筹协调力度方面有所削弱，2018年机构改革，扬州市古城保护办公室被撤销，常规规划决策体系产生于以新城建设和城市改造为主要方式的快速扩张背景下，难以适应城市更新时代存量提质的新需求。

三、创新古城多元保护与有机更新模式的建议

针对目前存在的问题，并吸取长期以来扬州在古城保护与有机更新方面的经验教训，建议在6个方面进行尝试和实践。

（一）构筑上下协同的"四位一体"古城保护模式

打破目前部门地区分割、各自为政、单打独斗的局面，探索由城建部门牵头、多部门多地区协同的大系统整合模式。一是恢复扩大原有市古城办机构与职能，协助市委、市政府做好全市域古城保护的总体协调领导工作。二是在广陵、瘦西湖景区、高邮（国家历史文化名城，含2个中国历史文化名镇）、江都（含2个中国历史文化名镇）、宝应（省历史文化名城后备名单）等县（市、区）设置古城保护专职管理机构，承上启下做好本地区古城保护工作。三是构建"四位一体"古城保护工作机制："领导机构（扬州市古城保护办公室）专司领导、统筹、协调、指导全市历史文化名城保护工作—研究机构（扬州市历史文化名城研究院）专司发现、研究、破解古城保护问题—地方机构（各地古城保护办公室）专司协调、推进本地古城保护工作—运营平台（市级、地方古城保护国有企业）专司实施古城保护和有机更新项目。"形成以18.25平方公里扬州古城为重点，覆盖全市域、全时域、全要素，政策制定与项目推进相结合的工作合力。

（二）探索多元化可持续的资金保障模式

在经济形势趋紧的情况下，按照"多渠汇流"的原则，多渠道、多路径探

索可持续的古城保护资金投入方式,建议采取"八管齐下"的融资方案。一是"跑钱",争取国家和省加大扶持力度。抓住国家高度重视历史文化遗产保护、两办出台《关于在城乡建设中加强历史文化保护传承的意见》、住建部开展城市更新试点城市申报等机遇,积极争取住建部、省政府的资金扶持。二是"挤钱",加大本级政府投资力度。本级政府的投入是扬州古城保护项目投资的立足点和基础,有策略、有重点地加大本级政府对扬州古城保护的投资力度,不但可以部分解决资金短缺的问题,而且能够为其他融资渠道畅通提供保障。三是"借钱",加强与金融机构的合作。按照"经营古城"的思路,充分盘活古城资产存量,加强与金融机构的合作,强力推进有收益的公共服务设施及环境项目建设。四是"引钱",加大项目对外招商引资力度,扬州古城旅游开发项目具有一定的商业价值,投资回收有较好的保障,招商引资应成为融资的重点之一。五是"融钱",充分利用资本市场融资。随着疫情的逐步好转,扬州旅游市场预计将迎来逐步的恢复与增长,通过资本市场融资可成为扬州古城旅游开发可选择的融资方式之一。六是"兑钱",创新模式盘活民居资产。当代人的生活方式和居住观念正在发生深刻的变革,古城旅游与房地产结合,创造各种旅游住所,已经成为古城深度开发的趋势。七是"汇钱",鼓励本地群众投资。随着经济的发展,民间资本的投资能力愈加可观,古城的旅游开发比较适合当地民间资本的投入,积极鼓励扬州及周边群众投资扬州古城旅游开发,汇集零散的小额投资,集腋成裘,是一条有效的融资渠道。八是"募钱",设立古城保护发展基金。随着经济的发展和社会的进步,公众对珍贵的文化传统日益重视,各种类型的人类文化遗产保护基金不断涌现,国家也出台了支持性的政策,在此背景下,应充分利用扬州古城品牌,设立"扬州古城发展基金"。

(三)创建文化导向的街区综合整治模式

将文化作为一种手段,通过对历史文化街区的文化资源进行有策略的和可持续的运用,以提升街区的文化特色和发展潜力,这是一种以文化为导向解决古城保护问题的规划理念。一是根据扬州古城资源分布特点和文旅空间格局等因素,结合文化博览城建设和国家、省、市文保建筑展示,划定一定的古城更新单元,统筹多元实施主体,实施文化导向的街区综合整治。二是政府侧重基础设施建设,引入文化展示功能,实施具有"触媒"功能的引领性项目,为街区更新创造良好的外部条件和发展动力。三是对扬州古城文化资源进行全面挖掘、剖析和再组织,将新的文化内涵作为核心动力,将其多角度、多维度地渗透于扬州古城街区规划改造中,使历史街区实现功能重构、空间重构及行为重构,激发扬州古城"再生"。

(四)强化"自下而上"的自主更新模式

随着经济社会的发展和新的文化休闲消费模式的兴起,扬州古城特有的文化气息和空间特色越来越显示出其独特魅力,要进一步强化"自下而上"的古城更新保护内驱动力。一是转变政府职能,建立古城保护更新"居民本位"的思想,在古城保护更新供给方面,市场将逐步取代政府作为主要供给者,通过市场化竞争降低成本,政府将逐渐从供给者向购买者转变。二是鼓励基层社区组织参与平台,为社区居民意愿的表达提供渠道,鼓励和引导社区居民自发参与古城社区更新建设。三是建立社区设计师(营造师)工作室,在具体更新方案规划设计时,推动责任规划师进社区、驻项目,充分听取百姓的意见,打通规划编制、审批、实施、管理全流程参与的路径。

(五)推出"置换与优化"的古城人口发展模式

通过市场机制适度外迁古城原住民,通过人才政策等吸引更有活力、创造力的创新型人才进入古城,将人口总量限制在合理区间。一是推进古城医疗、教育功能等适度向外转移,在古城区域外设置承接空间。教育方面,适当缩减名校招生规模,逐步外迁教育资源;医疗方面,完善周边区域医疗资源配置,疏散古城过度密集的医疗资源。二是探索吸引高级人才入驻古城政策,整合现有公房资源,面向在扬的杰出人才、领军人才、拔尖人才、优秀人才或博士等,鼓励、扶持其购买、租赁古城房屋,居住在古城、生活在古城,享受古城优质的教育资源和医疗资源。三是出台扶持、激励青年创客政策,在古城范围内,对凡是从事有利于古城保护和历史文化传承、传播活动的18至35周岁青年创客,推出"低租创业用房、创业扶持资金奖励、导师团队帮带"等政策,加强对古城青年创业的引导、扶持,提高创业成效,让古城成为以文创文旅为业态的年轻时尚集聚地,更好地激活古城活力。

(六)摸索直管公房资产多元盘活模式

直管公房是扬州古城重要的组成部分,要打破直管公房在经营、管理、维护方面的僵局,实现国有资产保值增值、保障改善古城居住环境,实现直管公房的价值转换与盘活利用,为城市赋能。一是清理房屋存量。全面摸排直管公房的存量,建立直管公房和承租人员信息档案,准确掌握每套房屋的使用年代、维修状况及是否纳入拆迁范围等。二是健全管理政策。市级层面出台直管公房管理政策,建立直管公房承租、退出、过户、拆迁补偿、租金缴纳、房屋维修等管理制度。三是更新承租凭证。在全面清理直管公房底数的基础上,对符合条件的承租人,通过更换新承租凭证确定合法的承租人。四是理顺国有直管公房与承租户租赁关系。结合现行住房保障政策,将房屋即将拆迁、超过设计使用年限、违建增大房屋面积和原承租人死亡、共同居住人需要续租等人群纳入现行公租房保障体系。对不符合条件的承租户,租赁期满后应无条件腾退;对后续公房出租,要逐年提高租金,吸引优质人群入住。五是采用"翻新出售""功能转换""民生保障"等多元化的活化路径,对产权清晰的公房考虑登记出售,对房屋面积较大的公房考虑功能转换,对承租人属于廉租户和免租户的,应尽量维持民生保障的基本功能。

鉴往知来，开创名城保护工作新局面

——扬州历史文化名城保护工作体检与评估

邱正锋

摘　要：扬州在40年的名城保护工作中取得了显著成效，同时也面临挑战。首先，将扬州的保护工作分为3个阶段：积极改造明清城区时期，名城保护与利用并举的多元化探索时期，自下而上的古城更新时期；其次，对扬州保护规划编制、实施项目、管理工作和实施保障机制等方面进行评价；再次，从古城与历史环境、古城结构与风貌、大遗址保护、古城用地结构、明清历史城区格局保护、瘦西湖湖上园林、旅游景点与旅游配套设施、道路交通、历史水系保护、文保单位与历史建筑的保护与利用、古树名木保护、经济社会问题等方面对扬州名城保护现状进行评估；最后，提出构建以文化价值为核心的保护体系，以活化利用为导向促进文化传承，加强组织领导和统筹协调，妥善处理政府主导与市场驱动之间的关系，协调物质更新与功能更新、社会发展关系，注重项目推进与政策引导相结合的建议。

关键词：扬州；历史文化名城；保护；体检；评估；建议

作为国务院首批公布的24座国家历史文化名城之一，40年来，扬州在名城保护规划体系编制、大遗址发掘与展示、保护机构创新、保护法规立法、各类文保建筑及历史建筑修缮利用、历史文化街区保护和人居环境优化等方面取得了卓越的成效，也遇到了一些问题。在40年的时间节点上，梳理和总结扬州名城保护工作历程，对名城保护工作及保护现状进行体检和评估，旨在通过总结经验与教训，为政府统筹推进名城保护工作提供技术支持，对相关管理和实施部门就相关决策的制定和执行起到一定的参考作用。

一、保护工作历程回顾

1982年，扬州被国务院批准为第一批国家历史文化名城，至今已40年。

总体来看,可以将扬州名城保护工作划分为三个阶段。

第一个阶段(1982 年—2000 年)是积极改造明清城区时期。这一阶段为改革开放初、城市建设以古城为中心的时期,在这一时期,先后编制了两轮历史文化名城保护专项规划,受到当时认知水平、经济社会发展实际需求等多方面的影响,实施了较为积极的明清城区改造。虽然 20 世纪 90 年代早期扬州即提出"跳出老城、建设新区"的策略,但明清城区改造的惯性犹在,城市形态风貌受到了较为明显的破坏。同时,该阶段在传统园林修复、文物保护、地方建筑风格创新等方面取得了一定的成绩。

第二阶段(2001 年—2011 年)是名城保护利用并举的多元化探索时期。在建设新区的同时,古城的文化价值也得到足够的重视,成立了专门的领导小组,开展了较大规模的以政府为主导的古城保护与复兴工作,古城风貌修复、街区改造、文博城建设、园林景点恢复等一系列举措相继出台,古城活力明显提升,文化旅游产业快速发展,进入由消极保护名城到积极利用文化遗产促进地方经济社会发展的良性循环。

第三阶段(2012 年至今)为自下而上古城更新时期。随着城市发展由大规模增量扩张转向存量提质,政府工作重心开始转移,以政府为主导的大规模古城复兴工作基本停止,但以民间和社区为主导的"自下而上"的古城更新项目蓬勃兴起,为古城注入了新的活力。

二、保护工作评价

(一)保护规划编制评价

过去的 40 年来扬州先后编制了四轮历史文化名城保护规划、两轮蜀冈-瘦西湖风景名胜区规划,编制了老城区控制性详细规划(含大纲和街坊控规图则),出台了《扬州文化博览城建设规划纲要》《旅游名城建设行动计划》,先后颁布两轮《扬州市扬州古城保护行动计划》(第二轮计划基本未付诸实施),建立了完整的名城保护规划体系,对于扬州名城保护与利用工作发挥了重要的指导作用。

(二)保护实施项目评价

1999 年,扬州向国家申请了历史文化名城保护专项资金,跨入名城保护探索的新阶段。自此,在古城范围内陆续实施了街景与街巷整治、街区改造更新、自发的小微产业发展、民居修缮、文保单位、历史建筑保护与活化利用及文博城建设、环境提升与基础设施建设、地下文物的发掘和展示、蜀冈–瘦西湖风景名胜区建设等一系列项目,扎扎实实做了大量工作。不同类型项目发挥的作用与问题概括如下:

1.街道和街巷整治:街道和街巷更新对明清历史城区风貌改善发挥了较大作用,但也在一定程度上抹杀了不同时代的建筑特征,同时缺乏外在动力的单纯物质更新对街道和街区内部活力提升影响不大,如甘泉路、广陵路、南通路等由于缺乏内生动力,功能业态基本没有变化,甚至还面临进一步衰退的问题。

2.街区更新改造:街区更新改造效果好坏参半,存在较大不确定性。而过度商业化开发导致地方文化受到一定损害,给居民生活带来一定负面影响。地方文化元素的丧失影响旅游体验,同时过度商业化也挤压了原先的商业服务业,给居民特别是老年人带来不便。小规模、渐进式的改造更加适合古城的特点,代表了未来古城更新的主方向,但存在一定的局限性,需要专业团队的介入和相关配套的各项政策,否则难以达到较好的效果。

3.民居修缮:民居修缮有效改善了明清城区居民人居质量,带动了"新传统民居"和"新私家园林"发展。民居改造补贴政策虽然调动了居民住房改造的积极性,但由于规定对古城民居的改建提出了"三原"的改建原则,难以满足居民改善住房条件的基本需求,而烦琐的申报流程和漫长的审核公示使得矛盾更加尖锐,规范改造的比例仍然很低。

4.文保单位、历史建筑保护与活化利用:文保单位、历史建筑保护与活化利用及文博城建设对旅游有一定促进作用,但与居民生活脱节,对街区活力再生影响不明显。明清历史城区内文博场馆大多利用修复过的文保建筑设置,布局上呈现随机性,与游客和市民活动均缺乏联系,加上场馆陈列方式陈旧、缺乏创意和互动性、展品单一,难以形成吸引力,与旅游的关联度不大,对所在街区更新难以产生实质性影响,闲置较多。总体而言,文保单位的有效利用问题仍然较为突出。

5.环境提升与基础设施建设:近几年,实施"显城露水"工程,对古运河、小秦淮河、北护城河等古城河水系进行整治和滨河绿化。实施"绿杨城郭新扬州"建设工程,在古城内"见缝插绿",先后建成50多处兼具休闲、娱乐和运动功能的街头绿地、口袋公园、城市书房等,有效改善古城人居环境,提高居民的生活质量。

6.地下文物的发掘和展示:扬州30年来考古工作从未间断,通过主动勘探、发掘和配合基本建设工程等形式,揭示出扬州城各个时代的演变关系,宋西门考古成果曾获1993年"全国十大考古发现"称号,2013年隋炀帝墓入选十大考古发现。发掘后的遗址相继建成了"扬州宋大城西门遗址博物馆""扬州宋大城北门遗址广场""扬州唐宋城东门遗址广场""扬州南门遗址展示馆""扬州宋夹城考古遗址公园"等。

7.蜀冈–瘦西湖风景名胜区建设:瘦西湖景区先后实施了万花园、双峰云栈历史景点的恢复,建成了花艺坊、虹桥坊文化休闲街区、虹桥坊酒店、瘦西湖温泉度假村改造升级等一批旅游服务配套项目,进一步形成旅游服务全产业链条。

（三）保护管理工作评价

作为历史文化名城保护的主要行政管理者,扬州市政府历来非常重视历史文化名城的保护工作。扬州历史文化名城保护实施的管理工作得到了大力推进,成效显著。

1.成立专门的保护管理综合协调机构:1982年扬州被公布为国家历史文化名城后,扬州市政府经济研究中心率先承担起名城保护工作,1989年市政府明确市建委和文物局为名城保护主要工作部门。2004年,市委、市政府成立了由市委主要领导任组长、市政府主要领导和分管领导任副组长,相关区和市职能部门负责人组成的古城保护与利用、改造与复兴工作领导小组。领导小组下设办公室,负责古城保护日常工作。2009年,为强化古城保护工作职能,在市城乡建设局增挂市古城保护办公室的牌子,作为古城保护的常设办事机构。根据2017年1月1日施行的《扬州古城保护条例》规定,设立扬州古城保护委员会(市长和分管副市长分别任主任和副主任),相关区政府、功能区管委会和市直部门主要负责人为成员,负责扬州古城保护的统筹、指导、协调、监督工作,并将古城保护年度任务与城建重大项目一同下达,进一步加强了扬州古城保护工作的组织领导。2020年9月20日,扬州市广陵古城管理委员会、扬州市广陵古城保护利用工作领导小组成立,负责扬州古城保护工作的统筹、指导、协调、监督。决策和管理机构组织的变动,表明扬州古城保护组织领导工作在不断强化。实践证明,扬州古城保护组织领导体制方面的探索和尝试,为提高历史文化名城保护意识、政府管理者科学系统决策、保障名城保护具体措施的落实、解决保护过程中各类现实问题提供了坚强有力的组织领导。

2.严格执行考古前置,有效保护古城:为了有效保护古城遗址和地下文物,《扬州古城保护条例》规定古城范围内的所有建设项目都必须报请市文物主管部门组织考古调查、勘探和发掘,这项规定在实际工作中得到了很好的贯彻落实。2018年以来,古城18.25平方公里范围内所有的建设项目开工前都进行考古勘探。

3.各项保护规划的管理与执行:扬州在历史文化名城项目方案的报批中严格审查,召开专家会、办公会、规委会等会议进行决策,有些重大规划项目提交人大审议,一经批准,任何人不得随意调整。从保护规划编制、政策制定、建设方案确定到项目具体实施的全过程,充分调动各部门和各级政府的积极性,邀请专家学者和市民代表积极参与、建言献策。营造了政府与广大市民良好互动的氛围,确保各项规划得到合理施行。

4.加强执法检查监督:建立了文物建筑、历史建筑巡查制度。定期组织文物建筑、历史建筑所在地街道办事处和社区对文物建筑、历史建筑进行走访、查勘,了解文物建筑、历史建筑的保护和使用状况,向使用人或所有人宣传文物建筑、历史建筑保护利用的法律法规,督促使用人或所有人对受损的建筑及时修缮。同时,建立完善联合执法联动机制,住建、城管、文旅、自然资源和规划、公安、消防等部门加强执法合作,合力整治古城区违章搭建。例如,2020年3月对历史建筑大麒麟阁茶食店修缮工程未按审批图纸施工的行为进行了严肃查处,责令进行整改。这些措施有效地减少乱搭乱建和损坏文物建筑、历史建筑等现象发生,维护了名城规划建设管理的严肃性。

5.管理存在层次多、运转不协调等问题:实践证明,扬州历史文化名城保护实施的管理机制是较为科学有效的。然而,与其他历史文化名城保护一样,保护工作也面临着管理部门层次过多、关系不顺的问题。历史文化名城保护管理,纵向层次分中央、省、市(县),横向层次分规划部门、文物部门、建设部门、名城管理委员会等。在管理过程中存在规划、房管、文物、园林、交通等多个部门分工管理的现象。分工管理的优点是各司其职、责权明确,但也存在问题。在实际工作中,多个部门之间由于理念的偏差和利益的分配问题会产生管理上的争论和矛盾,相互之间沟通协调不够。横向各职能部门之间职责关系相互交叉,管理权限呈块状分割,运转不协调,没有真正形成工作合力。

(四)保护实施保障机制评价

历史文化名城保护工作得以顺利实施运行离不开各项保障措施,包括资金保障、法律法规保障、社会保障和技术保障。根据部门调研和相关资料的情况,对这几项内容进行了梳理和评价。

1.资金保障:资金问题一直是历史文化名城保护工作中的主要问题之一。扬州名城保护工作在资金筹措与管理上开展了一系列有效的措施。一是成立建设融资机构,2006年7月,组建扬州市名城建设有限公司,作为古城保护的项目实施和投融资主体。通过采取适当集中古城内部分现有优质资源注入名城公司等办法,做强名城建设经营实体,并允许其通过市场化运作积极吸引各类社会资金、银行资金投入,提高投入产出效益,形成古城保护投入与产出、保护与利用的良性循环。二是成立古城保护专项资金,2017年起,市政府依据《扬州古城保护条例》建立古城保护专项资金,列入本级财政预算,凡是经批准列入年度历史建筑保护利用的项目都可以使用专项资金。制定出台了《扬州古城保护专项资金使用管理办法(暂行)》,对专项资金的设立、来源、使用范围、管理等进行了明确,近3年累计安排了11.45亿元的财政资金专项用于名城保护和利用。三是出台激励政策,鼓励个人资金投入,2011年,《扬州古城传统民居修缮实施意见》出台,旨在加大推进老城区传统民居修缮力度,动员和鼓励更多的古城居民积极改善自身居住条件。此举调动了古城居民参与古城保护的积极性。住户(产权人)对房屋修缮的投资增加了保护资金的数量,也使住户切身地参与保护工作,大大改善了古城居民的居住条件,也有效地保护了古城传统风貌,从根本上有利于历史文化名城的长久保护发展。

2.法律法规保障:目前,扬州历史文化名城保护的法律法规体系较为健全,除严格执行《中华人民共和国文物法》《中华人民共和国规划法》《历史文化名城名镇名村保护条例》等国家法规以及《扬州古城保护条例》,在古城、历史文化街区、文保建筑、历史建筑、传统民居建筑等方面,均出台了相应的法规文件,为扬州历史文化名城保护工作提供了坚实的法律基础,使各项保护工作有法可依、有章可循。

3.社会保障：保护工作实施的社会保障，是指公民、法人和社会团体参与保护工作的制定与实施、监督保护规划实施的制度安排及作用力量，即公众参与机制。扬州历史文化名城保护工作一直积极推动公众参与，采取了一系列有效的措施。一是在传统民居修缮工作中坚持"政府推动、居民自愿"的原则，二是鼓励居民参与街区整治等项目。

4.技术保障：一是组建研究咨询机构，2007年12月，为加强古城保护的理论研究，进一步用理论指导实践，市政府成立扬州历史文化名城研究院，负责古城保护的课题研究和《中国名城》杂志的编辑出版工作，为做好今后的古城保护提供了智力支撑。二是成立古城保护专家库，2010年，扬州古城办首次确立了古城保护专家库制度，聘请历史、文物、建设、规划、园林等领域的28名专家为扬州古城保护提供宣传、技术咨询和指导服务，并参与古城保护政策的研究和方案的制定。三是积极开展培训交流活动，建立扬州园林营造技艺（国家级非遗项目）传承人（名匠）制度，定期组织全市从事名城保护的规划、设计、施工、监理企业开展业务培训，近3年累计举办培训班、讲座30多期（场）、组织外出学习22次，培训人员1600多人（次），进一步提高名城保护从业人员的业务水平。

三、保护现状评估

在大量实地调研和资料收集研究的基础上，对扬州名城保护的现状进行评价。

1.古城与历史环境：古城北部历史环境完整性有所削弱，目前蜀冈西峰已经基本为城市建设所包围，虽然蜀冈西峰公园、蜀冈体育公园等建设保持了蜀冈西峰的绿化廊道，但其周边视觉完整性已经有所削弱。最近几年在蜀冈东翼、邗沟以北区域实施了大规模的房地产开发项目，蜀冈已从原先地处郊野环境演变为几乎被城市环绕。

2.古城结构与风貌：建筑高度总体控制尚可，与古城特别不协调的建筑不多，城市形体与风貌总体协调。街道的尺度控制对古城风貌影响明显，虽然明清城区内有不少多层甚至高层建筑，但由于街道尺度较好，古城总体风貌尚可。古城主要的传统标志物和节点视觉环境总体良好，但还有不少历史节点未能得到有效展示,历史性街道均进行过数次改造,历史痕迹难寻。除了城河水系基本完整,历史城市的空间结构难以充分展示,城河两侧景观控制多年来未受到足够重视,遭到不同程度的破坏。

3.大遗址保护:扬州(隋—宋)大遗址虽然大部分被现代城区和明清历史城区叠压,但历代城河水系基本完整,部分城墙、城门、道路结构形态得以保存,特别是唐子城区域,地形地貌基本完整,地下遗存丰富,具有极高的文化价值。然而大遗址的展示与旅游休闲的结合存在严重不足,虽然城河体系基本完整,但对于城河历史的解读、展示不够,沿线缺乏文化旅游和休闲设施,慢道系统尚不完全连贯,周边景观缺乏良好控制。部分城门遗址进行了发掘和展示,但展示方式较为单一,缺乏吸引力,宋南门遗址展示馆长期闲置,目前尚未形成解决方案。大多数城门遗址由于被现代城市叠压,尚未进行考古发掘。

4.古城用地结构:古城范围内尚有近25%的用地(约4.5平方公里)为非城市建设用地和闲置用地。与新区相比,用地混合性较强,有助于提升城市活力,扣除非城市建设用地、闲置用地后,居住用地占比约36%,占比较高。其中老街区、建筑质量较差的住宅用地约2.5平方公里。公共服务设施用地占比32%,远高于一般城市地区。主要由教育科研、医疗卫生和商业服务业设施用地组成。道路交通用地占比约10%,占比略低,但明清历史城区路网密度高。绿化用地占比约14.5%,远高于一般城市地区,绝大多数集中于瘦西湖景区和宋夹城体育公园,疏密关系明显。

5.明清历史城区格局保护:20世纪六七十年代,由于城市建设填埋了部分河道、拓宽了部分街巷改造为现代马路,改革开放以来古城内也建设了不少现代化建筑,虽对城市原有小尺度的城市肌理特征产生了一定的影响,但是总体上未改变明清古城格局,大多数区域的传统街巷格局仍保留了下来,维持了明清古城以"逐水而城、历代叠加""双城街巷体系并存"和"河城环抱、水城一体"为特征的独特城市格局。

6.瘦西湖湖上园林:多年来,瘦西湖湖上园林按旅游景区的标准进行管理和维护,如近年来开展的石壁流淙等景点的修复工程,缺乏充分的历史依据,影响了景观要素遗存的真实性,与瘦西湖景观的历史文化价值及审美特征不完全相符。同时淡旺季游客量不平衡。从全年容载率水平来看,景区处于弱载水平,而在旅游旺季,过多的游客给传统景区的保护造成了巨大的压力。

在如何平衡景区保护与商业开发的关系上仍存在争议,近几年在瘦西湖区域特别是沿长春路增加了较多的商业服务设施,利弊关系需要权衡。

7.旅游景点与旅游配套设施:扬州古城旅游景点和相关服务设施主要集中在平山堂—东关街之间,以迎宾馆为中心、半径约2公里的范围,旅游景点与服务设施布局紧凑,位于可步行范围内,便于游客在短时间内满足观光和服务需要,形成了精致扬州的城市特色。但由于景点、服务设施过于集中,旅游旺季游客密度过大,交通与游览冲突明显,游客停留时间短、旅游体验不佳。传统园林特别是瘦西湖在扬州观光旅游中的所占份额极高,其中以何园、个园等为代表的4A景区与5A景区的热度相差较大。这表明在今后很长一段时间内,传统园林仍然是扬州旅游的主要目的地。

8.道路交通:古城道路普遍狭窄,车辆通行不畅是客观存在的问题。20世纪90年代"跳出古城"战略实施后,古城交通压力有所减弱;近年来,也采取了大量措施,如开展古城主干道、背街小巷综合整治,疏解居民出行不便的难题,并新建改建了一批公共停车场。随着快速路网的形成,古城交通压力有望减弱。但是,明清古城处于城市中心,东西、南北过境交通与路网结构矛盾冲突较大;明清历史城区区域内优质教育资源和医疗资源高度集中,高峰期间交通拥堵已成常态;由于主要景点集中在瘦西湖、高旻寺、个园、东关街一线,旅游旺季旅游交通高度集中,进一步加剧交通拥堵;大型停车场地缺乏,导致停车困难,影响慢行交通;近年来自驾游成为主流,旅游旺季古城出行难、停车难的问题影响了游客的旅游体验,对扬州的旅游发展也造成了一定的局限。

9.历史水系保护:扬州城因水而兴、因水而盛,一直以来非常重视水系规划和水系保护。虽新中国成立后对汶河等河道进行了填埋,但城河水系的总体格局保留较好,依然能反映历史上扬州城与水的关系。同时,对水环境的治理也卓有成效。然而,在历史水系的展示与利用方面仍存在不少不足。虽然城河体系基本完整,但对于城河历史的解读、展示不够,沿线缺乏文化旅游和休闲设施,慢道系统尚不完全连贯,周边景观缺乏良好控制。

10.文保单位、历史建筑的保护与利用:经现场调研和专家评估,近一半的文保单位得到了修复和利用,特别是国家级和省级文保单位除个别外均已得到较好修复和利用,但利用效果还不尽如人意。1/3左右文保单位修复与利用情况一般，还有6%的文保单位修复和利用情况均较差，基本集中在明清历史城区老街区内。累计对29处历史建筑完成修缮，占总数的51.8%；累计对16处非居住功能的历史建筑进行了活化利用，占总数的51.6%。

11.古树名木保护：对于古树名木，扬州开展了较为全面的保护工作。不仅对城区一、二级保护的510株古树名木全部开展建档挂牌、养护复壮和巡查等工作，还通过扬州古城保护名录系统，将古树名木的具体位置、树名、管养责任单位等信息向社会公布，公开接受市民的监督，切实加强对古树名木的保护。

12.经济社会问题：一是明清城区人口老龄化严重，传统街区内老龄化水平远超平均水平，部分地段老龄化水平超过60%。人口构成单一，老街区内大多为本地居民，社会关系稳定，邻里关系亲密，延续着传统生活方式，部分区域有外来人口，大多为低收入阶层。二是产业功能衰退明显，随着大量企事业单位的外迁以及城市发展重心的转移，产业出现衰退，街区内基本以居住为主，部分沿街商业主要为老年和低收入人口服务。居民收入偏低，老街区居民大多为无业或退休人员，人均收入2000元/月以下约占三成。街区内微型产业、家庭产业等数量极少。

四、总结与建议

（一）以文化价值为核心构建保护体系

跳出原先的文物和建筑视角，将文化价值作为判断文化遗产保护对象的标准是新时期文化遗产保护的重要理念，文化遗产的类型将更加丰富和全面，古代与近现代、城市与乡村、物质与非物质等活态的历史文化遗产均应得到有效保护。与此同时，以文化价值为核心也意味着名城保护的体系将在既有的"文物—历史街区—名城"三个层次基础上进行扩展，根据各地文化资源的特征提炼文化价值，以具有保护意义、承载不同历史时期文化价值的城市、村镇等复合型、活态遗产为主体和依托，共同构成一个有机整体，凸显地区文化价值，增强身份认同，提高文化自信。

（二）以活化利用为导向促进文化传承

中共中央办公厅、国务院办公厅印发的《关于在城乡建设中加强历史文化保护传承的意见》提出了"坚持合理利用、传承发展"的要求,名城保护不应该单纯考虑文化遗产的保护,而是应该在各个层面上将保护与发展进行协同,以活化利用促进文化传承。在区域层面上,尤其是对于那些大尺度复合型的文化遗产,应从战略角度就文化遗产如何融入经济社会发展、生态文明建设和现代生活,如何与地方经济社会发展和城乡建设合理整合等方面提出引导要求。在城市层面上,应在城市总体空间形态、用地功能、交通组织、设施布局等方面对名城格局、风貌、历史环境的保护与展示提出指导性要求;在街区和建筑等微观层面上,应对街区有机更新、建筑适应性再利用等提出具体可操作的要求。通过多个层面的规划引导,发挥历史文化遗产的社会教育作用和使用价值,注重民生改善,不断满足人民日益增长的美好生活需要。

(三)加强组织领导,强化统筹协调

扬州一直在管理机构组织方面不断地进行探索。随着小规模、渐进式的保护与更新逐渐成为名城保护的主流方向,名城保护工作也在探索一种多元化的有机更新模式,名城保护与利用工作错综复杂,是长期性、系统性、全局性的工程,是一个涉及物质改造和社会复兴的综合项目,专门化的组织领导、统筹协调显得至关重要。同时,突出基层在古城保护中的职责和属地管理责任,加强执法检查监督,将对名城保护工作起到较好的管理和监督作用。

(四)妥善处理政府主导与市场驱动之间的关系

2012 年之前,明清历史城区实施了数个较大规模的改造项目,部分改造项目对城市旅游格局优化有一定积极意义,如东关街区,但教场、文昌百汇、1912 等项目缺乏特色,没有充分发挥对古城复兴的带动作用。瘦西湖景区实施的大规模景区扩容(万花园)建设对提升瘦西湖传统景区的吸引力作用未达预期。以仁丰里、皮市街为代表的"自下而上"古城更新行动充分调动了社区和市场主体的积极性,在实施微更新的同时引入新的文化功能和商业业态,获得了较多的认可。如何构建将政府主导与市场驱动相结合的机制需要进一步探讨。

(五)协调物质更新与功能更新、社会发展关系

长期以来,古城更新工作过多关注物质更新的内容,对功能更新相对忽视,早期实施的不少街区改造、建筑整治未提前考虑使用要求,导致后期使用存在问题。对于古城的社会发展重视程度不足,重物轻人问题突出。比如在

街景整治过程中发现，缺乏外在动力的单纯物质更新对街道和街区内部活力提升影响不大。近几年来，扬州明清历史城区主要道路均进行过不同程度的整治，但部分街道如甘泉路、广陵路、南通路等由于缺乏内生动力，功能业态基本没有变化，甚至还面临进一步衰退的问题，单纯的物质改造难以发挥作用。

（六）注重将项目推进与政策引导相结合

总体而言，扬州在过去的名城保护工作方面以工程化、项目化推进手段为主，如街区更新改造、街景整治、文博城建设等，取得了较好的效果。但同时也相对忽视政策引导手段，没有充分调动市场和民间的积极性。虽然近年来"自下而上"的民间力量开始兴起，但面临诸多政策障碍，也缺乏有效的激励措施。比如量大面广的民居（包括公房和私房）是古城更新中最为棘手的一个难题，需要在政策上有所创新、技术上有所突破，在保持古城整体风貌延续的前提下充分调动民间和市场积极性。又如，近20年来古城范围内闲置空间资源有增无减。大量的文保单位、退出的企事业单位用房如何有效使用仍面临政策和技术障碍，也缺乏外在动力。这些在今后的名城保护工作中都应作为重点。

作者单位：扬州市历史文化名城研究院

提升广陵古城可持续发展活力的思考

李建芳　丁　昊

摘　要:广陵古城是扬州城市的"母体"、文化的源流和市民的精神家园。5.09平方公里的广陵古城承载着历史的记忆、延续着盛世的繁华,是扬州古城中建筑保存最完好、文化底蕴最深厚、传统生活气息最浓厚的区域,也是扬州古城保护更新的主阵地。对标习近平总书记关于城市工作的系列重要讲话和视察扬州的重要指示精神、人民群众对美好生活向往的殷切期待,分析广陵古城的可持续发展工作中存在的差距不足和短板弱项。针对当前广陵古城存在的活力不足问题,从空间、文化、经济、社会活力四个方面提出对策建议。

关键词:广陵古城;可持续发展;活力

可持续发展一直以来都是研究者们研究的热点和重点,从生态、资源和环境保护、经济学、社会学角度都有阐述,虽侧重点不同,但其内涵是相近的,强调社会、经济、资源、环境多因素间的协调性,关注人的活动及其与城市环境的互动,因此,多样性、流动性、密度和宜居性是城市可持续发展活力的重要评价指标。

近年来,随着广陵古城发展全面进入存量优化更新时代,物质环境与人口结构双重老化、功能性衰退等问题愈发凸显,古城可持续发展活力不足,亟待改善与解决。

一、广陵古城可持续发展的瓶颈

一是物质空间环境老化衰败,古城空间活力亟需焕新。美国城市规划专家凯文·林奇认为,"活力"是衡量空间形态和社会可持续发展的重要因素。古城空间活力表现为各类建筑、道路、街面形式等展现古城肌理的物质要素。在时间洪流的冲刷下,广陵古城内的建筑、设施、道路等物质环境逐渐老化,许多民居院落衰败，古城肌理遭到损毁。由于时代和社会的发展，大量原有功能设施、道路、市政配套等渐渐无法满足日益复杂的现实需要，交通拥堵、设施匮乏、公共空间不足等问题突出，导致古城空间活力不足。

二是文化资源的挖掘与活化利用不充分，古城文化活力亟需革新。城市文化活力表现为各类文化资源要素。以"文化为魂"的城市更新，把保护、利用、传承好历史文化遗产纳入城市整体的发展战略，与城市同步发展和振兴，才能彰显名城特色、激发城市活力。一些具有广陵古城地域特色的资源及民风民俗未能得到充分挖掘和利用，无法有效呈现。扬州传统文化如扬州评话、扬州清曲、扬剧等缺乏大众性展示舞台；诸多非物质文化遗产被"养在深闺人不识"；一些承载扬州历史的古建筑处于封闭性保护之中。特色文化的展现形式也缺乏新意和吸引力，未能做到与时代同频共振，抑制了古城魅力的有效释放，导致古城文化活力不足。

三是经济业态单一且趋于同质化，古城经济活力亟需创新。城市经济活力表现为产业类型丰富、产业链条健全等。当下广陵古城内的经济业态以中低端服务业为主，如餐饮、服饰、文玩等。在国内各地旅游景区业态出现同质化趋向的背景下，广陵古城也受到较大影响：四大历史街区上出现跟其他景区相同的小吃店、网红奶茶店，许多店铺售卖着雷同的工艺品等等。经济业态单一使得古城经济效益较低、经济韧性较差，趋于同质化的业态不仅容易让人产生审美疲劳，还挤压了古城特色产品的生存空间，产生了劣币驱逐良币的效果，在更深层次上对古城特色传统文化造成了极大的冲击。这些因素相互作用导致古城经济活力不足。

四是生活功能衰退伴随人口结构老化，古城社会活力亟需更新。美国"城市教母"简·雅各布斯指出，城市活力来源于市民生活活动和生活场所相互交织过程中所形成的生活多样性。因此，古城社会活力表现为生活公共设施空间丰富完善程度与人口生活气息浓厚程度等。随着旅游业的兴起，广陵古城的旅游价值被放在中心位置，其人居属性则被忽视。旅游的大规模发展使得基本生活服务设施的更新速率慢于旅游服务设施的配套。在某些点位上，旅游设施空间挤占生活公共设施空间，古城的生活功能退化，居民生活便利度不断降低，宜居的吸引力不足，最终造成原住民流失。而老人因年龄、身体状况、经济能力、情感等因素继续留在古城内居住，使得古城人口结构老龄化，同时受"学区房"政策影响，古城人口"潮汐"现象客观存在，导致古城生活气息日渐消逝，社会活力严重不足。

二、他山之石的启示

近年来，一些城市成功出圈并吸引人们前往打卡，带动了城市旅游业和服务业，也为城市发展注入了新动能。尽管这些城市的出圈存在某些偶然的"天降流量"成份，但背后有些必然的逻辑值得我们摸索和探寻：

一是洛阳老城顺应人们对时尚文化生活的追求，打造了洛邑古城等近百处汉服打卡地。人们既在洛阳感受到了洛阳对传统文化的尊重和传承，也在创新升华中感受到了时尚的古都生活，更在文化自信中内生出对洛阳城市的共情。同时，洛阳老城大力发展新文旅产业新质生产力，创造了妆造、跟拍等新就业形态和岗位，激发了年轻人在传统产业升级中参与创新的热情。

二是上海EKA·天物等网红街区顺应人们对便捷现代生活的追求。该街区项目前身是上海航海仪器总厂，设计师们通过对特定时期工业特色元素的充分利用，同时加载众多与时俱进的设计语言和风格，把工业遗存改造为艺术文化街区，并着力吸引众多"潮文化"项目、清吧、先进文化交流空间等载体入驻，策展型商业项目和快闪、艺术展、派对、品牌活动等层出不穷，助力街区愈发年轻化。

三是日本仓敷市美观地区打造适合年轻人在古城创业、就业的业态和产业。日本仓敷市美观地区，除了唯美古建筑群，随处可见的文具店成为对年轻人的一大吸引力。仓敷文创产业巨头MT（Masking Tape）和纸胶带公司将装饰性文具产品转型为自我表达的工具，抓住了时代的变化以及年轻人思想、追求、对生活品质要求的变化，成为超前领跑的美学生活榜样，构建了该区域独具特色的文化氛围和环境魅力，更以产业为核，把握市场规律，建立清晰明确的产业发展路径，从而构建出古城自身可持续的发展动能。

它山之石，可以攻玉。激发广陵古城可持续发展活力的本质即在不超过古城最大承载能力的情况下，统筹古城遗产性与生活性双重属性对古城进行有机更新和保护性利用，优化人群社会活动的物质和非物质环境，提升古城空间中人群生活活动和古城空间场所相互交织的多样性、流动性，最终打造一个文化繁荣、经济发展、社会和谐、生机勃勃的古城。

三、激发古城可持续发展活力的对策建议

针对当前广陵古城在空间、文化、经济和社会等方面均存在活力不足的问题,笔者从四个方面分别提出相应的对策建议:

一是进一步修缮物质环境、恢复古城肌理,激发古城空间活力。一是整体性保护。要加强古城有机更新系统规划与策略谋划,深化"小尺度、绣花功、本土化、渐进式"的有机更新理念,保护历史文化街区整体空间格局;保护历史文化街区整体风貌的完整性和协调性;按建筑的等级分类及其质量、风貌等综合调查评估,对街区内的建(构)筑物提出分级保护和整治的方式措施;保护展示有保护价值的建筑、古树名木、古井古桥等遗存,传承传统技艺、传统老字号、公序良俗、历史地名等非物质文化遗产,延续传统生产和生活形态。二是社会化盘活。要围绕闲置资产活化利用,以合作促发展,"走出去"和"引进来"并举,梳理整合广陵古城内的公房资源,启动"古城合伙人计划",常态化赴外地开展招商推介,有针对性地邀请客商实地考察,全方位开展公房资源的转让、租赁等经营方式的合作洽谈,吸引有资金实力、有文化品位的社会力量投身古建古宅的保护利用,进一步打开古城空间。三是复合型赋能。要综合考虑古城片区的功能短板,在更新项目中,从平面设计、立体布局中统筹考虑复合型功能,着力打造多维、集约和立体的复合型古城空间,实现办公、娱乐、休闲、商业等多种功能的叠加。重点在"双东"、广陵路、皮市街、南河下、仁丰里等街区更新工程中设置部分人才公寓,并围绕"让古运河重生"等项目建设,探索建立"安居+产业孵化"模式,推动与产业街区、高品质酒店等共建人才驿站,切实让各类人才在古城安心、安身、安业。

二是进一步挖掘、整合及活化利用古城文化资源,激发古城文化活力。一是将历史底蕴和文化要素有机融合。在守住古城文化根脉的基础上,汲取"只有系列""遇见系列""又见系列"的成功经验,深入挖掘唐宋诗词中的广陵古城新叙事、名人足迹以及古城名人名宅资源内涵和街巷文化,给"四相簪花""南柯一梦""十把穿金扇""隋炀帝赏琼花"等不断注入新的时代内涵,创新叙事视角,丰富广陵古城文化的精神内涵和创新表达,打造独具特色的古

城文化IP。二是将艺术气质和人间烟火有机融合。努力改变古城众多文化元素单线发展的现状，以"食、妆、浴"为主线，针对富春、冶春、谢馥春、三和四美、永宁泉、双桂泉等老字号、老手艺，文旅、商务、市场监管等部门应推动融合发展，打造高端化、定制化、品牌化体验项目，用好"广陵王遗迹"、热播剧《繁花》中的紫罗兰美发厅、《江南百景图》的"地标打卡"等流量密码，让古城的民间艺术、美食文化、非遗传承更具观赏性、体验感和亲和力。三是将科技化展示与沉浸式互动有机融合。在古城数字化升级、VR虚拟体验上破题，着力通过科技手段重现古城历史上"小桥流水人家"的诗意、"河房清雅别致"的风韵、"十里长街市井连"的繁华，充分挖掘出古城内外有价值的人文历史点，在汪氏小苑、二分明月楼、绿杨旅社等处先行先试，加快打造更多的园林版、厅堂版、街角版演艺节目，通过线上AR、LBS和线下实景真人NPC等多重互动形式，激励游客通过"角色扮演"方式参与表演，甚至推动剧情发展，让参与者得到差异化的个性体验感受，将原本参观、打卡、拍照的单一行程改变为线上、线下互动体验模式，直接感受唯美动人的AR特效、与真人NPC飙戏互动、机智破解彩蛋谜题等，获得难忘而独特的"浸入式"体验。四是将中西古城文化交流与碰撞有机融合。持续放大"运河之都、美食之都、东亚文化之都"的品牌效应，通过WCCO、扬州公共外交协会等平台，构建既具有中国文化自信又具有国际传播效力的广陵古城文化对外交流体系。全面对外推荐扬州盐商文化展示群、民国风情度假区等特色鲜明的情怀街区，对外展示广陵古城的名人故居、园林景点、非遗手工等文化底蕴，彰显精细的生活美学，促进古城运河文化、江南文化的国际化交融和碰撞，同时打造跨文化的艺术交流平台，促进文化艺术产业的合作与发展。

三是进一步着力打造、引入更多新业态，丰富古城经济生态，激发古城经济活力。一是以广陵古城区域发展的潜力激活大众创客。立足广陵古城是扬州城市客厅的区域定位、是开放的古城休闲旅游度假景区的业态定位，不断激发现有空间"文化+"的创新活力，不断叠加各类空间艺术的文化体验，以此再集聚一批有情怀有梦想的文化新青年，引进一批商会协会，招引一批有文化、有名气、有实力、有资源、有情怀的名家大师、海归青年、乡土人才等落户古城，以古城开放度、格调度、休闲度的进阶带来产业的进阶和人才的进阶。二是以广陵古城更新改造的机遇扩大新经济规模。顺应高端化、智能化、绿色化发展大势,积极对接并努力招引符合古城气质的科教与人才资源,循序渐进调整古城业态,努力实现"文化、数字、旅游、新消费"的融合发展,逐步打造出广陵古城的新版本——既还原纯正的老扬州记忆,又创造引入新业态,融合未来的生活方式,形成传统服务业与现代服务业和谐共生的生动局面,用新业态提升传统商圈,辐射带动文昌百汇、毓贤街、人民商场、茂业百货等商业街区的人气。既要立足东关设计瑰谷、汶河科创文化园等,打造"小而精"的特色产业样板,又要充分挖掘绿杨旅社片区、群艺馆片区、周扶九盐商住宅片区等闲置资产,吸引好产业,构建专业化众创机构、孵化器、独角兽产业园等平台,为新经济蓬勃发展提供高能级生态圈。既要系统整体谋划,将新经济、新业态的各个文化空间"串珠成链",又要创新措施,由政府层面组织特色明显、主题突出的各类活动,集中进行引流,助推各个文化空间做大做强。三是以广陵古城文化内核的打造吸引新产业人才。牢固树立"数字文化(文旅)产业的培育是古城在新时期突破房屋资源限制、古城保护红线等各类要素的破题之举",出台更加积极、开放、有效的古城专项人才引进和培育行动方案,全面激发古城各个业态、各个类别人才活力。要全力打造数字文化产业平台,做好载体培育,大力开展数字文化产业"倍增"、文旅产业平台"锻强"、文旅市场主体"腾飞"三大行动,在政策上精准扶持,积极推动文化与制造、旅游、商贸、体育等融合裂变,培育一批先锋性强、渗透性广的文化主体"新力量",以"文化创造力"论英雄,打造一批有新鲜度、有话题度且在古城可触摸的空间内、在游客身边的文化产品"新爆款",真正让专业人才做新产业项目、以新产业项目引创新人才,畅通"以产聚才、以才兴产"的良性循环,努力形成古城高附加值的新业态、新模式。

四是进一步以人为本,关注古城生活性,营造宜居的人居环境,激发古城社会活力。一是积极打造全域便捷的古城宜居品质。重点改善古城内群众日常生活中有关"住区安全、基础设施功能、环境品质、长效管理"等迫切需要解决的难点问题,完善社区便民服务及其他配套设施,全面提升古城住区环境。实施古城消防提升、配套完善、环卫设施改善、农贸市场改造、交通优化提升等专项工程,不断提升古城宜居品质。二是积极打造全民共享的公共活动空间。以古城街巷微环境提升行动为契机,在见缝插针的"口袋公园"、街头巷尾的景观小品中建设小规模、复合型社区服务设施和宜老小微空间,促进老年人进行社会互动、融入社会。要在移步见园的古今宅院中积极组织开展青年联谊、主题沙龙、读书交流会、书画展览、竞技游戏比赛等社群活动，推动年轻人从"地缘认同"向"业缘认同""趣缘认同"的转变，让他们的成长和古城的发展同向偕行。要打造具有古城地域特色、群众乐见、广泛参与的公共文化空间，围绕"琴棋书画"等主题多层次、多领域举办名作家经典导读、创作交流、专家名人签名赠（售）书等活动，统筹好古城各个文化空间错位互动，并在此基础上编织覆盖全域的社交网络。三是积极打造全龄友好的古城消费新场景。满足各个年龄段多样化、个性化的消费需求，聚焦首店经济、网红经济，导入优质业态，丰富消费场景，提升广陵古城的消费体验。围绕"吃住行游购娱"六要素，强化"商圈＋景区"互联互通，推动广陵古城文昌商圈业态迭代升级，加快推进金鹰、万家福、时代广场等商业载体提档转型，通过引入品牌"首店"和流量主力店、主力展，以国潮文化内核和首店消费热力为牵引，不断提供具有稀缺性和新鲜感的文商旅消费需求，为古城群众提供源源不断的消费体验场景。

综上，广陵古城作为承载城市集体记忆与历史文脉之地，其可持续发展活力的激发对于优秀传统文化的传承、城市凝聚力的提升和城市发展动力的形成具有重要意义。因此，需要在恢复古城肌理、活化利用文化资源、丰富古城经济生态、营造宜居环境等方面久久为功，促进古城文化繁荣、经济发展、社会和谐，为古城在新时代高质量发展注入强大动力。

作者单位：李建芳　扬州市广陵区人大常委会
丁　昊　扬州市广陵古城管理委员会

严格保护古城风貌　审慎更新复兴古城

——探索扬州历史文化名城复兴之路

李延泽

摘　要：诠释扬州古城复兴的相关内涵，阐述扬州古城复兴的目标，结合国内外成功经验和扬州古城保护与复兴实践，提出扬州古城保护与复兴的几个基本原则，并介绍扬州在古城保护与复兴工作中做出的探索。

关键词：古城；保护；更新；复兴；扬州

国家历史文化名城，是一枚象征城市几千年丰厚历史文化的徽章，是国家授予一个城市最高的荣誉，也是国家托付的保护城市文化遗产重任的符号。名城保护事业，不但是一个城市承继历史、赓续文明的责任，更是见证中华民族伟大复兴的重大工程。扬州是国务院首批公布的历史文化名城之一，这里双城街巷体系并存，河城环抱，水城一体，古典园林密布，历史建筑集中，城市风貌古朴典雅，视域空间平缓柔和，路网肌理匀质细腻，建筑风格南秀北雄。作为屡废屡兴、能引起"中国人自豪感"的城市，扬州的名城保护工作起步早、规格高，目前正用最审慎的保护理念更新复兴古城，使扬州成为古代文化与现代文明交相辉映的历史文化名城。

一、扬州古城复兴内涵

扬州古城复兴是中华民族伟大复兴的组成部分之一，是扬州古城保护的最终目标，我们认为，扬州古城复兴必需的内涵要具备下列要素：

（一）传统风貌特征明显

古城风貌是每一个审读古城人士的第一印象，完整的传统风貌包括古人建城理念、水系格局，以及建筑的布局、体量、尺度、色彩等地方特色。

(二)视域空间柔和舒缓

古城的通视走廊没有物体阻碍,点、线、面能完美结合,各类建筑高低起伏富有韵律,衔接自然,比例协调,无视觉污染。

(三)街巷纹理通畅完整

街巷是城市的骨骼和脉络,要做到宽窄适宜,沟通方便,保存完整,既适宜居民出行,又能保持历史信息,体现历史城市的个性特征。

(四)历史文脉清晰可读

历史是延续不断的,城市的文脉也需要精心呵护,才不至于断裂、残缺。一个保护良好的古城如一本厚重的字典,应该能在每一页的历史遗留中清晰地辨出先秦的烽火、强汉的气势、大唐的胸襟、明清的繁荣乃至近现代或厚重或明快的痕迹。

(五)人文遗产馥郁浓厚

古城不只有各类建筑文化遗产,非物质文化遗产也能保持活力。生生不息的古城原住民用特有的生活娱乐方式、民风民俗诠释着古城的人文魅力。

(六)居民生活舒适惬意

改善居住条件、配套建设现代公用设施是古城保护最重要的环节,也是以人为本、可持续发展理念的重要体现,要让居住在古城区的人民既能感受传统文化内敛深沉的魅力,又能享受现代生活的便利。

(七)古城保持适度经济张力,为居民提供生活保障和吸引力

古城不是死城,也不是博物馆。经济的适度张力是保持古城活力的重要保证,要让生活在古城的居民有充足的生活保障和新的经济增长点,通过调整经济结构和产业结构来维持足够的吸引力。[1]

(八)历史街区在现代生活中保持个性,不致丧失个性

历史街区是古城的核心区,忌讳急功近利、一哄而上的旅游开发,应保持原真性和生活性,不被商品经济的浪潮所淹没。[2]

---

[1] 邱正锋:《开放式保护与利用古城——以扬州为例》,《城市开发》2021 年第 20 期。
[2] 孙劲松、李源、张韦:《扬州:全力打造世界文化旅游目的地》,《商业文化》2024 年第 6 期。

二、扬州古城复兴的目标

（一）列入世界文化遗产目录

扬州是国内仅有的全城作为重点文物保护单位的城市,蜀冈山上下,三城遗址既相互包容又脉络清晰,唐子城遗址保护完好,为国内仅有的唐城垣地面遗址,以唐宋古城遗址申报世界文化遗产一直是广大市民的呼声,扬州古城保护工作的开展也一直以申报世界文化遗产的规定作为准绳。[1]

（二）完美体现中国古代城市规划建设理念

扬州是以运河立身的城市,负冈抱水,江淮河海荟萃,水的兴衰特别是京杭大运河的兴衰反映着扬州的兴衰。古人建筑城市讲究"以礼治国","辨正方位""择中而立""四方为形""五方为体"的规划理念在扬州有着清晰的脉络和较完整的反映。

（三）全方位展示博大精深的中国古代文明

扬州是中国历史上的传奇城市,扬州的历史就是一部中华民族的盛衰史,扬州兴盛在汉代,鼎盛在唐代,繁盛在清代。[2]在中国传统文化方面,扬州在造船、冶铜、髹漆、琢玉、构园等多个领域走在前列,中韩、中日以及和阿拉伯国家贸易的交往、文化的交流,让扬州声名远播海外,其他如淮扬菜系、扬州学派、扬州画派、扬州评话、扬州八刻、扬州剪纸、雕版印刷等无不展示出中国传统文化的精髓,散发出迷人的魅力,成为先人用无穷智慧创造的博大精深的中华文明重要代表。[3]"春风十里新画幅,明楼唐杏好文章",古城复兴的扬州,随处都可以让人感受到历史斑斓的痕迹、文明的余韵。

（四）体现"天人合一"的规划理念,实现人与自然和谐交融

师法自然、天人合一是古人城市建设中孜孜不倦追求的目标,也是现代城市建设的新理念。人与环境和谐统一才能打造最适合人居的优美环境。岚映红翠,水动泠声,天高鹤舞,笑语融融,复兴的扬州古城应该是一幅清淡雅致的山水画卷。

---

〔1〕　石铭、许应石:《城市建设与地质环境协调发展策略——以江苏扬州为例》,《中国名城》2023 年第 6 期。

〔2〕　沈翔:《关于扬州历史文化名城保护的思考》,《居舍》2022 年第 21 期。

〔3〕　王芙蓉、顾孝慈、侯兵:《历史文化名城保护视野下扬州雕版印刷技艺非遗的保护与传承》,《出版发行研究》2022 年第 4 期。

三、古城保护与复兴的实施条件

古城的保护与复兴，不是一个扬州人的期盼，而是千千万万扬州人的追求，不是一代扬州人的事业，而是几代甚至几十代扬州人接力传承的神圣事业。但名城保护不是一条平坦的大道，对其中的艰险和曲折，每个名城都有或多或少的认识。[1]如何走出困境，成为每个名城思考的问题和专家探讨的重点，扬州在充分反思了国内外名城保护的经验和教训后，开始走出一条审慎更新的保护与复兴之路。[2]

（一）总的指导思想

贯彻习近平新时代中国特色社会主义思想，落实党的二十大报告中提出的"加大文物和文化遗产保护力度，加强城乡建设中历史文化保护传承"要求，体现文化的先进性。以当前国际先进的古城保护理念为指导，遵循《文物保护法》《城市规划法》《城市紫线管理办法》《历史文化名城名镇名村保护条例》以及联合国《保护世界文化与自然遗产公约》的相关规定，并参照有关标准、技术规范的要求，制定多层次、完整的近远期保护工作目标和分期实施原则，尽最大努力，全面保护独具特色的历史文化风貌，用审慎更新的态度一点一点修复历史街区，严格保护真实的历史文物和优秀古建筑，护其貌、美其颜、扬其韵、铸其魂，以人为本，彰显个性，解读内涵，提升品位。揭示扬州古城丰厚的历史文化底蕴，提升扬州古城的历史文化价值，凸显古、绿、水、文、秀的名城特色。从可持续发展的高度将扬州古城真实、完整地保存下去，并永续利用。[3]

（二）古城保护与复兴必备条件

古城保护与复兴是一项综合的社会工程，它牵涉到规划、建设、文物、宗教、园林、教育、环保等众多方面，没有统筹管理，就会顾此失彼，留下永久的遗憾。必备条件包括：

1. 规划的前瞻性、准确性

---

〔1〕 李伯群、朱安然、李文玥：《活态古城的文化传承与活化利用——以泉州古城为例》，《中国名城》2024年第4期。

〔2〕 杨伟、盛峥、杨冬雪：《高质量书写历史文化名城保护"答卷"》，《城乡建设》2024年第9期。

〔3〕 王凯：《实施城市更新行动 营造高品质空间》，《中国名城》2023年第1期。

古城保护与复兴不是一代人的事业,古城保护的规划要有较长时间段的稳定性,不能轻易更改。巴黎人自豪的"老巴黎400年一个样"带给我们的是历史恒久魅力的震撼。只有中长期专业保护规划稳定,才有控制性详细规划和修建性详细规划理念上的与时俱进,并且不致因人而异、人亡政息。

2.专业保护机构的决策性和协调性

无论是规划部门、建设部门还是文物部门,都不能单独承担起古城保护的重任,古城保护的综合性和复杂性决定要有专业的保护机构来统筹兼顾、协调矛盾,整合了众多专家的历史文化保护专业机构是古城保护与复兴的中坚力量,这种集众所长的工作方法已被中外名城普遍采用。

3.古城居民参与的积极性

古城保护与复兴是全体市民的责任,没有居民的参与、理解、认同和支持,保护工作每个环节、细节的开展将举步维艰。这也是目前古城保护面临的最大困难。除了认识上的差异,古城多年积欠的基础设施难题和保护政策的不确定性也是影响居民积极性的重要方面。

4.法律法规的权威性

法律法规是古城保护的执法依据,但目前无论《城市规划法》《文物法》还是《城市紫线管理办法》都不能涵盖古城保护的全部内容,容易出现无法可依的尴尬。已经出台的《历史文化名城名镇名村保护条例》随着时代的变化,也需要再次修订、补充相关内容。[1]要根据城市特色,因地制宜制订保护细节,疏密结合,形成量身定做的法律法规保护网络。如《扬州古城保护条例》《扬州老城区房屋修缮技术规范》以及《扬州老城区拆(搬)迁安置及人口疏解政策》等[2],以保障古城保护与复兴有法可依,有章可循,有例可鉴。

5.资金来源的稳定性

资金一直是困扰古城保护与复兴的难题,发展地方经济是解决资金困扰的不二法门。除了财政拨付渠道,还可以通过融资、捐赠、社会参与、居民自筹

---

〔1〕 张松:《国家历史文化名城保护立法进程与未来展望》,《中国名城》2023年第1期。

〔2〕 陈良、章曌杰、杨建林:《江苏国家历史文化名城保护地方立法发展、比较及完善》,《中国名城》2021年第5期。

等方法筹集保护资金。[1]值得警惕的是要防止商业资本的过度涌入，这种以经济利益为目的的资本将会给古城风貌带来难以挽回的损失，以房带路、大拆大建的做法将会彻底葬送古城文化的根基。

四、古城保护与复兴工作实施和探索

基于对古城保护与复兴工作重要性和种种困难的认识，走一条审慎更新、复兴古城的道路是我们唯一的选择，我们有责任将真实的历史信息准确无误地传给后人，我们相信我们今天解决不了的难题，后人会有更好的解决方案。我们所做的工作只是为后人更好地保护与复兴古城夯实基础。

（一）严格界定古城核心区、保护区、控制区范围，潜心厘清古城区家底

扬州与许多古城不同，是以整个扬州城遗址列入国家重点文物保护单位的，遗址面积高达 18.25 平方千米，保护的理念不能仅仅停留在保护个别有突出文化、艺术、科学价值的单个建筑物或历史街区的层面上，而要确立对整个城市，包括城市的传统生存状态和生活方式进行保护的理念。[2]参照古城保护中重点文物保护、历史街区保护和风貌保护三级模式，我们将古城划分为核心区、保护区、控制区，其中核心区域为 7 平方千米的蜀冈－瘦西湖风景名胜区（含 3 平方公里唐子城遗址）和 5.09 平方千米明清古城，执行最严格的全面保护。控制区域为 18.25 平方千米的唐城遗址范围，保护原则是坚持整体性保护，坚持反映原貌，坚持可持续发展。风貌协调区域在保护区域以外，面积约 11 平方千米，保护原则是重点保护区域范围内重要的文物遗存，保持人文景观与自然景观的格调与意境。

（二）新城创新置业，古城文化博览

30 年前，扬州启动了"跳出古城建新区"的重大举措[3]，市委、市政府带头垂范，如今新城已蔚为大观，两翼齐飞，古城韵味日浓，街巷依旧，陆续搬迁

〔1〕 齐爽、张玉婧、王曾、徐萌、丁寿颐：《政策性金融支持的历史文化名城保护融资路径设计——以苏州为例》，《中国名城》2024 年第 6 期。

〔2〕 王芙蓉：《当代扬州城市建设与古城保护研究——兼论中国历史文化名城保护的"扬州模式"》，江苏大学出版社 2015 年版，第 9 页。

〔3〕 《扬州建设志》编审委员会：《扬州建设志（1988—2005）》，广陵书社 2009 年版，第 10 页。

出古城的工厂企业在新的工业园区创新置业,曾经被占用的住宅、园林恢复了清、瘦、朴、雅的陈颜旧貌,一批富有特色内涵的博物馆和展示馆全方位地展示扬州悠久的历史文化和丰富的民间工艺,并为非物质文化遗产的保护以及文博产业的集聚提供了载体。这些博物馆和展示馆包括:在吴道台宅第内建设扬州中医博物馆,在卢氏盐商住宅兴建淮扬菜系博物馆,在准提寺陈设民间收藏展览馆,在西方寺扩充八怪纪念馆,以工艺展览馆为基础建设扬州非遗珍宝馆,等等。[1]

(三)大力改善市政基础设施,提高古城居民生活质量

市政基础设施完备是打造古城最佳人居环境的基础,近年来,扬州累计投入资金50多亿元改善基础设施,整治水环境,展现了扬州"水都"的古韵和"绿杨城郭"风采。"死水变活,活水变清"目标的实现,让老百姓多了亲水的乐趣、赏景的从容。绿化的增量、广场的扩容、风貌的整饬,让古城居民住得安心、看得舒心、笑得开心。

(四)合理疏散古城居住人口,延续古城人文遗产

古城的人口容量是有限的,过度拥挤的人口不但侵占了公共空间,也造成了公共设施不全、建筑破损、居住环境恶劣等问题,影响了古城形象。但居民又是古城保护与复兴的灵魂,没有了原住民和依附在他们身上的非物质文化的生动演绎,古城就成为无源之水、无根之木。解决住房困难户实际问题、疏散居民是破解古城人口恶性膨胀的金钥匙,但疏散人口不等于赶走全部的原居民,要用小规模、渐进式审慎更新的政策,恢复房屋原有的功能,并留住一部分原居民,保持人文活力。

(五)试点历史街区改造方案,积累宝贵经验

扬州的历史街区改造方案曾经得到了德国政府的支持和指导,扬州是国内历史街区整治试点城市,德国古城保护专家严谨的工作作风、细致的调查研究、亲民的工作方法和新颖的保护理念给我们留下了深刻印象。由于历史积累的矛盾较多,加上古城资源的不可再生性,社会各方面的认识不尽统一。历史街区整治是需要经过深思熟虑才能审慎实施的,否则将留下难以修复的伤

---

[1]　杨正福:《扬州城建史事通览》,广陵书社2015年版,第9页。

痕。通过政府主导、政府引导、市场主导等保护路径的尝试[1]，采取"开小口，迈小步"的保护与整治原则，因地制宜、逐门逐户制订改造方案的方法，充分调动社会力量和街区居民的积极性，及时总结经验，探索出适合扬州特点的古城保护和建设模式，避免造成不可挽回的重大失误。[2]

（六）推进名城解读工程，显现隐含的历史符号

为了唤起广大市民对扬州悠久历史和灿烂文化的记忆，从 2004 年 7 月起我们实施了"扬州历史文化名城解读工程"。着手对扬州知名街巷、桥梁、文物建筑、园林等采用勒石、标牌等方式进行中英文解读，鼓励、扶持非物质文化遗产的传授、表演，目前已实施解读点 480 余处，并积极推进数字化、网络化展示工作。[3]

古城保护与复兴是一项利在当代、功在千秋的伟大事业。"路漫漫其修远兮，吾将上下而求索"，在全体扬州市民众志成城下，扬州古城的风貌一定会随着岁月的流逝而更具内涵和底蕴，越发馥郁芬芳，为中华民族的伟大复兴留下壮丽诗篇。

作者单位：江海职业技术学院

---

〔1〕 陈月、汪德根：《历史文化街区的"生活延续性"评价与保护更新策略——以扬州仁丰里、南河下与东关街区为例》，《中国名城》2022 年第 11 期。

〔2〕 邱正锋、高永青：《东关街——扬州历史文化的集中写照》，《中国地名》2020 年第 11 期。

〔3〕 贺艳、马英华：《数字技术赋能历史文化名城保护与传承研究》，《中国名城》2024 年第 4 期。

运河文化视野下的扬州世界美食之都
建设研究

吴年华　邱正锋

摘　要：运河文化是扬州最大的IP。饮食文化是扬州运河文化的一部分，建设世界美食之都要坚持运河文化视野。扬州的饮食史与运河史密切相关，扬州的饮食文化自带运河基因，建设世界美食之都可促进世界运河之都建设，但当前扬州世界美食之都建设与运河联系不紧密。扬州要打造运河美食带，彰显运河文化，加强文旅融合的产业化，坚持创意创新、国际化传播、塑造品牌，活动策划要整合各种元素形成综合效益，充分利用新媒体平台的短视频营销，打造世界美食之都标志。

关键词：运河文化；世界美食之都；扬州；文旅融合；创意创新；国际化；产业化

城市发展已经从增量开发转向存量开发，其中城市更新为主要的形式，文化创意是城市更新的重要动力。扬州成为世界美食之都后，即成为联合国教科文组织创意城市网络中的一员，又是运河城市实施联合国2030可持续发展议程样板城市，如何从其他创意城市中汲取发展智慧，形成城市开放、多元、包容的可持续发展模式，值得研究。同时，扬州是大运河文化带建设示范区，随着运河文旅集聚区的建成、"富春茶点制作技艺"成为世界非物质文化遗产、十里运河外滩项目的开工，"运河长子"扬州的运河大文化IP标识进一步彰显。在扬州的世界美食之都建设中，如何坚持运河文化视野、夯实餐饮产业发展的文化基础、不断培育壮大餐饮市场主体，使运河文化IP品牌转化为餐饮品牌优势，做大城市品牌，为加快新旧动能转换、推动城市高质量发展、建设"强富美高"新扬州提供助力就显得更有意义。

一、运河文化是世界美食之都扬州最大的IP

（一）包括饮食文化在内的扬州文化就是运河文化

扬州文化与运河密切相联，其主体文化基因即为大运河的开挖、维护、管理、运输等活动，以及由此产生并保留至今的各种文化遗产。运河造就了扬州人的心理特质，决定了扬州人的思维方式，塑造了崇文、尚德、开放、包容的扬州文化气质。在运河的影响下，扬州文化具备了多种文化形象，包括运河文化形象、江南文化形象、盐商文化形象、城市文化形象、梦想之地文化形象等。[1]没有大运河，就没有扬州的盐业、手工业、商贸业、餐饮服务业等社会经济活动，就没有扬州以运河水文化为母体而形成的各种文化。

扬州城市的运河文化表现在多个方面，物质文化方面有水利工程文化、航运工程文化、运河商业文化、园林住宅文化；制度文化表现方面有运河管理制度、盐政管理体系、盐商管理体系；行为文化方面有节庆风俗、诗文集会、饮食文化；精神文化方面有学术流派、曲艺戏剧、民间信仰。这些文化一方面承担了标识扬州运河文化的功能，另一方面也作为一种"文化识别"，巩固了扬州运河文化的主体基因，彰显扬州运河文化的特色。

（二）扬州饮食史与运河密切相关

扬州的饮食史与运河的发展密切相关。扬州饮食史可上溯到史前的淮夷时期，真正开始形成自己的特色、夸视江表以至誉满天下则与运河有着莫大的关系。扬州饮食文化的发展轨迹与运河的发展基本同步。

自吴王夫差开邗沟、筑邗城到隋炀帝开凿大运河是扬州饮食文化发展的第一个高峰期，称邗沟时期。特别是在汉朝，封国于此的吴王刘濞及其后的几代广陵王带来了扬州饮食史的第一个高峰，扬州的饮食文化达到相当的高度，这在汉赋名篇《七发》中得到体现。

隋唐至两宋是隋运河发挥重要作用的时期，是扬州饮食史上的第二个高峰。自隋至元，运河使扬州的饮食与中原饮食相互交流、相互渗透。隋炀帝对扬州饮食发展贡献较大，隋朝谢讽编的《淮南玉食经》和宋陶谷编的《清异录》记录了隋炀帝享用的各种美食。唐代扬州饮食最显著的事情是唐太宗将扬州

---

〔1〕 李燕、李明：《大运河与扬州文化基因研究》，《中国农史》2021年第5期。

作为白糖的生产基地,这还是缘于扬州特殊的地理位置和运河。北宋时,扬州美食与东南其他的美食一起,以"南味"之名出现在中原的饮食市场。

元运河时期是扬州饮食在全国影响巨大,明清两朝,盐业与漕运带来的财富与文化把扬州饮食推上了历史的最高峰。元朝时,"江淮都转运盐使司""江淮榷茶都转运使司""行御史台"等重要的管理机构设在扬州,加上镇南王府在此,扬州是东南的经济中心,饮食文化十分繁荣。这些官商不仅作为扬州饮食高层次的消费群体推动了扬州饮食业发展,还促进了淮扬菜文化体系的形成。[1]明清时,因为运河的便利,大量的商人聚集扬州,扬州经济繁荣,饮食达到鼎盛。除了运河的作用与淮扬地区丰富的物产,著名学者邱庞同将清朝时扬州菜肴迅速发展的原因归纳为盐商高消费的刺激、统治者巡幸的推动、文人的推动、商业竞争的推动和多元的饮食交流。[2]

后运河时期,由于道光年间盐法改革,加上上海崛起、海运与铁路取代运河、太平天国运动的打击,扬州衰落了,扬州的名厨纷纷外出谋生,也扩大了扬州菜在外地的影响,清代鹤云氏编的清代美食评论著作《食品佳味备览》、民国时期徐珂汇编的清代掌故遗闻集《清稗类钞》都有记载。经历了清末的衰落、民国时期的凋敝和新中国成立初期的沉寂,当代的扬州饮食又进入了一个繁盛的时期。

(三)扬州饮食文化自带运河文化基因

1.扬州饮食的食材很多来自运河

一个菜系最终能够形成,离不开食材。古代扬州地区"饭稻羹鱼",即主食稻米与水产,而今天多以河鲜湖鲜为主,同时掺以四面八方的各种食材,这种食材的转变主要是因为大运河。一方面,大运河导致淮扬地区的水利地貌改变而带来诸多物产;另一方面,因为大运河的转运,南北各地的物产汇集扬州,使扬州地区的食材体现出南北兼容的特点。

淮扬地区的水利地貌真正因为大运河改变是在明代。为了治理黄河、淮河,提升大运河的运力,导致两大悬湖——洪泽湖、高邮湖正式形成,这既为淮扬地区提供了河鲜、湖鲜,影响了其传统的食材结构,又使该地区通过养殖

〔1〕 赵荣光主编,季鸿崑、李维冰、马健鹰著:《中国饮食文化史·长江下游地区卷》,中国轻工业出版社 2013 年版,第 209 页。

〔2〕 邱庞同:《扬州菜肴发展史概述》,《扬州大学烹饪学报》2007 年第 1 期。

获得了"鱼、蟹、鸭"等特色食材,同时带来了大量的食材,传来了外地的食风,丰富了淮扬地区饮食品种。因为运河促进了南北交流,将北方的面食带到南方,南方人开始喜吃面食。淮扬地区自古无食羊的传统,大运河给了扬州全羊宴。今天的扬州还有羊巷、大羊肉巷、小羊肉巷、羊肉巷、羊胡巷 5 条老街巷因为曾经经营羊肉而以羊命名。

帝王多次沿运河下扬州,也带来了很多食材。尤其是隋炀帝三下扬州、清康熙和乾隆多次南巡到扬州,为了给他们提供满意的菜肴,御厨们想方设法从全国各地找食材。帝王推进了淮扬菜的宫廷化、高档化。大量北方食材、全国其他地方的食材运来扬州,促进了淮扬菜与全国其他地方菜肴风味的融合、渗透,扩大了淮扬菜的食材来源,丰富了淮扬菜的烹调技艺。

因此,大运河不仅形塑了淮扬地区的水文地貌并由此带来了新的土产资源,又通过运输为扬州载来了全国各地的物产,丰富了食材品种,形成了融合、多元的扬州饮食风格,促进了淮扬菜的发展。

2.扬州厨师因运河而聚、缘运河而流

菜系形成,还需厨师队伍技艺高超且能传世。在淮扬饮食文化发展的历程中,因为扬州的数度盛衰,厨师沿运河来到扬州并在此聚集,又顺着运河走向全国各地,促进了扬州饮食与外地的交流。

明清时期淮扬菜的厨师大致分为"官厨""肆厨""家庖"三类。[1]明代中叶以来,很多河道、盐务、榷关衙署相继设置在扬州,"官厨"是专门服务于官署的厨师,服务于宫廷的厨师也归于此类。同时,根据《扬州画舫录·虹桥录下》的记载,因为城市的繁荣,滋生了很多专门以烹饪手艺为生的"厨人",他们是专业厨师,主要在酒店食肆供职,被称为"肆厨"或"外庖"。明、清两代,大量盐商聚集于扬州,他们穷搜天下奇珍异品,延揽名厨,饮食侈靡,竞奢斗富,服务于盐商巨贾之家的厨师被称为"家庖"。他们不仅技术精湛,还各怀绝技,有时盐商还互借"家庖"以便于请客。这不仅加强了厨艺交流,也促进了地区菜系的发展。而这些厨师从繁华的扬州沿运河流向全国各地,不仅传播了淮扬菜的饮食技艺,而且扩大了淮扬菜在全国的影响。

---

〔1〕　伊永文:《1368—1840 中国饮食生活:成熟佳肴的文明》,清华大学出版社 2014 年版,第150 页。

3.运河沿线是一个美食带

运河沿线经济发达,饮食繁荣,各城市饮食文化通过运河相互交流传播、互相传承,以运河为中心线形成了一条美食带。[1]大运河地方名宴反映了运河沿线人民的生活气息、生生不息的人间烟火味道,如扬州富春早茶宴、河北福寿宴、扬州三头宴等;体现了传统饮食文化与现代文明交相辉映,如常州东坡宴、山东孟府家宴、徐州彭祖宴、扬州红楼宴等;代表了运河美食传承方向、绿色发展理念,如苏州雅厨和风宴、无锡阳羡生态宴、洛阳武皇水席、淮安运河宴、扬州秋瑞宴等。

大运河地标名菜、名点体现了活、精、雅。"活"表现在所有菜点源于百姓生活的创造,用活态地标美食呈现人们对美好生活的向往。如淮安盱眙龙虾、蟹粉蒲菜、徐州地锅鸡、扬州清炖蟹粉狮子头、宿迁黄狗猪头肉、萧县羊肉、洛阳锅贴、天津银鱼紫蟹锅等。"精"体现了运河名菜名点的精细、精致、精巧、精美,如淮扬细点、富春三丁包、苏州松鼠鳜鱼、百合虾仁、文思豆腐、绣球江瑶、骆马湖鱼头饺子等。"雅"呈现出大运河美食是文化、是艺术,如运河美景一般清新淡雅、文化雅韵,如扬州三套鸭、无锡酱排骨、北京烤鸭、双皮刀鱼等。

大运河沿线有众多的非遗美食,而且拥有一批运河沿线非遗美食代表性传承人。如扬州的淮扬菜大师居长龙的扬州炒饭、薛泉生的灌汤狮子头、徐永珍的千层油糕、程发银的文思豆腐,常州韩同清的常州网油卷,镇江杨信财的镇江锅盖面跳面,淮安李忠良的李三吉钦工肉圆,河北白艳的背手捏制小笼灌汤包,河南乔增广的蒙眼拉面等。

运河美食带的特征在扬州市域以内,从北边的宝应县、高邮市到向南边的扬州城区、仪征都十分明显,每个县(市、区)都有若干区域特征明显的美食,整个扬州市域就是一个沿运河带的大美食区。

二、当前世界美食之都建设中存在的问题

(一)与大运河文化带建设脱钩

扬州世界美食之都的建设应该基于运河文化的视野,要与世界运河之都、

[1] 姜跃岭:《大运河与饮食文化》,《新阅读》2020年第2期。

东亚文化之都建设真正统筹起来,把"三都"作为大运河文化带建设的重要抓手,但遗憾的是,在世界美食之都的建设中,扬州与大运河文化带建设联系不紧密,无论是扬州市政府出台的《关于推进扬州"世界美食之都"建设的若干意见》(扬府发〔2020〕67号),还是《扬州市"十四五"世界美食之都发展规划》,都看不到大运河文化带建设的字样,"十四五"规划里虽然提到"一带"即运河带,但那是客观的地理分布,并非扬州主观的谋划。多年来,扬州连续举办了世界运河名城博览会,花大力气邀请了全世界很多运河城市的代表,也举办了世界运河城市美食博览活动,专门策划召开了世界美食之都联盟(中国)筹备会议暨运河文化美食产业发展研讨会,但扬州美食到底如何融进论坛、如何通过论坛面向世界推出一批创新菜肴或非遗美食文创,并通过宣传策划形成一批品牌,值得探索。

(二)美食之都建缺乏整体性谋划

扬州市政府及时成立了世界美食之都建设领导小组,由商务局牵头,具体成员包括了扬州市的相关部门,相关工作由各部门独自为战、各司其职,看上去似乎十分合理,但忽视了世界美食之都建设的系统性、整体性,产业谋划的深度不够,缺乏基于各部门协同策划、参加的大型活动,活动的规模上不去,活动的宣传效果不理想,吸引游客的品牌性活动远未形成。如今,领导小组已取消,美食之都建设的整体性、系统性更无从谈起。

(三)缺乏有效传播

扬州的美食文化在国际传播方面还有很多不足。[1]首先是"世界美食之都"品牌尚未获得很多旅游者的认可。[2]传统的扬州菜肴虽然很有层次、很有体系,有点心类、炒菜类、烧菜类、知名宴席类等,但自评上"世界美食之都"后,没有形成系统的面向游客、面向外地城市、面向国际传播的系列品牌,更别说富有现代创意的菜肴。在餐饮名店中,多数店的品牌影响力仅局限于扬州本地及周边,因此总体上扬州世界美食之都的品牌对国内外的旅游引领作用发挥不够。其次需要加大创意,推出以扬州美食文化为主题的影视文学作品;加大活动策划,推出具有全球知名度的扬州世界美食之都形象大使;加强培

〔1〕 曹静雯:《扬州美食文化国际传播创新策略研究》,《开封文化艺术职业学院学报》2021年第10期。
〔2〕 杨磊:《基于共生理论的扬州城市旅游品牌发展研究》,扬州大学2021年硕士学位论文。

育,在新媒体平台培养一批具有商业价值和较高影响力、专门宣传扬州美食文化的自媒体账号或自媒体人。

(四)"文化+"策略缺位

现在人们对美食的关注不仅仅停留于"吃"的层面,还包括其中蕴含的美食文化、美食情怀。扬州美食还需要加强文化赋能,要让人知道美食背后的文化典故、民风民俗故事、工匠故事等。早茶文化及内涵的宣传有待进一步深化,于扬州居民而言,熟悉建立在美食的大众性和家常性上,一旦超过这个范围同样有可能不熟悉,典型如文思豆腐,虽然是各类宣传和演示的拿手菜,但刀工的较高要求影响了其在受众中的熟悉程度。扬州的非遗美食要与旅游深度融合,特别是要与旅游购物结合,推出非遗美食线路。目前扬州非遗美食与旅游融合存在的问题主要为:一是项目简单,仅限于美食品尝和旅游观光,还不能充分发展示非物质文化的魅力;二是广度有限,在国内外的旅游产业链中融合不够广,也没有与交通、景区、商场等第三产业广泛地开展合作;三是深度不够,主要是创意、创新没有跟上。因此,扬州对饮食文化的传播阐释还要加大力度,需要通过讲好扬州美食历史典故等文化故事来增强吸引力。

(五)美食文化品牌意识不强

扬州美食文化品牌的打造意识不强。扬州餐饮连锁品牌较少,本地人一致推荐、外地人一致认可的品牌极少。作为世界美食之都的扬州地标美食到底有哪些?到底哪些地方是美食必去点?内部竞争错乱,鱼龙混杂,外地游客一头雾水,缺乏相应的品牌塑造和引导。

(六)"开放、包容"的美食格局尚未形成

已有研究指出扬州具有"开放、包容、创新、精细"的城市特质,展示出扬州美食"创新、朴实、精湛"的品牌形象。[1]然而通过品牌实践反映出来的美食个性与"文化扬州、生态扬州、精致扬州"的城市定位关联度不高,目前扬州并未形成"开放、包容"的美食格局,作为世界美食之都,在扬州应该能找到其他世界美食之都的风味,如顺德小吃、澳门葡国菜,但在扬州很难。扬州美食需要继续挖掘、包装,目前还以传统菜品为主,创新不足,很多餐饮店的菜品结

---

[1] 侯兵、陶然、陈倩:《基于网络游记的城市饮食文化景观意象感知与评价——以扬州为例》,《美食研究》2016年第4期。

构、经营风格、经营模式严重同质化,需要大力突破。

（七）城市旅游的国际化程度不高

成为世界美食之都以后,扬州虽然策划了很多国际化的活动,但对旅游外汇收入的拉动并不明显,在国外旅游市场的份额并未提升,要切实研究如何加强面向国外旅游市场的科学营销、如何加强与国外旅游机构的合作,同时切实提升旅游服务的国际化。

（八）美食品牌延伸不够

扬州在成为世界"美食之都"后,开展了一系列实践强化"美食之都"品牌形象的活动,如设置专门机构、遴选示范店等都发挥了显著作用,但目前依然存在着品牌宣传缺乏系统性、品牌延伸缺少创新与本地特色等问题。将美食作为城市品牌个性符号来塑造,实践上存在着经济导向明显、只塑形不塑魂的问题,在研究视角上忽视了美食作为城市形象的文化内容以及美食对城市发展所承载的独特作用,在研究思路上没有考量美食与品牌个性的内在机制和关系。因此游客对于扬州"美食之都"品牌认可态度并不强烈,尤其当与其他美食之都城市比较时,受访者品尝扬州美食意愿显著下降。扬州居民对"美食之都"的积极态度有可能和美食本身关系不大,只是对荣誉称号的正常反应,成为"美食之都"并没有改变其生活状态、城市认知,更没有形成市民对"美食之都"的责任感。

（九）策划水平亟待提升

扬州在活动的影响力、产业链的延伸、宣传路径的多元化、打造美食地标等方面的策划都有较大的提升空间。

三、运河文化视野下扬州世界美食之都的建设策略

（一）切实将世界美食之都建设作为大运河文化带建设的重要内容

根据《扬州市"十四五"世界美食之都发展规划》,扬州决定"在全市域确定均衡布局、点面结合、功能综合、体系整合的空间布局目标,对目前主要集聚在中心城区呈单核心的布局模式进行优化,与大运河文化带扬州段充分衔接,形成'一核一带、四片区、多点辐射'的餐饮业空间结构"。此空间布局确实体现了运河特色,在国家颁布的《大运河文化保护传承利用规划纲要》中,也

有"河为线,城为珠,线串珠,珠带面"的保护利用思路,两者相吻合,因此扬州
世界美食之都发展规划的部分内容完全可作为扬州大运河文化带建设的重要
内容。但是,扬州建设世界美食之都还缺乏基于运河文化视野的整合,将城市
更新与世界美食之都建设割裂,将世界运河之都、世界美食之都、东亚文化之
都三个国际品牌割裂。要将"三都"品牌建设作为城市更新的重要内容,作为
扬州建设大运河文化带的重要抓手、重要内容来实施,以大运河文化的视角来
整合"三都"品牌建设。如果这样,扬州世界美食之都建设思路将大大拓展,
还可从《纲要》中进一步获得指导,如"古为今用、强化传承,优化布局、合理
利用的基本原则,打造大运河璀璨文化带、绿色生态带、缤纷旅游带""强化顶
层设计""加强生态环境保护修复、推动文化和旅游融合发展、促进城乡区域
统筹协调、创新保护传承利用机制""精品线路和统一品牌、运河文化高地繁
荣兴盛"等,这些都给予扬州建设大运河文化带、建设世界美食之都指南。

(二)坚持"运河文化 + 美食 +"

彰显运河文化主题要坚持"运河文化 + 美食 +"的思路拓展相关产业、策
划各项活动。可推出运河主题的宴席和菜肴、点心,以"美食 +"的思路设计
好融运河美食、运河文化、运河乡村文化、运河沿线风情体验为一体的运河游
线路。作为大运河申遗的牵头城市和"运河长子",还可组织运河沿线 35 座
城市的美食博览会,加强运河沿线的美食交流与互动。还可通过相关的策划,
与世界运河城市进行美食交流。扬州应把设立运河美食体验区、发展运河美
食产业作为大运河文化带建设的一项特色内容。

(三)坚持文旅融合的产业化

文旅融合是大运河文化保护传承利用的重要方式。扬州既是大运河申遗
牵头城市,又是"运河第一城",在世界美食之都的建设中,更有必要坚持走文
旅融合之路并作出表率。扬州非遗美食资源丰富,截至 2024 年 4 月,扬州共有
77 个美食非遗项目,其中有 25 个省级(表 1)和 1 个国家级项目、世界级非遗
项目(即 2023 年被评为世界非遗的富春茶点),另有 51 个市级非遗项目(表 2)。
和普通美食相比,非遗美食在口感、技艺方面具有明显优势,还富有历史典故,
更具有旅游吸引力。扬州要在文旅融合的基础上加以开发利用,加强对非遗美
食及技艺的宣传推广,提高认知度,加强产品创新、技术创新,促进非遗美食与
旅游业进一步融合、协调,打造世界美食之都扬州独具特色的非遗美食游。

表 1　扬州饮食类省级非物质文化遗产项目（不含国家级）

序号	批准时间	项目名称	项目类别
1	2007	扬州"三把刀"	民俗
2	2007	宝应捶藕和鹅毛雪片制作技艺	传统技艺
3	2007	董糖制作技艺（秦邮董糖制作技艺）	传统技艺
4	2007	豆腐制品制作技艺（界首茶干制作技艺）	传统技艺
5	2007	酱菜制作技艺（三和四美酱菜制作技艺）	传统技艺
6	2007	扬州炒饭制作技艺	传统技艺
7	2015	共和春小吃制作技艺	传统技艺
8	2015	高邮咸鸭蛋制作工艺	传统技艺
9	2023	扬州食材雕刻	传统美术
10	2023	扬州三头宴烹制技艺	传统技艺
11	2023	大仪全牛席制作技艺	传统技艺
12	2023	宝应全藕席烹制技艺	传统技艺
13	2023	牛肉制作技艺（裔家牛肉制作技艺）	传统技艺
14	2023	老鹅制作技艺（黄珏盐水老鹅制作技艺）	传统技艺
15	2023	糕点制作技艺（大麒麟阁糕点制作技艺）	传统技艺
16	2023	糕点制作技艺（泾河大糕制作技艺）	传统技艺
17	2023	糕点制作技艺（三垛方酥制作技艺）	传统技艺
18	2023	糕点制作技艺（萧美人糕点制作技艺）	传统技艺
19	2023	面点制作技艺（冶春面点制作技艺）	传统技艺
20	2023	汤面制作技艺（扬州面制作技艺）	传统技艺
21	2023	汤面制作技艺（氾水长鱼面制作技艺）	传统技艺
22	2023	淮扬菜烹饪技艺	传统技艺
23	2023	羊肉烹制技艺（临泽汤羊烹制技艺）	传统技艺
24	2023	酱油酿造技艺（宝应德和酱油酿造技艺）	传统技艺
25	2023	绿茶制作技艺（绿杨春茶制作技艺）	传统技艺

表 2　扬州饮食类市级非物质文化遗产项目（不含国家级、省级）

序号	批准时间	项目名称	项目类别
1	2008	扬州面塑	传统美术
2	2008	淮扬菜制作技艺	传统技艺

（续表）

序号	批准时间	项目名称	项目类别
3	2008	扬式糕点制作技艺	传统技艺
4	2008	扬州面制作技艺	传统技艺
5	2008	扬州豆食品制作技艺（扬州干丝干、卜页）	传统技艺
6	2008	扬州豆食品制作技艺（安丰卜页）	传统技艺
7	2008	黄珏老鹅制作技艺	传统技艺
8	2008	宝应"乔家白"酒酿造工艺	传统技艺
9	2008	扬州烧饼制作技艺（大仪草炉烧饼）	传统技艺
10	2008	扬州烧饼制作技艺（陈集大椒盐）	传统技艺
11	2008	扬州食品雕刻	传统技艺
12	2008	冶春风情文化	民俗
13	2008	扬州茶经	民俗
14	2010	宝应全藕席烹饪技艺	传统技艺
15	2010	大仪全牛宴烹饪技艺	传统技艺
16	2010	新坝河豚烹制技艺	传统技艺
17	2010	萧美人糕点制作技艺	传统技艺
18	2010	宝应德和酱油制作技艺	传统技艺
19	2010	扬州茶制作技艺	传统技艺
20	2010	扬式糕点制作技艺（三垛方酥制作技艺）	传统技艺
21	2010	扬式糕点制作技艺（泾河大糕制作技艺）	传统技艺
22	2010	扬州豆腐制品技艺（氾水素鸡制作技艺）	传统技艺
23	2010	扬州豆腐制品技艺（十二圩五香茶干制作技艺）	传统技艺
24	2010	扬州豆腐制品技艺（谢集臭干制作技艺）	传统技艺
25	2010	扬州烧饼制作技艺（宝应卢记烧饼制作技艺）	传统技艺
26	2012	冶春面点制作技艺	传统技艺
27	2012	扬州盐商菜烹饪技艺	传统技艺
28	2012	裔家牛肉制作技艺	传统技艺
29	2012	淮扬菜制作技艺（扬州三头宴烹制技艺）	传统技艺
30	2012	扬州面点小吃制作技艺（公道草炉烧饼制作技艺）	传统技艺
31	2012	扬州面点小吃制作技艺（曹甸小粉饺制作技艺）	传统技艺
32	2012	豆腐制品制作技艺（杨寿豆腐圆子制作技艺）	传统技艺

（续表）

序号	批准时间	项目名称	项目类别
33	2012	盐水鹅制作技艺（仪征岔镇盐水鹅制作技艺）	传统技艺
34	2020	羊肉烹制技艺（扬州全羊宴烹制技艺）	传统技艺
35	2020	羊肉烹制技艺（临泽汤羊烹制技艺）	传统技艺
36	2020	扬州汤面制作技艺（氾水长鱼面制作技艺）	传统技艺
37	2024	扬州素食制作技艺	传统技艺
38	2024	扬州大煮干丝制作技艺（扬州大煮干丝制作技艺、干丝菜制作技艺）	传统技艺
39	2024	扬州煎炸烘小吃制作技艺	传统技艺
40	2024	淮扬火锅制作技艺	传统技艺
41	2024	烂面烧饼制作技艺	传统技艺
42	2024	淮扬鱼菜三味制作技艺	传统技艺
43	2024	"淮扬卤味"制作技艺	传统技艺
44	2024	曹甸慈姑烹饪技艺	传统技艺
45	2024	临泽水晶月饼制作工艺	传统技艺
46	2024	扬州风鹅制作技艺	传统技艺
47	2024	菱塘茶馓制作技艺	传统技艺
48	2024	邵伯焖鱼制作技艺	传统技艺
49	2024	大麦酒制作技艺	传统技艺
50	2024	扬州黄茶制作技艺	传统技艺
51	2024	扬州牛皮糖制作技艺	传统技艺

1.加强旅游体验　提高游客认知

扬州的非遗美食有什么特点？借助"R语言"软件进行词频分析,对"特色"项提取、分析后,可发现扬州的非遗美食与技艺有精湛、考究、复杂、精细、回味无穷等特点(图1)。结合这些特点,扬州可让游客参观、体验非遗美食,如参与原料的选配、加工、制作等过程,让游客感受非遗美食技艺的复杂、精细,使非遗获得

图1　扬州非遗美食词频分析

他们的认同。也可在扬州景点中开展非遗美食旅游活动,在景点现场展示菜肴、点心、炒饭、酱菜等制作的过程,同时安排专人解说并教授游客体验传统技艺。还可把"淮扬非遗美食故事"整理出来,给游客播放,让游客全方位感受非遗美食内涵。

2.多元化、多角度宣传

一是打造多元化的宣传服务平台,以满足市场需求。不仅要设立非遗美食体验店、体验街区,而且要有非遗美食学习、体验点,还要打造虚拟平台将非遗美食推向国际,促进很多实体企业走向世界。二是营造城市非遗美食的宣传氛围。可以在商场、超市、饭店等人流集中的地方发放宣传册,或在这些地方和公交车、出租车上的显示屏不断播放非遗小视频。三是强化主题性、专业性宣传。如通过开设非遗美食课堂、非遗美食旅游专线、非遗直播平台、非遗美食视频号等方式进行主题性宣传,或是加强与央视《舌尖上的中国》等热门综艺节目合作,组织非遗传承人参加节目。[1]四是加强国际合作,提升品牌价值,培育国际市场。可以利用联合国教科文组织的非遗大数据平台,通过设计、包装、营销等方式方法推进与国际大品牌的合作。

3.基于市场机制开发文创产品

非遗美食要跟上时代的节拍就要创意、创新,其中文创产品开发是十分重要的路径,这可加深游客对非遗的感知。一是基于旅游市场需求、市场合作机制,建立运河非遗美食创新联合研究中心,加强文创产品的研制。可在统一的规划指导下,根据市场需求,按照自负盈亏、风险共担的原则,集中科研力量,组建面向市场的创新研究机构,进行靶向文创产品的研究。二是多样化开发旅游文创产品,满足市场多样化的需求。这方面可借鉴、学习故宫的经验,充分研究不同游客群体的需求,开发不同特点、品种的运河非遗美食文创产品。三是开发原汁原味的非遗美食宣传品。传统技艺是非遗的根本,通过多种方式将这些技艺原样呈现,给现代人以直观的感受十分有必要。一方面可以利用数字技术,如通过VR技术重现传统非遗美食制作的场景;另一方面可编撰书刊、画册、制作视频等,还可开发各种App,建设网上非遗美食文化展览馆、

---

〔1〕 陈金:《美食类电视节目对传统饮食文化的传播影响研究》,《中国广播电视学刊》2020年第6期。

博物馆等。

4.以文旅融合推进非遗美食的传承与开发

文旅融合不仅能促进旅游产业提升，而且对非遗美食的传承、开发、利用十分有益。一是可将非遗美食与养生、运动、教育等结合，推出"非遗美食养生游""非遗美食体育游""非遗美食研学游"，还可进一步跨界融合，与乡村振兴、特色小镇建设结合起来，推出"非遗美食乡村游""非遗美食特色小镇游"等，当然，基于运河文化的视野，更可推出"非遗美食运河游"，将品尝运河文化下的扬州美食与大运河旅游线路结合起来。二是结合扬州的特点，如扬州现在是公园城市、博物馆城，可建设非遗美食主题公园，目前的淮扬菜博物馆布置还可增加现场展示传统技艺的项目。另外，在扬州每年组织美食节活动的基础上，可进一步组织非遗美食节、非遗美食文创节等活动。

（四）坚持创意创新

创意创新既是联合国教科文组织对加入创意城市网络联盟城市的基本要求，也是扬州自己的承诺。扬州的创意创新要注意两个方面：

1.创意创新要统筹国内与国际两个方面

扬州建设创意城市既要结合扬州城市自身发展的实际情况，更要执行联合国教科文创意城市网络联盟的价值理念，即特色、多元、共享和包容，这也是创意城市在建设中要遵守的原则。扬州要处理好两方面的关系，一方面是贯彻联合国关于城市文化发展多样性与可持续相协调的要求，一方面是处理好国际标准与本土化实践相衔接。而产业地位、综合影响和国际化视野是扬州在建设世界美食之都中要抓好的最关键的三个方面：第一，切实提高创意产业对扬州城市经济发展的贡献度。这既要巩固城市原有的创意产业在经济发展中的地位，也要拓展创意产业从城市到乡村、从餐桌到田地、从国内到国外的新空间，构建新格局。因此扬州要抓好以美食创意发展助推"三产"融合的工作，不仅使美食创意这一"主业"与设计、旅游、文创、环保等"多业"融合发展、协同发展，还要使"主业"带动这些"多业"，实现多元融合，从而赋能创意城市建设，做大创意产业，发展创意经济。第二，让美食创意对城市中不同人群都发挥影响。这些影响包括：一是为普通市民提供饮食文化学习、健康饮食教育的服务；二是为老年人居家养老提供餐饮服务；三是为国内外各种美食爱好者，包括专业厨师等不同人员提供多元化、多层次的烹饪饮食培训，甚至可通过培训为他们增加就业、创业机会。同时在培训中传播创意城市网络的目标与价值,让各层次的广大市民充分参与,让创意城市建设服务民生福祉。第三,通过创意城市建设构建城市对外开放新格局。作为创意城市网络中的一员,各成员城市之间要沟通、交流与合作,相互间要分享成功、高效的经验。同时,要履行互帮互助的国际责任,承担国际义务。在履行责任与义务的过程中,可加强国际交流,扩大城市的国际影响力。

2. 强化创意在城市产业发展中的主导地位

在城市的更新转型中,重塑城市形象、拓展城市发展新格局需要进一步凝练城市发展主题、准确把握城市特色定位。扬州需要将创建城市的发展作为今后的主要方向,为创意产业的发展提供更为广阔的空间。

一是在城市发展中要进一步强化、彰显文化创意产业的战略地位。把握城市的发展规律,坚持可持续发展的要求,坚持全球化的视野,深刻认清城市文化多样性的意义与价值,在全球化浪潮中坚持自己的特色,并在城市发展的格局中不断强化和巩固自己的特色与定位。

二是建设创意城市先要抓好非遗美食文化的传承利用及营造相关的文化环境。这里的环境既包括物态文化要素,例如文博场馆、传统技艺研习所等,也包括文化空间保护,如非物质文化遗产传承利用的非遗街区、老字号企业、非遗大师工作室等。这些传统历史文化是城市在更新中实现可持续发展的文化基因,也是发展城市创意产业、集聚人才资源和创新要素的关键点。其中要尊重传统历史文化形成、影响的区域范围,避免过于强调淮扬菜文化专属于扬州的观念,使扬州世界美食之都的建设受到派系的束缚,这样不利于开放、不利于创意产业做大做强。

三是发挥文化创意产业在可持续发展中的多重效用。系统谋划文化创意产业,有效配置政府资源与市场资源。建设世界美食之都的目的是发展城市旅游业促进经济发展,进而提升人民生活水平。所以,就发展的角度而言,具有传统文化的扬州美食是城市发展的要素,它的兴衰十分影响城市的旅游。[1]

---

〔1〕 侯兵、杨磊、陈倩:《从文化多样性到创意城市:美食之都的理论逻辑与实践探索》,《美食研究》2021年第1期。

（五）坚持国际化传播

美食不但是民族的,而且是世界的。淮扬菜这种鲜明的特点使其在品牌化、国际化传播中占据了独特的优势。[1]扬州美食誉满全球,"扬州炒饭炒遍全球,扬州包子包打天下",这是人们对扬州美食的赞誉。"世界美食之都"是"世界语言",其国际含金量高,可大大提升扬州旅游的国际知名度与竞争力。应充分发挥其在旅游、外交中的特殊作用,加强扬州对外交往,构建扬州外交新格局。扬州世界美食之都国际化的策略有:

一是完善淮扬菜标准化建设。传统的扬州淮扬菜富于烟火气、乡土气、书卷气,所以值得不断地开发创新,其中工业化是一条十分重要的路径,但是传统的菜品口味不够稳定,缺乏严谨的质量标准,要推进其国际化传播会受到一定限制。所以,制定、完善淮扬菜的工业化制作标准,助推淮扬菜文化工业化传播是十分重要的策略之一。这要从淮扬菜制作的硬件设施、软件环境、原料要求、菜谱制作、生产程序与方法、质量要求等方面进行标准化建设。

二是营建开放、包容的世界美食文化格局。扬州可通过三条线加强美食文化的交流,一是通过运河文化,加强世界运河城市的美食文化交流;二是加强与世界美食之都城市的交往,在交往中掌握世界各城市美食发展的趋势,研究如何取长补短、加强创新,不断以国际化的视野推进扬州美食产业的发展;三是加强淮扬菜与川菜、粤菜的交流。通过以上交流,既可发挥淮扬菜开放、包容的特点,促进淮扬菜的创新,又可引进国际的、国内的知名餐饮品牌,将扬州打造成世界美食的展示馆,荟萃世界美食文化,而不仅是单纯的"淮扬菜之都"。

三是基于全媒体形式打造扬州美食文化的国际传播媒介。扬州美食的宣传要发挥全媒体的多媒体融合功能,不仅是通过编制宣传册与书籍,制作国际化的专题片、纪录片,参加知名综艺节目来宣传,而且要面向国际旅游团队开拓美食体验游,要与国际旅游机构合作,加强对国际市场的营销宣传,策划专题宣传活动;还要利用新媒体平台,与网红、网络主播、自媒体达人等合作,进行网络直销,或在新媒体平台建立专门账号进行直播,播放各类美食文化宣传视频等。

---

〔1〕 王碧君:《淮扬菜文化国际推广路径探析》,《老字号品牌营销》2020年第6期。

　　四是突出"文化+美食"策略。(1)"节日文化+美食"。进一步突显扬州美食文化的理念,通过举办美食节日活动,彰显美食文化,给游客和参与者营造浓烈的美食文化氛围,在活动中让人感受扬州美食文化的历史性、多元性,让人感觉不仅好玩而且好吃。(2)"城市文化+美食"。实施"城市文化+美食"的策略,就要充分挖掘扬州运河文化、盐商文化、园林文化、非遗文化等与美食相关的城市故事、名人故事、历史故事等,让人在品尝美食的同时感受美食的人文性,加深美食体验,增强城市记忆。(3)"旅游文化+美食"。一方面是在旅游线路中融入美食文化,如非遗美食表演、美食体验等,另一方面是开辟专题美食旅游线路,从文化学习、参与制作、品尝体验等多方面调动游客的兴趣。

　　五是携手淮安,共同谋划,共建"世界美食之都"。创新、交流、开放、包容等是大运河文化带建设的特点。[1]扬州与淮安是淮扬菜的集聚地,也是大运河文化特色十分明显的城市,在国内外有很高的文化认同度。在世界美食之都建设中,我们应摒弃狭隘的地区思维,从大运河文化带建设的高度,与淮安协同创新,整合资源,深度策划,内部适当错位,共建"世界美食之都",做大淮扬菜美食文化品牌,实现双赢。

(六)坚持塑造品牌

　　打造"美食之都"正成为中国城市对外推广与发展的新思路,将美食创意融入发展城市的经济、文化以及社会互动的整体系统,既能展现地域文化多样性,又能有效宣传城市形象与个性。[2]扬州建设世界美食之都有一定的难度,一是同为淮扬美食文化体系的淮安影响了扬州"美食之都"品牌形象的清晰度,二是自身"美食之都"建设与城市形象个性打造的衔接还不紧密,还存在偏差。这些不仅影响了扬州"美食之都"品牌效应的发挥,也影响了"美食之都"建设成果转化和内涵优化提升。[3]扬州在世界美食之都品牌化实施中要注意以下几点:一是将美食文化融入城市品牌化战略。一方面能丰富来访者对城市美食的感知,增强他们对城市情感的想象与联系,另一方面能增加城市

〔1〕　沈正舜:《淮安和扬州共建"世界美食之都"研究》,《淮阴师范学院学报(哲学社会科学版)》2023年第3期。

〔2〕　程小敏、詹一虹:《创意城市视角下"美食之都"的建设实践与思考——以成都为例》,《美食研究》2017年第2期。

〔3〕　程小敏、魏胡婷、宫润华:《基于品牌个性理论的扬州"美食之都"品牌塑造》,《美食研究》2023年第2期。

的吸引力与竞争力。[1]在利用美食塑造城市品牌时,既要保持美食的本土性,形成地标美食,构建有地方特色与当代特色的美食品牌;[2]又要把握食客喜好,开发有特色文化的美食产品,丰富美食的品牌形象。二是建设饮食文化解说系统,增强品牌个性清晰度。淮扬饮食文化内涵深厚、内容丰富,这直接导致对外传播的美食品牌信息精细复杂、品牌符号碎片分散。要从淮扬饮食文化内容信息的历史维度与城市同频的时代维度以及美食特色的本体维度构建淮扬饮食文化解说系统,为受众植入成熟且系统的扬州"美食之都"形象自述剧本,以而增强品牌个性清晰度,使受众在剧本导引下能从美食的味觉体验中直观感受城市美食所传达的城市调性。三是建设城市形象的美食先觉记忆,增强品牌识别意识。扬州典型特色美食不仅要传递淮扬菜系的制作精细、菜品雅致、文化底蕴深厚,而且要从美食品牌载体的识别、推广、接受等方面挖掘其中能有效传递扬州地方文化和城市形象的符号和内涵,加强美食品牌的情感和身份认同功能,从而在受众心中建立起代表扬州城市形象的先觉记忆。四是建设美食与受众的关系网络,增强品牌形象亲近感。充分调研不同受众与扬州美食构建有效关系的障碍,有意识地传递有效的美食信息,对于访客或未到过的受众不仅要了解其美食体验需求,而且要挖掘其深层次的心理需求;本地居民总体上是爱这个城市和美食的,因此更需要通过美食强化居民的自豪感和归属感,让居民真正感受到美食让自己的生活更美好。五是构建多维度"美食之都"传播网络,增强品牌显示度,坚持社交媒体传播亮度优先、社会(社区)传播温度优先、美食传播深度优先。

(七)活动策划要整合各种元素形成综合效益

美食传播营销具有即时性、多样性特点,传播营销主体具有多元化特征,这都需要通过活动策划来完成。[3]近年来,北京中轴线餐饮文化市集活动形成了各种资源的整合、各种平台的互动、各种人群的参加,最后是各种效益的

---

〔1〕 张辉、黎映彤:《城市型旅游目的地品牌性别气质:量表开发与实证检验》,《旅游学刊》2020 年第 1 期。

〔2〕 钱凯、吴年华:《郑板桥饮食观视角下运河美食旅游开发》,《美食研究》2022 年第 4 期。

〔3〕 张英:《新媒体环境下陕西特色美食推广传播的营销策略研究》,《食品研究与开发》2023 年第 4 期。

呈现[1]，对美食文化丰富的扬州极具借鉴意义。同样，在美食活动中，如何将各种城市元素联动是广东人一直思考的课题。"食在广州、厨出凤城、师出张槎"是广东人都知道的一句很著名的话。因此，2023 年佛山市在西华里饮食文化城举办了"笋风破浪·寻味张槎"第九届国笋美食文化节，同时举行了笋王争霸赛。比赛通过好看、好吃、好玩的一系列美食文化活动，使市民游客能够共尝美味佳肴、共享文旅发展成果。近年来，扬州策划的活动很多，但是这些活动资源整合性差、相关元素联动性差，导致效益综合性差。

扬州世界美食之都的活动策划要基于对运河文化资源的挖掘、整合。如在美食文化中，可以充分研究如何发挥《茉莉花》市歌的作用。众所周知，《茉莉花》是诞生于运河边的民歌，它在很多重大会议如昆明世博会、第六届中国艺术节、上海 APEC 会议等开幕式文艺演出中表演过，此歌表演要么压轴要么开场，使这首歌走遍了大江南北，客观上也扩大了扬州的知名度，在扬州自己策划的世界美食之都品牌推广活动中也要思考如何充分运用这首歌。扬州要打造国际旅游名城，就要推进旅游业与运河文化、美食文化的深度融合，这就需要加强城市文化IP——运河文化的营销宣传。例如，在宣传世界运河城市论坛、运河文化嘉年华等活动时，突出运河文化；挖掘运河文化，打造一批具有扬州非遗美食元素的旅游文创伴手礼；挖掘运河文化，彰显美食特色，推出一批上座率高、有创意、有吸引力的文艺作品；也可拉长产业，多层次做大美食文化，在中国（扬州）淮扬菜美食节、中国（扬州）国际创意美食博览会、中国早茶文化节等活动中，调动各层次餐饮商家的积极性，让他们也参与合作、参与营销，使美食节、早茶点不仅有点，而且有面上的整体氛围，使商家与政府共同做大扬州美食文化品牌。

在扬州的美食活动策划中，还可研究"美食+体育"活动的策划。在大型体育赛事中，美食越来越受到重视。赛事的美食不仅具体展示了举办城市的美食形象，更是对举办城市美食文化的深刻体验。大型体育赛事有十分明显的聚集性、体验性、外部性和综合性特征，筹备、举办的时间长，关联主体牵涉多，不但可提高举办地的文化软实力、国际影响力，而且可传播举办地的美食

---

[1] 林华：《"美景"联动"美食"——"百味千店妙中轴"北京中轴线餐饮文化市集活动亮相》，《中国食品》2023 年第 17 期。

文化。研究表明，大型体育赛事参与人员基数大、传播周期长，因此影响深远。例如 2022 年北京冬奥会，不但参加人员多，运动员、教练员、观众皆为有史以来最多，而且人员层次高，参加开幕式的国家元首和国际政要有 30 多位。杭州第 19 届亚运会与美食的结合就更紧密了，该市在 2022 年 10 月就启动评选"亚运特别推荐杭帮特色美食"，通过活动产生了一批体育主题的创意特色菜，这些菜将中华文化基因与体育视觉元素完美结合，有效扩大了美食的传播力。

（八）充分利用新媒体平台的短视频营销

在新媒体时代，以美食为主题的作品正在成为创作和传播的热点。新媒体依靠数字技术，打破了媒介之间的传播壁垒，消融了媒体介质之间的地域边界、国家边界甚至传播者与接受者之间的边界，具有内容表现形式多种多样、媒体个性特征显著、信息发布迅速实时、受众选择性增强等特征。由于新媒体的类型多种多样，广告宣传平台也广泛受其影响，不仅有形式多样的手机媒体，而且互联网媒体更加丰富，户外新媒体形式种类更是层出不穷。新媒体的快速发展使美食推广的平台与形式多样化，赋予美食文化营销新的体验。其中短视频媒体因创新强、时间短、制作易、内容丰、传播快最为火爆，成为媒介新势力的主要代表。如被称为"东方美食生活家"的美食博主李子柒，其国际社交媒体账号"李子柒"拥有 3000 万余全球粉丝，得到人民日报、央视新闻等主流媒体关注，被誉为对外讲好中国故事、展示中国形象的典范。因此，如何充分利用新媒体对扬州美食进行推广营销，对扩大扬州运河文化影响、提升扬州世界美食之都的知名度具有重要的意义和作用。扬州于 2020 年 9 月创建"扬州世界美食之都"官方账号。此账号截至 2024 年 8 月总点赞量达 179.2 万，粉丝数量达 38.6 万，发布 403 个作品，其中短视频 278 个。扬州"世界美食之都"短视频内容传播可以进一步优化，基于马斯洛 7 个需求层次提供相关内容。在生理需求上，视频可推介淮扬菜、店面、美食产业、美食街、美食城；在安全需求上，视频推介可表现扬州首先保证食品卫生安全、饮食消费安全、社会和谐等；在社交需求上，视频可表现举办美食主题活动、开展美食交流活动、美食娱乐活动；在受尊重的需求上，视频推介可表现美食服务礼仪、标志性美食、餐饮业投诉处理以及大众意见反馈等内容；在自我实现需求上，视频推介可表现美食形象、美食文化、旅游文化、参与性美食活动等内容；在求知需求上,视频可推介知名厨师、美食教育培训等机构、专业厨师美食大赛、非物质文化传承及发展、日常饮食常识及家常菜烹饪等;在审美需求上,视频可推介美食艺术之美、现代饮食伦理等。

(九)打造世界美食之都标志

"世界美食看中国、中国美食看地标。一座城市,一种味道;一个地域,一种菜系。当人们提起某个城市,最容易想到的就是当地美食。地标美食凭借其独特的技艺和发展,地理标志、特色产业已成为各地发展区域特色经济的一条重要途径。"[1]顺德华侨城欢乐海岸PLUS(简称"欢乐海岸")坐落于顺德中心城区,是华侨城文旅融合新标杆、粤港澳大湾区城央文化旅游项目、广东省"十三五"旅游业重点规划项目。以美食为载体,欢乐海岸已成为"寻味顺德"之旅首选目的地。扬州可以从各方面打造世界美食之都标志。

一是打造地标性的建筑。建设地标性建筑,如以包子、狮子头为外型的建筑,表示"扬州包子包打天下""天下第一头"的意思。建筑可与扬州早茶和餐饮的经营结合起来,打造成为网红,使外地游客来扬必到。建设地标性广场。扬州早已建成公园城市,可增加以世界美食之都为主题的公园,也可与扬州早茶、餐饮的经营结合起来,如展示仿真的乾隆宴、八怪宴、满汉全席,或将部分名菜通过雕塑或其他仿真形式展示。建设地标性街区。目前中国淮扬菜博物馆集参观、教学、饮品、文创、体验等于一体,初步形成了一条特色街区,但相关的服务还需要补充完善,业态还可更丰富一些。在扬州"运河十二景"、大运河"十里外滩"、北护城河沿线文旅集聚区等新建设的运河文化带,要将美食作为重要项目建设,将美食切实作为大运河扬州段文化空间生产与生成重要元素,甚至进一步将运河三湾生态文化公园建成国家级城市休闲好去处。

二是推选地标性美食。通过网络、游客参与、专家评选等多种方式评定扬州地标美食、地标小吃、地标宴席,梳理各种地标美食所在地点,通过网络发布。

三是推出世界美食之都标识。将扬州世界美食之都LOGO用于各种宣传,醒目地布置在城市的主要出入口。同时将LOGO与文创相结合,如帽子、包、扇子,甚至长毛绒玩具,等等。

---

〔1〕 史晓芳:《做强地标美食 赋能"中国味道"》,《中华工商时报》2023年11月21日第3版。

四是绘制以网红打卡点为主体的美食地图。美食有别于博物馆、园林、自然风光等旅游元素，它是充满烟火气的。美食旅游关注的往往不是星级酒店，而是市井小店，品尝的往往不是高档宴席，而是风味小吃。以体验美食为动机的游客追求的既有经典美食，也有特色小吃。建议在世界美食之都示范店的基础上，通过招标、遴选、打造、扶持等形式挖掘完善扬州民间特色美食，形成星罗棋布的网红美食打卡点，绘制世界美食之都美食打卡地图并广为宣传，吸引游客更多地关注扬州美食。

四、结语

"淮南江北海西头"，扬州集运河文化、盐运文化、诗渡文化、水工文化等特色地域文化于一身，又位于长江与运河的"T"型交叉口，因而具有独特的文化地位和魅力。在世界美食之都建设中，还是要凸显运河文化视野，这是扬州最大的特色。加强活动策划的深度，既要做大品牌，还要深入挖掘内涵，拓展产业，打造特色。政府要加强顶层设计，切实加强统筹与组织程度，切实发挥领导小组的作用。设立专家组，加强谋划、研究。活动策划不能仓促上马、敷衍了事，要注重有效性。加强创新，将创新创意与传承利用相结合；加强规范，既有美食产品的规范，又有服务的规范；加强文旅融合，推出丰富的体验项目，通过运河文化引领世界美食之都的高质量建设、引领城市的高质量发展。

作者单位：吴年华　扬州市职业大学

邱正锋　扬州市历史文化名城研究院

文旅融合视角下扬州大运河禅学游对策

扬州市历史文化名城研究院课题组[1]

引　言

2018 年,国家在机构改革中组建了文化和旅游部,文旅融合成为国家战略性目标的重要举措,文化成为旅游产业中最亮眼的一环。党的二十大报告指出,要着力推动高质量发展,坚持以文塑旅、以旅彰文,推进文化和旅游深度融合发展。文旅融合成为"国内—国际"生产—消费双循环新格局和"两个一百年"新时代背景下,贯彻新发展理念、构建新发展格局、促进中国产业结构转型升级和转换经济增长动能的重要抓手之一,是实现中华民族伟大复兴战略全局和世界百年未有之大变局的重大积极变量,也是践行习近平新时代中国特色社会主义思想的新目标。但文旅融合不是简单的"拉郎配",而是在理念、职能、资源、产业、技术领域的深层次融合,其目的是以人民美好生活引导文化建设和旅游发展,推动优秀传统文化创新,增强和彰显文化自信,不断提高国家文化软实力和中华文化影响力。[2]

研学旅行又称研学游,在国外起步较早,16 世纪欧洲上层社会就流行"大陆游学",称之为"Grand Tour",是以接受教育为目的,在传播文化方面起到重要作用的教育旅行。日本在二战后开始推行中小学的"修学旅行",并形成了一套完整的机制,修学游成了学生认识社会、亲近自然、增强认知的主要教学手段,使学生从认知、视野、格局、心理等方面得到充分拓展。近年来,研学旅行在国内得到了高度重视。国务院办公厅 2013 年印发的《国民旅游休闲纲要(2013—2020 年)》首次提出"逐步推行中小学生研学旅行",2016 年 11 月,教育部等 11 部印发的《关于推进中小学生研学旅行的意见》提出"开发

---

〔1〕　课题组负责人:徐安朝;成员:刘泓、周欣、邱正锋(执笔)、王凌宇、吴年华、方亮、陶巍。

〔2〕　周敏宁、钟可莹、刘璞:《文旅融合背景下乡村集成化设计探索——以浙江省温岭市石塘镇为例》,《中国名城》2022 年第 7 期。

一批育人效果突出的研学旅行活动课程"与"学校根据学段特点和地域特色，逐步建立起小学阶段以乡土乡情为主、初中阶段以县情市情为主、高中阶段以省情国情为主的研学旅行活动课程体系"。2016 年 12 月原国家旅游局发布《研学旅行服务规范》，公布首个研学旅行服务标准。随着一系列研学旅行相关政策的出台，我国研学旅行成为文化旅游融合的一种新业态、新模式。[1]

随着研学游的深入发展，研学主体由学生群体逐渐扩展到社会各阶层，研学方式也随之发生改变，呈现出丰富多彩的局面。[2]其中禅学游就成为研学游的重要分支，并且发展成为受众广泛的独特分支，深刻影响了文旅融合大背景下中国文化旅游业的格局。

一、禅学游兴起与现状

1.禅的定义

禅，全称"禅那"，是古印度梵文的音译，意译为"静虑"，"静"是指追求心灵的安静，"虑"是思虑某一事物，开悟佛教义理。"禅"原是印度古代各种教派修行的普遍方法，早在佛教成立之前即已盛行。佛教传入中国后，各个宗派无不以"禅定"或"禅观"为其修行的重要方法，并在此基础上形成了独特的宗派——禅宗。禅宗重视学人与其师的直接对话，以启发学人的智慧，认为只有"悟后起修"，才能事半功倍。禅宗的修行是将日常生活与人心的净化紧密结合，认为"平常心是道""佛法在世间，不离世间觉"，以出世的精神做入世的事业。所以在中国广义上的禅是佛教徒修行方式之一，佛教六度中的一种；而狭义的禅专指禅宗理论，就是通过参禅悟到释迦牟尼传下的无上法门，以达到最终解脱的目的。

2.禅文化与禅辨析

禅文化，是指以佛教禅修思想为基础所形成的一种中国传统文化。禅修自印度传入中国后，在发展过程中逐渐与中国文化结合，形成独有的中国禅文

〔1〕 剌利青、徐菲菲、韩磊等：《文旅融合背景下城市文旅消费体验及满意度研究——以南京市为例》，《中国名城》2022 年第 6 期。

〔2〕 史春云、陶玉国、李嘉炜：《文旅融合视角下研学旅行研究进展与发展思路》，《中国名城》2021 年第 6 期。

化。它并不仅仅局限于佛门范围,而是通过古代文人士大夫的影响渗透到中国文化的各个领域之中。所以禅文化的意义远超出宗教范围,与儒家文化、道家文化三足鼎立,成为中国文化的三大支柱,对中国的传统文化发展影响深远。禅话、语录、禅史等是禅文化于语言中的体现;禅具、禅寺、禅塔是禅文化于建筑工艺中的体现;禅理、禅学、禅风等是禅文化于学术思想的体现;禅诗、禅画、禅乐、禅园等是禅文化于艺术中的体现。

"禅文化"可以概括为对美、对人生、对艺术的追求。禅文化虽然发源于宗教,但是在发展过程中离宗教越来越远。禅文化不要求人们剃度,不要求对佛祖顶礼膜拜,不拘泥于条条框框,禅文化仅仅单纯地体现在诗、画、园林等艺术形式中,同时饱含符合国人气质的审美情趣和在禅宗影响下的思维方式、价值观念等的传承。

3.文旅融合的禅学游兴起与现状

禅学旅游在古代主要表现为僧人的行脚之旅和上层社会人物的朝圣之旅,属于小众、自发的范畴。中国的旅游业从20世纪80年代兴起后,经过40年的摸索和发展,游客的需求已发生明显的分层现象,越来越多的游客特别是年轻团体不再醉心于以资源为导向、参观蜻蜓点水、内涵层次不足的粗放式观光旅游产品,相反,他们更多追求的是文化体验颇具特色、旅行深入其中、满足旅游情感、放松心灵的高吸引力、高层次性、高品位的符合旅游文化的产品,以文旅融合为代表的产品开发成为旅游业新的经济增长点,各种研学游、深度游开始走俏市场,以禅文化为主导思想,帮助人们找回本真、认识自然、认识世界,让人们在生活的重压之下重塑信心、恢复身心健康的禅学游成为后起之秀和文旅融合中的重要产品。在全球化的背景下,通过禅学游有利于形成有中国特色的文化旅游景观、增强民族自信心、增加国民对民族文化的认同感,改变我国旅游景观同质化、功利化、表象化的问题,同时也能带来全新的旅游模式和盈利点。

文旅融合下的禅学游与古代的禅意之旅相比,更多体现出一种亲民的特色,不再是高不可攀的阳春白雪。禅学游目前大致可分为精修型禅学游、体验型禅学游和感悟型禅学游三种类型。其中体验型禅学游最为大众所接受,国内已出现多处以禅文化为精髓的禅意小镇。如位于曹洞宗和临济宗发祥地宜丰县的东方禅文化园,位于重庆金佛山西坡山脚、被誉为"仙山脚下的驿站"

江西省宜丰县东方禅文化园

的金佛山天星小镇,以及河南信阳灵山禅养古镇,等等。

二、禅学游经典案例分析

1.东南亚禅学游(印度、日本、柬埔寨)

印度禅学游,也被称为印度朝圣,正在逐渐成为一种新的旅游休闲方式,人们到印度,以礼拜佛陀或佛教圣地的方式旅游,这种旅游不同于一般意义上的游览,而是带着虔诚和崇敬心,来体味释迦牟尼佛的出生、成道、传法和涅槃经历,以悟佛陀解脱之道的一种修行方式,相当于国内精修型禅学游。

日本禅学游独具特色,禅宗传至日本后,契合了日本人的思维和审美,正如铃木大拙所说:"禅造就了日本的性格,禅也表现了日本的性格"。日本创造出以精神感悟为特色的枯山水和极简主义,大批保存的唐宋风格寺庙古建筑与日本传统文化结合起来,可以带来全面的禅文化感受。由于日本禅学游多与传统寺庙活动相结合,接近于体验型禅学之旅。

柬埔寨禅学游以世界文化遗产吴哥窟深度游最为知名,在完全废弃的残垣断壁中欣赏高棉古典建筑艺术的高峰,了解历史风云的变幻莫测,思考人生

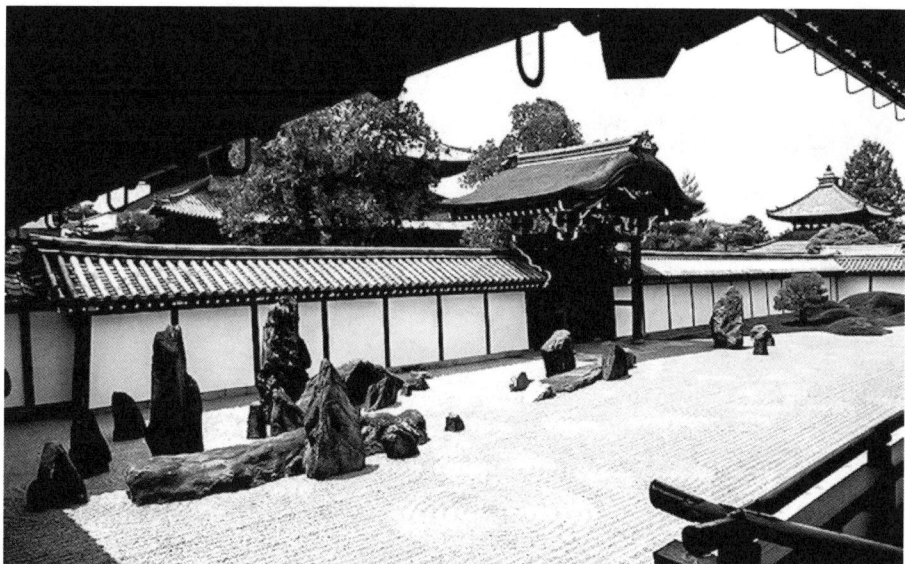

日本枯山水庭院

的价值和意义,没有佛法而胜似佛法,更类似于感悟型禅学之旅。

2.国内精修型禅学游

精修型禅意之旅是禅学游最纯粹的形式,也是最接近禅宗理论的一种修行。此种旅游不仅本身包含的禅宗意味最浓,对于游客也有选择,并非所有人都可以参加,而是需要经过面试,能够入选的往往是对禅宗有着深入研究或者本身就从事与之相关工作的专业人士。部分寺庙每年都会在"五一"和"十一"期间面向社会人士开展短期修行活动,一般为期 7 天。禅宗四大丛林之一的高旻寺禅学游就是其中的佼佼者,尤以每年冬季"打禅七"闻名,参加人士需要统一着装以符合寺庙要求,严苛的还需要剃发,感受真正僧人的生活,是禅学高端旅游的一种方式。

3.国内体验型禅学游

体验型禅意之旅,重点在于体验。此种旅游不仅仅局限于表面上的感官刺激,更需要实际行动来向禅定、禅悟状态靠拢。游客体验项目的种类有很多,抄经、打坐、念佛、欣赏禅乐等不胜枚举,这类旅游追求的更多是一种禅的境界,不一定要在佛教寺院举行。无锡拈花湾禅意小镇就是国内体验型禅学游的标杆。拈花湾禅意小镇位于无锡(马山)太湖国家旅游度假区,

无锡拈花湾禅意小镇

面向太湖,背靠灵山大佛,风景秀美,其命名源于禅宗"拈花微笑"的典故。禅意文化是拈花湾的旅游主题,重点打造"具有东方文化内涵的心灵度假目的地"。经营团队用近乎偏执的追求卓越品质的工作理念、态度和行动保证了拈花湾的艺术品质魅力,各类景点都体现了东方禅意美学的特征,形成了"五谷"(竹溪谷、银杏谷、禅心谷、鹿鸣谷、云门谷)、"一街"(香月花街)、"一堂"(胥山大禅堂)的功能格局。汇聚了观光景点、商业店铺、酒店、客栈、房地产等,实现了"食、住、行、游、购、娱"的一体化。通过对消费趋势、社会变革、人性诉求的洞察,为旅游者提供了深入禅境的机会,开展如欢喜抄经、禅食、彩塑泥玩、花道、陶笛、茶道等全方位的禅意体验活动。白天,游客可以徜徉在唐风宋韵的景观建筑中,品味山水禅境;夜晚,则可以观看禅行等禅意表演,体验"全时空"的禅意生活内容。在宗教、文化和旅游之间独辟蹊径,找到一条政策可支持、投资可进入、宗教界可接受的文旅融合模式,向世界各地游客展示中国传统文化的独特魅力,打造了一个世界级禅意旅居度假目的地。

4.国内感悟型禅意之旅

感悟型禅意之旅,顾名思义,就是以感悟禅文化为主,感受它的内涵、精神、意蕴等。此种旅游不需要游客花费过多的时间投入具体的禅修事项,往往只是一束花、一棵草、一眼清泉、一处遗迹,即可触发游客的观感,让游客陷入沉思,联想到以前的人生经历,感悟出人生哲理。这种禅学游对游客素质要求较高,需要历史文化知识和禅学基础理论的支撑,更多表现为与佛教有关的文化线路的追寻,如玄奘西行取经线路禅学游、鸠摩罗什东来传经线路禅学游、鉴真东渡线路禅学游等,这也是中国禅学超越日本禅学的高明之处,不刻意强调形似,而追求平常心和生活禅,从生活中感悟,在旅游中修行。

三、扬州大运河禅学游优劣势与分析

1.优势明显,内容丰富

中国大运河是世界文化遗产,也是世界上最长的运河和农耕文明水利工程的巅峰之作,流淌在扬州境内的里运河是整个大运河中形态最完整、遗存最富集、航运最繁忙、活力最突出的河段,是运河发展变迁悠久历史的见证和缩影。河段防洪排涝、输水供水、内河航运、生态景观、文化旅游等功能完整,历经千年,至今仍在发挥着重要作用。扬州是中国大运河原点城市和重要的交通枢纽,有中国大运河第一城的美誉,扬州佛教寺庙众多,历代高僧辈出,从东晋太傅谢安舍宅建寺到天竺高僧登台讲经,从唐代鉴真东渡到王播"饭后钟"故事,延至宋代旌忠寺、明清八大名刹,乃至当代星云大师,禅学渊源,数不胜

文峰寺明代文峰塔

数。三湾一带，先后建有福缘寺、静慧寺、文峰寺、龙衣庵、宝轮寺、高旻寺等佛教寺庙，目前仍作为佛教道场的高旻寺是驰名中外的清代扬州八大名刹之一，也曾是清康乾"南巡"行宫，与镇江金山寺、常州天宁寺、宁波天童寺并称为我国佛教禅宗的四大丛林，不仅在国内享有盛名，而且影响远及东南亚各国。早在1983年，国务院宗教事务局就正式将高旻寺列为全国重点寺院之一。文峰寺以大运河四塔之一的明代文峰塔闻名，历史上就以将文化、宗教、民俗合而为一为特色，禅学体验活动开展较早，口碑好。龙衣庵由传说康熙因淋雨在此晒袍而得名，是比丘尼道场，门前古银杏已有300多年历史。加之在三湾建设的大运河博物馆和唐风宋韵扬州非物质文化遗产建筑群，构成了内容丰富的大运河禅学游基础条件。可率先打造成"舟楫相望、路通岸绿、设施配套、标识统一、串珠成线、特色鲜明"的高颜值运河特色文化段落、高品位优质生态段落、高水平精品旅游段落，形成最能够体现大运河文化活力的物质及空间载体，集中呈现千年运河历史之美、生态之美、人文之美，为广大人民群众和游客提供可触摸、可感知、可体验的流淌千年运河文化的现实载体，为跨区域带状国家文化公园建设探寻路径、积累经验、提供样板。

2.各自为政，缺少特色

扬州坐拥大运河世界文化遗产却利用开发严重不足，处于各自为政、单打独斗状态，急需按照文旅融合的思路加强整合、充分利用。大运河博物馆已成为网红打卡点，但游客驻留时间短，综合体验不佳，三湾湿地公园空有大运河国家文化公园的名号，占地面积广，但与大运河相关的实物展示及人文历史遗存稀缺，缺少体验性和互动性内容，游客除了走马观花，兴趣索然。文峰寺、龙衣庵由于历史原因，占地面积小，开展禅学体验活动硬件设施亟需提升。高旻寺禅学游虽然声名远播，但仍处于小众状态，寺院周边环境差，停车难，交通不便，与现代旅游市场处于脱轨状态，原计划实施的禅意小镇建设项目因房地产市场变化及疫情原因，暂无法实施。

四、扬州大运河禅学游对策与建议

1.立足优势，开通大运河禅学游水上线路

扬州拥有大运河重要名声和黄金水道，却缺乏合理利用，曾经开通的运

河水上游因季节、客流、安全等原因,断断续续,未成气候。目前开通的东关古渡—瓜洲水上游项目收费高、时间长、班次少,难以吸引游客特别是外地游客。随着大运河博物馆爆红,交通压力增大,打车不便、公交线路不足、等待时间长的矛盾十分突出,建议适时开通大运河禅学游水上线,全程约13公里,时长约1小时。由东关古渡发船,沿途重点停靠文峰寺、大运河博物馆,终点为高旻寺。采用公交一票制,游客购票后可全程或单程反复乘坐,不但缓解交通压力,还可以增加旅游观览时间,体验水上游乐趣,利用游客一次购票全程免费享受的心理,延长在扬旅游天数,打造禅学游经典水上线路。待

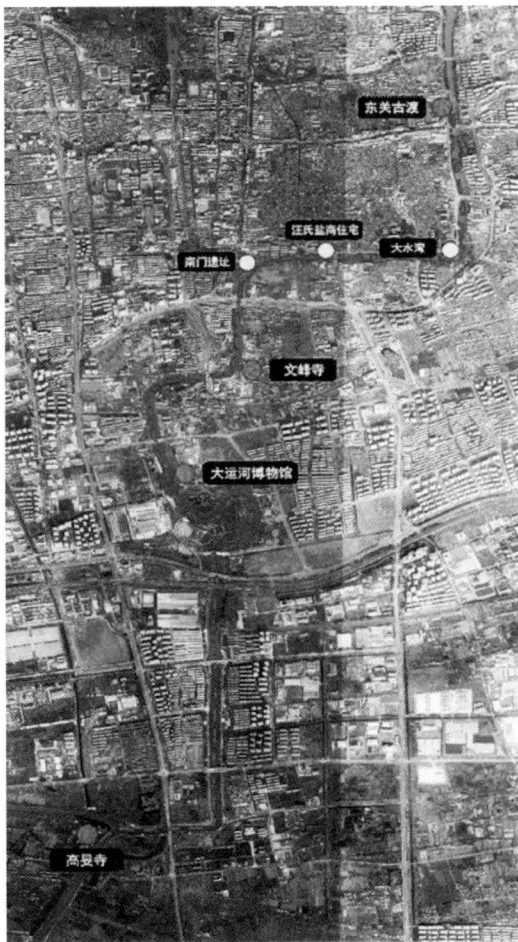

大运河禅学游水上线路示意图

线路成熟后可增加大水湾、汪氏盐商住宅、南门遗址等站点,丰富沿途景观。

2.独辟蹊径,推出禅学游经典步行线路

历史文化是脆弱的,很容易在时代的浪潮中湮没甚至消失,所以游学是一场追寻失落记忆的苦旅。从文峰寺到高旻寺路程大约8公里,经过前期打造,已经形成了步行线路雏形,很适合以学生团体为主的半日研学游或一日研学游。研学者可以放慢脚步,放松心情,根据自己的兴趣爱好和学习目的,从文峰寺出发,有选择地观赏扬州工业遗产,探秘运河故道,寻访龙衣庵、宝轮寺、文公祠等遗址,参观大运河博物馆,参与水工遗产互动项目,也可顺着三湾公园一路向南,游览扬子津公园和党史文化公园后过古运河大桥,参与普同塔院

禅修，游览古扬子桥石刻，最终在三岔河过桥到达高旻寺，欣赏"碧河方开，晴阶分塔影；青郊雨足，春陌起田歌"的田园风貌，体验与众不同的研学线路。

3.错位经营，放大扬州大运河禅学游高端品牌

旅游产品最注重新奇特优，禅意小镇网红现象的出现引来各地争相效仿，国内争先恐后出现一大批情景类似的项目和景点，很容易带来恶性竞争和内卷效应。扬州必须走错位经营、全面整合、放大高端品牌的禅学游道路。

建议在戒律森严、海内外闻名的禅宗圣地高旻寺坚持精修型禅学之旅，弘扬打禅特色，延长游客单次游时间，打造宗教意境禅学游第一品牌，补足扬州冬季游览季节短板。

大运河禅学游步行线路示意图

一是扩大寺院规模，规范寺院建筑风格，完善寺院配套设施，解决单门进出的安全隐患，缓解旅游高峰期停车难；二是选址修建游船停靠码头，兼顾三岔河两岸及上下便捷；三是整治周边环境，改善交通条件，实现人车分流，加大对流动摊贩占道经营等常态化管理，维持寺院庄严、肃穆的形象；四是建设普同塔院女众道场，吸引高端女性游团体；五是在寺院周边积极引入市场运作机制，完善相关产业，构建高层次的文旅商业生态。

4.良性竞争，在世俗和禅修兼容中寻找增长亮点

无锡耗费50亿元巨资精心设计、严苛管理打造的拈花湾禅意小镇随着国内市场格局的变化和多重因素的干扰，已经很难再复制和达到相同的高度，况且拈花湾也面临着资产包袱重、景区消费水平偏高、盈利不足、容易受疫情

高旻寺鸟瞰图

等突发因素影响等问题。在国内巨大的禅学游市场面前,轻资产、注重世俗和禅修兼容的禅学体验游成为扬州良性竞争的砝码。建议一是摒弃拈花湾文旅商地产重资产开发模式,立足禅修中规中矩、口碑较好的文峰寺,通过政策扶持和资金自筹,完善寺庙建筑规制,以寺庙为媒介,通过免费体验念经、听禅、转经、吃素斋等禅修模式吸引大众团体参与。二是重建历史上存在的文昌阁(岳王庙)和明代石矶分水工程,利用文峰塔兴盛扬州文风的传说,通过祈福、开笔、祭祀等方式,增加传统文化熏陶和岳飞精忠报国爱国主义教育,通过石矶分水工程"来水大多分,来水小少分"再现古人治水智慧,拓展禅学游受众团体特别是学生研学团体。三是适当保持工业锈带底色,保留该地区工业遗产特色,展示后工业时代人类文明,把"工业风"打造成"尘封的辉煌"和时尚的标志。四是复建漕运神"四大金龙王"谢庙和晏公庙,传播大运河水神等历史故事。五是在文峰寺东恢复西花园和秦园,历史上该处是专产香花基地,供制花茶、香粉之原料。其制作香花饰品的手工艺系明代由郑和引进,擅长制作香花手链、颈链饰品和花篮、宝塔、宝葫芦等摆件及香花桌围、帐颜、门帘、旌幡等,秦园园内多种植汉通西域、明下西洋引进的植物,奇花异草更容易吸引游客眼球,并且可恢复历史上存在的香花会巡游。六是改善周边交通环境,解决

文峰寺东侧和北侧可用地块

自驾车辆不方便到达的问题。七是利用闲置地块配套建设禅意风格旅游设施，补足禅学游中食住购等设施不足的短板。

5.狠抓重点，把三湾打造成大运河天然博物馆和风景名胜区

目前三湾景区因大运河博物馆的存在，人流量暴增，极大地改变扬州季节游的窘境，扬州全时段游的时代已经到来，在扬旅客停留时间也从0.8天/人增加到1.8天/人，但大运河博物馆仅仅是网红打卡点，游客看完就走，很容易出现叫好不叫座的现象，无法带动周边产业联动发展，游客在扬增加的停留时间不但难以享受更多高品质旅游产品服务，客观上还增大了交通、住宿、娱乐、购物的需求量，节假日高峰期更是一房难求、一票难求，极大地影响了观感。三湾公园由于缺少特色，仅靠自然生态难以吸引游客脚步，必须由单一化展示向多元化经营转型升级，必须在物态的大运河博物馆基础上，向大运河天然博物馆转变，必须从走马观花游向运河水工技术、人文故事深度参与转变，必须从免费景区向收费风景名胜区转变，带动周边商业地产开发，创新盈利模式，发掘新的经济增长点。建议一是创新管理思路，引进文旅投资的高效率模式——EPCO模式，把前期策划、规划、设计、报规、报建等高效落地，通过土建、房建、市政、景观、室内、游乐互动等建设过程紧密结合，大幅提升项目工程效率，实现社会效益和持续经营回报；二是按照大运河天然博物馆打造，让游客不仅仅在室内参观，也在和大自然互动中了解扬州水工文化，在景区内增设筑堰、打柴草坝、拉纤、船舶绞关过坝等游客参与性强、趣味性高的活动，演

三湾风景区建议控制范围

示三湾抵一坝水利工程原理,吸引游客参与有奖竞猜,恢复传统鸬鹚捕鱼等民间表演项目,通过游客自费买鱼参与表演,吸引儿童增加亲子互动,增设大运河原点城市、南水北调源头城市等标识,集中展示扬州运河名都亮点;三是连同周边地块,参照蜀冈—瘦西湖风景区建设,打造新的旅游增长极;四是复建先农坛,该坛传为汉董仲舒倡建,可恢复祭祀表演,展示农耕文明;五是开发独具特色的运河夜间旅行产品,延长旅游产品时空线;[1]六是精心刻画景观美学,体现精致扬州的特色;七是延续旅游配套产业链,构成更高层次的禅文化商业生态;八是适当展示文公祠、宝轮寺等遗址,增加文化内涵和禅学感悟,让游客在不知不觉中感受禅学熏陶。

　　我们身处的时代是一个快速裂变的时代。未来社会将是多元化的社会,未来的宗教文化也将是多元化的文化体系。所以,立足自身,精耕在地文化,寻找差异,让有差异的文化开出花来,扬州禅学游才有未来。

---

〔1〕　王向东、周倩:《大运河扬州段公共文化空间生产与生成》,《中国名城》2023年第8期。

扬州运河水道变迁考

孙明光　龚粟

摘　要：根据文献，梳理了扬州运河从天然河道湖泊连缀而成，到汉代、晋代、隋唐、宋元、明清等时期的河线变迁和运河发展史。新中国成立后，扬州运河经过重点治理开发，成为江苏省的重要河道，并在2014年被列入世界遗产名录。扬州运河不仅是南水北调东线输水通道和南北水上交通要道，还孕育了沿线丰富的历史文化和自然景观，如扬州蜀冈－瘦西湖风景区、江都抽水站等，以及运河"三宝"等地方特产，体现了人类智慧和创造精神。

关键词：扬州；大运河；河道变迁

扬州运河古称邗沟、里运河、渠水、韩江、中渎水、山阳渎等，古典文献《左传》《国语》《水经》《汉书·地理志》中均有记载。宋代始称运河，明代称里河，清初称里运河。1959年瓦窑铺至六圩新的入江口开挖以后，瓜洲运河、仪扬运河成为区域性河道，1981年进行续建时改称京杭运河，里运河之名仍然继续沿用。扬州市境内大运河由邗沟演变而来，已有2500多年历史，河线演变过程复杂，其主要变化过程概述如下。

一、早期运河，由天然河道湖泊连缀而成

《左传》云：哀公九年（前486）秋，"吴城邗，沟通江、淮。"该书记载了吴王夫差主持开邗沟的事。其路线和功能，西晋学者杜预在《春秋左氏经传集解》中称"于邗江筑城穿沟，东北通射阳湖，西北至末口入淮，通粮道也"。北魏地理学家郦道元在《水经注》中作了较为详细的说明，即"中渎水自广陵北出武广湖（今邵伯湖）东、陆阳

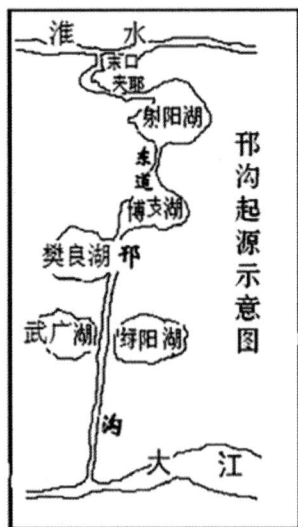

湖（又称绿阳湖，位于今江都、高邮市交界处）西，二湖东西相直五里。水出其间，下注樊梁湖（又称樊良湖，即今高邮湖）。旧道东北出，至博芝（今广洋湖）、射阳二湖，西北出夹邪（又称夹耶），乃至山阳矣"。

邗沟最初是由河湖连接起来的，在历代开发利用邗沟时，河线发生了多次变化，最终趋于直线河道。

二、直到汉代，东西两条河线逐步形成

1.汉代河线首次重大变化（汉建安二年，197 年）

《水经注》："淮湖纡远，水陆异路，山阳不通，陈登穿沟，更凿马濑，百里渡湖者也。"汉建安以前，邗沟出博芝、射阳湖，并利用射阳湖的水源，向东绕了一个大弯子之后，经夹耶至淮河，历史上称此河线为东道。汉建安二年（197），广陵太守陈登因射阳湖风涛大，损坏船只，于樊梁湖北口，穿沟，"更凿马濑（今白马湖），百里渡湖""东贯射阳，乃至夹耶"，把樊良湖与津湖连接起来，使邗沟出津湖、达白马湖，改变了原来的路线，其河线在原河线之西，所以历史上称此河线为西道。邗沟河线向西移动，不再经过博芝湖，其河线较以前而言比较顺直。南朝宋诗人谢灵运《撰征赋》谓"发津潭而迥迈，逗白马以憩舲。贯射阳而望邗沟，济通淮而薄甬城"，说明走的是西道。

2.晋代河线三次重大变迁

《水经注》云："自永和中（345—356），江都水断，其水上承欧阳埭，引江入埭，六十里至广陵城。"这是因为邗沟原来的口门淤断，首次把邗沟引江水的口门向西延伸迁移至今仪征市。刘文淇《扬州水道记》说这是"邗沟引欧阳埭江水入运之始"。这次邗沟西延挽救了淤塞的邗沟。欧阳埭，因欧阳（仪征有欧阳戍，在县东北十里）得名，河因欧阳埭得名，因此后来以欧阳埭代替河名，如刘文淇所说"即今仪征运河"。欧阳埭的开挖对挽救邗沟起了决定性的作用，如果没有欧阳埭的开挖，以后的邗沟是有是无都难说了。

第二次河线变化也在东晋永和中（345—356），《水经注》云："永和中，患湖道多风，陈登因穿樊梁湖北口，下注津湖径渡，渡十二里方达北口（案，此谓津湖之北口），直至夹耶。"《宝应图经》称此为永和沟，即今大汕子河（现已融入宝应湖）。

第三次河线变化在哀帝兴宁中（363—365），《水经注》云："兴宁中，复以津湖多风，又自湖之南北口，沿东岸二十里穿渠入北口，自后行者不复由湖。"《宝应图经》称所开之河名为兴宁渠。即沿今老三阳河北上至射阳湖，又将邗沟改为东道。

三、隋唐以后，全国性运河网络趋于成熟

1.隋代，邗沟河线重新贯通。

《隋书》云：开皇七年（587）四月，"于扬州开山阳渎，以通运漕"。这一次河线变化较大，在邗沟之东，大体平行于邗沟。这一次开挖主要是出于军事目的。

第二次，据《资治通鉴》云：炀帝大业元年（605），"发淮南民十余万开邗沟，自山阳至杨子入江。渠广四十步，渠旁皆筑御道，树以柳。"由于记载较略，未言经过何地，大都认为这次开河是把邗沟的河线恢复到原来的西道。但这次重开邗沟后，改变了原邗沟的迂曲，邗沟运道"径直由此而始"。这一次开挖主要是对原邗沟的疏浚，隋炀帝以"幸江都"。

2.唐代，瓜洲运河入江达淮。

《旧唐书·齐浣传》：开元二十五年（737，经考证应为二十六年即738年），"迁润州刺史，充江南东道采访处置使。润州北界隔吴江，至瓜步沙（瓜洲）尾，纡汇六十里，船绕瓜步，多为风涛之所漂损。浣乃移其漕路，于京口（今镇江）塘下直渡江二十里。又开伊娄河二十五里，即达扬子县，自是免漂损之灾，岁减脚钱数十万。又立伊娄埭，官收其课，迄今利济焉。"此为邗沟运道由瓜洲入运之始，它不仅避免了船只在江上的漂损之灾，又缩短航程。更重要的是邗沟南端多了一个由江达淮的新入江口门。伊娄河就是今天的瓜洲运河。伊娄河开挖以后，发挥了重要作用，李白盛赞道："齐公凿新河，万古流不绝。丰功利生人，天地同朽灭。"

《旧唐书·王播传》："播复领盐铁转运使……时扬州城内官河水浅，遇旱即滞漕船，乃奏自城南阊门西七里港开河向东，屈曲取禅智寺桥通旧官河，开凿稍深，舟航易济，所开长一十九里。"《新唐书·地理志》云："宝历二年（826），漕渠浅，输不及期，盐铁使王播自七里港引渠东注官河。"此为邗沟运

河由城南引江水济运,漕船不复由城内官河行驶之始。从此以后漕船不再走唐代的扬州城内官河,不仅河线有所变化,又新添了邗沟新的入江口门。

唐代,邗沟运道走的是西道。刘长卿《赴楚州次自(笔者按,当作"白")田途中阻浅问张南史》诗云:"楚城今近远,积霭寒塘暮。水浅舟且迟,淮潮在何处?"白田(今仍保留其名)在宝应县南十里。

刘长卿去山阳,路经白田,说明走的是西道。又唐储嗣宗有《宿范水》诗云:"行人倦游宦,秋草宿湖边。露湿芙蓉渡,月明渔网船。寒机深竹里,远浪到门前。何处思乡甚,歌声闻采莲。"范水在西道的湖边,这进一步说明唐代运河走西道。其后,邗沟运道线路皆沿西道。

3.宋代、元代,邗沟河线有局部变化。

《宋史·河渠志》江淮发运使贾宗言:"诸路岁漕自真、扬入淮、汴,历堰者五(指龙舟、新兴、茱萸、邵伯、北神堰),粮载烦于剥卸,民力罢於牵挽,官私船舰,由此速坏。今议开扬州古河,缭城南接运渠,毁龙舟、新兴、茱萸三堰,凿近堰漕路,以均水势,岁省官费十数万,功利甚厚。""明年役既成,而水注新河,与三堰平,漕船无阻,公私大便。"又据《宋史·真宗纪》,天禧三年(1019)六月,"浚淮南漕渠,废三堰。"四年(1020)春正月丙寅,"开扬州运河"。此扬州运河废三堰,开新河,即今城南有运河之始(邗沟称运河亦自此时始)。

《扬州水道记》据贾宗"'绕城南者'即指重进所筑今城而言",认定贾宗所开之河即今城南之运河。"贾宗为江淮发运使在真宗时,而今之扬州城始于李重进,在周显德六年(959)。贾宗开古河绕城南接运渠,在(李)重进之后,故知即今之城南运河也。"今扬州城南有运河由此而始(今称古运河),邗沟称运河也始见于此。

据清嘉庆《扬州府志·河渠六》,宋雍熙时乔惟岳在扬州也开河一道,从今扬州市解放桥北侧运河边至今邗江区霍桥,名为沙河,这样邗沟又多了一个进出长江的口门。

南宋时,漕运停息,忽视堤防,运道便废,河线无变化。

元代开珠金沙河。据《元史》,泰定元年(1324),真州(今仪征)疏浚珠金沙河(泰定五年更名新坝河)。这样,仪扬河多了一条从新城通往长江的入江口门。其河位置在卧虎闸至旧江口之间,明代开卧虎闸河即此,即今仪征翻水站上游引河。

四、明清至今，大运河是南北物资、文化交流的大动脉

1. 明代，宝应至邵伯之间运河实现渠化，河线定型

明代漕运恢复，邗沟得以复兴。明初运道全部由白马、宝应、高邮湖中行走，称之为湖漕。为使船只安全由江达淮，实施渠化，方使河线定型。

《明史·河渠志》讲的太祖时"开宝应倚湖直渠四十里，筑堤护之"，就是指的明洪武二十八年（1395），朝廷采用宝应老人柏丛桂的建议，发动淮扬民夫5万人，开直渠，筑堤40里，堤防位于湖东，渠仍在湖内，但不久便废了。这是扬州河湖分开的一次尝试。

据《明会典》，高邮、邵伯等湖皆有石堤，运船触堤往往败溺。弘治三年（1490）命官于高邮河迤东开新河，以避其险。中为圈田，南北置闸，以时启闭，两岸俱甃以石。"新河"即治河侍郎白昂开挖的高邮州北三里杭家嘴至张家沟的康济河，两岸筑堤，实施河湖分开，确保达到预期效果。因系圈田成河，宽达3里，后因老西堤失修，于万历三年（1575）冲毁，河、湖汇成一体，历经80多年的康济河，最终还是不复存在。这是高邮新开湖（即今高邮湖）东绕田开康济河之始。

明万历四年（1576）三月，总督漕运侍郎吴桂芳言"高邮南老堤，乃永乐中陈瑄所建，运舸俱行湖内，波涛为患。至弘治中，侍郎白昂议开越河，中为土堤，东为石堤，两头建闸，名为康济河。……但河去老湖太远，瞻顾不及，缺坏不修，遂至水入圈田，又成一湖。今若尽复白昂旧迹，策非不善。但据估银二十七万两有奇，比之白昂所费尚不及半。诚恐修筑不坚，数年后复坏，不如照弘治中侍郎王恕议，就老堤为越河，只修筑东西二堤，为费既省，而浚堤牵挽亦可随坏随修"。万历五年，完成康济河月河西徙，使运道脱离了高邮湖，扬州运道首次实现了河湖真正的分开。

万历七年（1579），河臣总理河督潘季驯加筑宝应城南门外至黄浦湖堤（即西堤）20里，堤成，河也成。从此，八浅至宝应城的运道脱离了白马湖。万历十三年，宝应宏济河开挖以后，运道不再走范光湖（即宝应湖）。万历十六年，潘季训兴筑宝应城南至黄浦西堤二十里，宝应月河形成。万历二十八年，总漕刘东橄顾云凤、杨洵督夫开挑邵伯越河，又橄挑界首月河，使运道离开邵伯湖、界首湖。

宝应月河、康济河、宏济河、邵伯湖月河、界首月河相继开成,连成了一条长河,宝应至邵伯之间实现了河湖分开,使漕船不再由湖泊中行驶,从此结束了湖漕时代,并将运河河线基本固定下来,奠定了以后运河的路线。

宣德六年(1431),陈瑄又开白塔河(位于今江都市),建新开、大桥、潘家、江口四闸。江南粮船从武进县孟渎河过江,经白塔河入今通扬运河,至湾头进运河,不仅改变漕路,还省去瓜洲盘坝之费,又使邗沟多了一个扬州以东新的入江口门。宣德八年,又开挖泰兴县北新河(约今泰州市南官河位置),江南粮船从武进县孟渎河过江至泰州坝,入今通扬运河(即古运盐河)至湾头,比经白塔河更为便利。后因白塔河、北新河处于高沙土地区,易于淤塞,时兴时废。成化四年(1468),镇江里河开通后,漕船出甘露新港直达瓜洲,白塔河、北新河被弃而不用。万历以后,白塔河成了排泄淮水的河道。弘治三年(1490)七月,高邮知州毛宪以消除湖涛风险为己任,与治河侍郎白昂于高邮新开、甓社湖东(今统名高邮湖)开成康济河,这是扬州宝应至邵伯之间运河实现河湖分开,由湖到河的最早一段运河,但是两堤之间距离较大,尚不理想。万历四年(1576),漕运侍郎吴桂芳命郎中陈诏、高邮州守吴显等人,傍老堤重开康济河,成为名副其实的一段运河。万历十三年宝应开成宏济河,万历二十六年河臣刘东星开成江都邵伯、高邮界首月河,使运道不再走邵伯湖、界首湖,并筑重堤,于是有了东、西堤,并于月河两头建闸,把各段月河连接起来,沿线还建了大量的砖、石护堤工程和减水闸。至此,各月河开成后,河成型,线路未变,初步实现了河湖分开,扬州境内运道不再由湖中行走,并奠定了运河的河线。

2.清代、民国,河线无大的变革

清康熙初年,高邮清水潭累决,不仅漕舟受阻,还使里下河地区频频遭灾。康熙十七年(1678),河督靳辅于清水潭采取避深就浅的办法,绕开原来的河线,重新开河一道,改筑东、西堤,与旧河相接,使局部河线形成了一个大弯子,后来称为马棚湾,其它河线没有变化。

民国期间虽有治淮、治运意见和计划,但议多行少,又遭日军侵略,半途而废,河线没有变化。

3.新中国成立后,新开入江口,扬州运河趋于直线

1949年以后,里运河是江苏省重点治理开发的河道,1956年实施新筑高邮界首四里铺至高邮镇国寺塔新东堤,长26.5千米。1958年新筑自宝应叶云洞至高邮四里铺、镇国寺塔至江都鳅鱼口新西堤。又自今广陵区瓦窑铺到今邗江区六圩，新辟 19.6 千米航道。从此扬州运河自宝应至江口不再绕道瓜洲、仪征运口入江，趋于直线，成为今日运河。2006 年，扬州运河作为京杭大运河一部分，被国务院公布为第六批全国重点文物保护单位。2014 年 6 月 22 日，在多哈举行的第 38 届世界遗产大会正式通过中国提交的"大运河"申遗申请，"大运河"作为文化遗产正式被列入世界遗产名录。淮扬运河成为世界文化遗产——中国大运河的重要组成部分。

古老的运河在中国历史上起过"半天下之财赋，悉由此路而进"的巨大作用，还带动了沿线城镇的迅速发展，创造了光辉灿烂的历史文化。在漕运时代，运河为南粮北运、国家的统一发挥多种功能，居功显赫；明末分黄导淮，清代大建淮水归海、归江工程，邗沟纳淮，成为洪水走廊。1949 年以后，对大运河全面整治，建成江都抽水站，里运河水源有了可靠的保证。沿线涵闸鳞次栉比，跨河桥梁林立。扬州运河现在是振兴经济的大动脉，是中国南水北调东线输水通道和南北水上交通要道。如今，扬州城还在被大运河源源不断滋养润泽。运河水入城之后在黄金坝一带进行调节，调运河之水进入古邗沟故道，沿着保障湖，冲刷瘦西湖，再由二道河经过南门遗址重新进入运河。这样的一次循环，让整座城市保持着活水的更替，也让这座城市始终散发着水汽氤氲的美感。

扬州运河沿线构筑的历史文化长廊更具魅力，历史文化名城扬州享誉海内外。沿线因运河而起的名胜古迹遍布，灿若群星。沿线有扬州蜀冈-瘦西湖风景区、国家水利名胜江都抽水站、茱萸湾公园、凤凰岛生态旅游区、邵伯三线船闸、高邮市运河风光带等风景名胜。宝应的荷藕、高邮的双黄蛋、邵伯的老菱被誉为运河"三宝"，负有盛名。沿运民歌高邮《数鸭蛋》、江都《拔根芦柴花》、扬州《茉莉花》流传大江南北。2000 多年来，扬州运河饱经历史沧桑，历代运河建设者历经艰辛，把一条普通的人工河道改造成为具有防洪、灌溉、排涝、航运、生态、旅游等多种功能的梯级河道，显示了人类的聪明才智，是人类创造精神的代表作。

作者单位：扬州市世界遗产保护管理办公室（大运河遗产保护管理办公室）